互联网文案创作与内容营销

洪量 刘徽 著

電子工業出版社
Publishing House of Electronics Industry
北京·BEIJING

内 容 简 介

在互联网时代，好产品配上好文案，能让产品快速引爆市场，创造源源不断的财富。因此文案撰写和内容运营是企业互联网营销的核心和灵魂，是产品运营的竞争利器，是营销人必须要掌握的技巧。本书融理论和实用性于一体，围绕“如何做‘好内容’”和“如何做好‘内容’”两个内容运营核心展开，有理论、有案例、有经验总结，是互联网营销人员学习优质文案写作技巧的理想读物，也是一本新媒体从业人员案头工具书。

本书适合互联网营销、自媒体运营从业者阅读，也可以作为院校和培训机构关于文案写作、内容营销等相关课程的教材。

图书在版编目（CIP）数据

互联网文案创作与内容营销 / 洪量，刘徽著. —北京：电子工业出版社，2018.5
ISBN 978-7-121-33868-7

Ⅰ. ①互… Ⅱ. ①洪… ②刘… Ⅲ. ①互联网络－广告－写作 Ⅳ. ①F713.812

中国版本图书馆 CIP 数据核字（2018）第 050682 号

策划编辑：林瑞和
责任编辑：牛　勇
印　　刷：北京季蜂印刷有限公司
装　　订：北京季蜂印刷有限公司
出版发行：电子工业出版社
　　　　　北京市海淀区万寿路 173 信箱　邮编 100036
开　　本：787×980　1/16　印张 16.25　字数：312 千字
版　　次：2018 年 5 月第 1 版
印　　次：2018 年 5 月第 1 次印刷
定　　价：49.00 元

凡所购买电子工业出版社图书有缺损问题，请向购买书店调换。若书店售缺，请与本社发行部联系，联系及邮购电话：（010）88254888，88258888。

质量投诉请发邮件至 zlts@phei.com.cn，盗版侵权举报请发邮件至 dbqq@phei.com.cn。

本书咨询联系方式：010-51260888-819，faq@phei.com.cn。

序

“文案”二字，相信大家并不陌生，它一直伴随着商业和营销，只不过在传统营销时代，文案只是广告创作流水线上的一个岗位，文案人用文字来表达创意和策略，虽很重要但并不被重视。

有意思的是，在博客、微博、微信公众号等流行的新媒体时期，内容成为用户表达情感的方式，成为移动互联网流量入口，自然，文案也成为互联网运营中非常重要的一个环节，相信很多同行都有这样的体会。

优秀的文案可以改变一个产品、一个品牌、一个企业，如江小白品牌的成长历史，就是一个社交新媒体蓬勃发展和新媒体文案人自我成长的缩影；优秀的文案可以促进销售，让产品迅速引爆市场，如“今年过年不收礼，收礼只收脑白金”“怕上火，喝王老吉”等经典文案无不让产品快速引爆市场，即便在自媒体时代，诸如“轻生活”互联网新品牌通过一篇篇“推文”实现产品日销售额几十万元也非常多见。

内容和文案创作是一项非常艰苦的工作，相信很多同行都有这样的体会，若没受过委屈、背过黑锅、吃过苦、挨过客户骂、被公司同事和领导质疑、绞尽脑汁依然不知从何处着手、请教别人没人搭理等，根本就不算做过文案。因此，有很多人在从事自媒体内容和互联网文案工作一两年后就转行了。但是，我想说："正因为做好文案这份工作非常不易，这份工作又如此重要，所以既然做了，就一定要做好。"

坦白地讲，对于文案创作工作，只要懂其套路，创作爆款文案并不太难。

坦白地讲，我并不是"神"，但我非常有把握让你学会创作"爆款文案"。

你是不是觉得我在"吹牛"？你说对了，我喜欢"吹牛"，但我并不认为这是"吹牛"，因为我要做的就是对所谓的"吹牛"负责任，让它变为现实（自然就不算"吹牛"了）。对于爆款文案创作，我算不上专业的写手，更不是光芒四射的文案大师。在这行摸爬滚打了11年，我只会做一件事情：通过策划文案来卖货赚钱！

因此，我有信心教你学会如何创作"爆款文案"。

什么是"爆款文案"？就是能产生爆炸效应，快速收款、赚钱的文案！在过去，从业务员到企业CEO这条职业晋升路线中，几乎所有的岗位我都担任过。11年的职业经理人打拼，我一直做的事就是给公司赚钱，赚更多的钱。因为我明白，如果员工不能为公司赚钱（或创造利润），是很难被老板喜欢的。

不要说我俗，无论对个人还是企业，赚钱都不是一件很俗的事情。作为企业CEO，只有公司赚到钱了，才能每个月按时给员工发工资、发奖金，才能确保公司员工及其家庭生活幸福；作为从农村穷人家走出的娃，只有自己赚钱了，才能改变自己的命运，才能实现自己的价值。

特别让人高兴，我做到了！

通过自己的努力，我脱贫了，我也晋升了！

个人的成就离不开平台的支持，离不开同事和"贵人"的帮助，在此，我特别感谢公司，感谢老板，感谢同事，感谢客户。

这是一本关于爆款文案和内容运营的书籍，内容主要是文案创作的技巧，并不是理论知识，而是实战经验。因此，如果你想学到更多文案相关的理论知识，建议你去找其他大师学习，如果你想让你的文案产生赚钱的效果，那么，我建议你认真阅读这本书。

过去我创作了很多文案，有一套“洪量式爆款文案”写作技巧，有如下三个特点。

第一：傻。我不是聪明的人，也没有高学历，学不会复杂的东西，只能琢磨简单的办法，但大繁即简，优秀的文案往往就是简单的文案。

第二：土。早在几年前，营销人员一直在辩论“广告到底是一门艺术，还是一门技术”，现在分析这个问题，可能就简单得多。广告可能是一门艺术，但承载广告创意诉求点的文案肯定是“技术”。换句话说，爆款文案并不需要高大上，并不需要雅，很多时候接地气的文案才是优秀的文案。

第三：匪。如果你只想创作“还行”的文案，得到客户的认可，掌握最基本的文案创作技巧可，而如果你想创作优秀的文案，让客户感到惊讶，则需要具备文案创作的“天份”。说得更直接一点，文案人一定不是按部就班的“配音”创作者，而是带有“匪气”的文案创意人。只有文案具有“匪气”，才能让效果匪夷所思。

很高兴，通过 11 年的努力和积累，在文案上我做到了优秀。人们常说我是文案怪才“傻土匪”。

我一直坚信：在用户面前，我们永远都是学生，是小白。如果你真正把文案当作自己的孩子，当作艺术品，你就会觉得一直亏欠你的用户。在过去几年，很多客户说：“洪量老师，你的文案创作技巧很好，你的培训课程很精彩，你能不能写一本书，让我们也学一学你的风格？”

我很为难，真的很为难。过去，我可能会根据产品、根据公司的营销战略、根据公司的需要创作爆款文案，帮公司“收钱”。这样的事情我没少做，但将“实战”技巧转变为书籍，就有一定难度了。之前我从未写过书。

俗话说，无巧不成“书”。正当我一筹莫展的时候，我尊敬的互联网畅销书作者刘徽老师出现了，而且他对“爆款文案”也有兴趣，一拍即合，两个互联网界不同背景的人一起完成了《互联网文案创作与内容营销》这本书。

在此，我要特别感谢刘徽老师。没有刘老师的日日夜夜辛勤写作，就没有本书的问世，而且他非常认可我对“爆款文案”风格的认知，就是“简单、好用、有效”!

我还要特别感谢单仁老师。没有单仁老师的教导，就没有我今天的一点点成就。

最后，这是我创作的第一本书，如果你觉得这本书对你有帮助，那是我的荣幸，不过文案创作本身并不是一件简单的事情，再全面的书也会有局限性。书籍是面向大众的，要有可读性，很多东西又不能说得太露骨……亲爱的读者朋友，你能理解我的意思吗？

文案傻土匪：洪量 先生

2018 年 1 月

前 言

笔者从 2009 年开始从事互联网营销，为了更好地传播产品、品牌、企业和传播自己，从未停止过内容创作，只是媒介的载体发生了变化，从之前的门户网站、社区到现在的移动互联网自媒体，从简单的文字和图片到声音与画面的视听体验，这是技术不断推动媒介形式变化所带来的结果，对于内容文案者来说，内容创作依旧是一件吃力不讨好的工作，甚至在各类内容平台崛起的互联网信息媒体时代让人“心力憔悴”。相信很多同行都有这样的体会，自己辛辛苦苦花费三四个小时搜集资料、梳理思路，洋洋洒洒写下一篇自认为“惊天地泣鬼神”的内容，可当你将它通过自媒体平台发布出去之后，却落下区区几十个到几百个点击浏览，转发和评论更是寥寥无几。这是大多数内容文案人员的一个共同感觉：迷茫。这种迷茫主要体现在三个方面。

第一，内容创作。互联网内容虽然伴随着互联网诞生而一直存在，但它很长一段时间仅仅作为一种工具而存在，真正被重视起来也就是最近几年的事，相比平面文案、包装文案、视频广告文案而言，它还没有一个成熟的方式可供参考，截至目前还没有任何高校或机构有能力、有速度来完成互联网内容创作的理论系统培训，而纵观目前互联网内容创作行业，会发现进行互联网内容创作的人很多，但优秀的创作者却非常少。

第二，内容传播。这是让无数内容创作者选择离开互联网内容创作领域的根本原因，要知道，对于内容创作来说，用户消费内容及由此带来的互动，是对内容创作者最基本的激励，没有谁愿意看到自己辛辛苦苦创作出来的内容很快就被遍地的信息给掩盖，一点声响都没有。

第三，内容变现（或形成商业行为）。对于互联网内容创作者而言，最大的迷茫其实不是内容创作，也不是内容传播，而是内容变现，尤其是自媒体人，内容能否变现直接决定了他们是否愿意将互联网内容创作和内容传播继续下去。内容变现不仅仅是没有流量的内容创作者的困境，同样是拥有超级流量和粉丝的内容创作者的困境。比如我的一个朋友，他的微信公众平台拥有30多万名粉丝，随便一篇文章轻而易举实现“10万+”阅读量，但他每天依然迷茫，因为他不知道如何将这些“潜在资源”挖掘出来，变成真金白银。

针对这个现状，我愿意跟大家分享自己对内容运营的粗浅认识和经验，如果这本书有幸能对大家的工作有指导价值，或者能拓宽大家对内容运营的认知，那是我的幸运。

关于本书

做一个产品，需要明白它的核心卖点是什么。很多时候，卖点是从用户的“冲突”和“需求”中提炼出来的，对于互联网内容运营者来说，他们的冲突无外乎来源于内容创作、内容传播和内容变现三大“迷茫”。按照这个思路，我将本书的核心卖点归纳为三个词：“值”钱、“造”钱和“赚”钱。本书正是按照这个思路规划的。

第一部分：文案撰写，让自己变得更“值钱”。内容品质的高度直接决定了品牌势能的高低，势能越高，内容传播范围才会越广，传播效果才会越好。本部分会详细介绍互联网内容文案的创作技巧，以及如何成为一位优秀的内容文案创作者。

第二部分：引爆传播，在增信赋能中“造钱”。如果内容质量决定了产品的“势能”，那么传播力度则决定了阻力，力度越小，摩擦系数越大，信息前进的“路程”越短，效果越不明显，因此我们需要增强传播力度，尽量将“摩擦系数”减到最小。本部分主要围绕两个方面进行展开。第一，内容运营的认识和思维。对于优秀的内容运营者而言，如果认识和思维没跟上，直接奔向方法和技巧，那么就容易“迷途”。第二，内容传播的方法和技巧，包括让内容具备引爆基因、关键活跃受众群、启动引爆策略等。

第三部分：引爆营销，让内容“赚钱”。优秀的内容营销是一种为了实现某种商业目的的行为。本部分主要介绍如何让内容产生商业行为，这是所有内容运营者最迫切的终极目标，而如何进行“内容变现”，是无数自媒体人以内容文案创业者的身份存在于互联网行业的关键。

关于写作初衷

从 2013 年出版第 1 本关于互联网的书籍至今，5 年的时间里，我完成了 11 本关于互联网营销书籍的研究和写作，这也意味着在过去的 5 年里，几乎每一天我都在不断地创作，这样的“工作”相信是每一个内容运营人再熟悉不过的。不幸的是，曾几何时，这样的“工作”让读书人尤其是文科生被贴上了“百无一用是书生”的标签。在品牌运营过程中，文案也只是广告创意流水线上的一个岗位，内容文案人只是用文字来表达创意策略。幸运的是，在技术推动的新媒体时期，内容营销成为“消费升级”新商业模式下的重要武器，越来越多的人通过内容消费来满足生活的需求，决定购买什么产品、精神解压、社交分享、学习知识、彰显生活品质等都需要更加优质的内容作为支撑，内容成为提升生活品质的一个驱动力，人们通过内容消费带来心理的愉悦，商家通过好内容驱动好产品的消费。

关于内容营销的重要性，我至今都非常喜欢微信公众号的口号：“再小的个体，都有自己的品牌”。因为这句话验证了这个时代的某种趋势：当每一个用户都拥有客观的话语权，以往建立的一切商业规则可能都要被改写。几年前，快消巨头宝洁还在沿用过去“兵马未动，广告先行”的策略，新产品一旦上市，便开始一轮电视广告轰炸配合线下店面促销，以快速占领用户心智，从而赢得市场，过去这套策略因为行之有效被复制了几十年。然而，突然有一天，这一招失灵了，过去的广告宣传、公关关系、品牌管理以及店铺促销等传统手段不再那么有效，那些被视为杀手锏的地毯式轰炸营销传播策略，如今看起来显得有点笨拙和低效，而越来越多如江小白这类的新型企业通过内容新媒体运营大获成功。如今的环境可以说是“内容成就产品，产品成了内容，用户成了媒介”。目前绝大部分企业都涉足新媒体营销，对于大型企业而言，新媒体已经成为他们品牌传播的“标配”。

对于个人而言，估计无数人跟我一样，不知道怎么就开了个头，不知道到底能走到哪里，不知道怎么回事自己就成为了新媒体人……这一切的未知都不要紧，因为我们知道，过去短短的几年时间里，新媒体人几乎全都在摸索中完成了自我探索和自我成长，甚至有很多像罗振宇、吴晓波、papi 酱这样的自媒体“大咖”，通过内容形成了自己的品牌，聚集了一批忠实的粉丝。

最后，用我在互联网从业近 10 年的一种感悟作为前言的结尾：从某种意义上说，任何一个行业或职业，从出现、兴起到成熟，中间必定会经历一个从最早的认识混乱，到逐渐有一批人百花齐放，七嘴八舌地谈论它、分析它、建设它，再到最后围绕它逐渐建立一套较为完善且大家一致认可的方法论的过程。

内容文案的发展亦是如此，此时它正处于百花齐放、七嘴八舌的辩论时期，而此时的我只是其中阐述自己观点的“辩手”，希望这本书能对大家了解和掌握内容营销有所帮助。

刘　徽

2018 年 3 月于长沙

目　录

第 1 部分

文案撰写，让自己变得“值钱”

第 1 章

互联网文案创作者个人素养

1.1　这是什么时代，内容无所不在

几年前，曾看到由法国的平面设计师尼古拉斯·达米（Nicolas Damiens）制作的一个 GIF 系列作品，名为“Tokyo no ads”（东京没有广告），他在这一系列作品中用后期技术处理，隐去了东京所有的广告，包括户外巨幅广告、楼宇广告、海报、商家广告、店铺招牌上的文字和图片，让所有广告牌变成空白，通过对比向我们展示了一个没有广告的世界会是什么样（见图 1-1）。

图 1-1　“有广告的东京”和“没有广告的东京”对比

这一作品给人们带来了很大的震撼。之前，大多数人都不喜欢广告，甚至讨厌广告，但“Tokyo no ads”清楚地告诉我们一个结论：广告丰富了我们的世界，没有广告的世界，至少不会比有广告的世界更精彩。

当然，没有广告的世界是不存在的，广告已经无所不在，它成为企业营销的一种手段，也成为人们生活中的一部分。十年前，一句“不做总统就做广告人”激励了无数跟我一样的年轻人怀着梦想走进 4A 公司，希望开启一段伟大的广告创意人生，那时的“4A 广告人”代表着机智、创意、疯狂，他们绞尽脑汁地创作新奇夸张的“idea”，吸引消费者注意，然后强制在传统媒体上向消费者推送商业信息，使得人们在翻开报纸杂志、打开电视或走在街上时，随处可见各种广告。当传统媒体标王猖獗、广告泛滥的时候，遥控器和互联网成为了人们的救星，传统营销被所谓的“idea”玩坏了。

随后，互联网的高速发展很快就聚集了庞大用户群，网络媒体逐渐成为信息传播的主

要载体，并再次激发了营销人的“热情”，大家又开始变着法子用互联网“idea”向消费者发起“进攻”。今天，我们或坐在电脑前，或手持各种移动设备，几乎一天 24 小时都在接触各种广告。只是相比于传统媒体而言，新媒体广告从内容到形式，从广告文案到传播方式、传播渠道都发生了明显的变化，这种变化的根源在于技术改变了媒体传播属性。

在传统媒体辉煌的时代，因为是单向传播，话语权都集中在媒体平台（甚至集中在几个主流媒体）手中。这种传播环境，即便产品（或厂家）出现负面新闻，只要控制住主流媒体，就能将负面信息有效控制住，那时的广告大多数都是“灌输”式传播，即品牌商根据自己的意愿制作出广告，只要不断铺各大媒体渠道，就有可能让产品成为知名品牌。“想创意、找明星、投央视和各省级卫视”是当时企业品牌运营的“三板斧”，虽然粗暴，但屡屡有效，甚至让不少产品的广告语成为全民的“流行语”，比如“今年过年不收礼，收礼只收脑白金”“大宝明天见，大宝呀，天天见”“海澜之家、男人的衣柜”“农夫山泉有点甜”“美特斯邦威，不走寻常路”“动感地带，我的地盘听我的”……

时至今日，“上个时代”流传下来的广告营销模式依然存在，无数品牌商依旧在各大媒体上疯狂进行广告轰炸，但效果却今非昔比，已经很难创造出“全民流行”的广告语了。

为什么会这样呢？

显然这不是广告创意不好，也并非企业投放广告力度不够，而是媒体传播环境发生了变化。互联网的兴起，是这个变化的转折点，这个转折对于传播的意义在于：它改变了人们获取信息的途径（过去主要是电视、平面媒体，如今占主流的是基于互联网和移动互联网技术的社会化媒体），改变了传播方式（过去是单向传播，信息掌握在媒体手中，受众属于被动获取信息；如今是双向传播，受众开始主动获取信息）。这种变化是传播史上的第一次，其意义不言而喻。在“蜂巢信息”的互联网环境下，信息量越大，人们接收到的信息越多，这样就使受众有了选择的余地，于是多样化、圈层化、去中心化、多中心化逐渐成为信息传播的“大势”，一个产品、一种话语在圈子里大为流行，出了圈子根本无人知晓。

在互联网和移动互联网时代，信息渠道选择权开始从媒体转移到用户手中，“灌输”式的传播只会让消费者对你产生反感。

1.1.1　营销已发生变化

多么怀念没有互联网时期的用户啊，那时互联网还没有普及，所有人每天接收信息和娱乐的方式就是守在电视机前面。记得小时候在农村，整个村子里就三四个家庭拥有黑白电视机，一到晚上吃完晚饭，全村的人都挤到这几个家里去守着电视机，对于那个时候的营销人来说，第一要务就是赢得关注，最常用的方法就是广铺渠道，长时间（或针对特定时间节点）反复曝光，在目标受众中建立认识度和影响力。那时信息传播也非常简单，所谓好的传播途径，无非是电视、报纸、杂志、广告、印刷品，另外附带户外广告、公关宣传和商业促销活动，营销人只需要在这些“过时”的传播渠道上花费预算和心思就能够实现品牌信息传播，脑白金就是这种模式的典型。

多么怀念早期互联网时代的用户啊，那时刚刚诞生第一批门户网站，所有的人都对它非常陌生，看着网民傻傻地守着电脑，等待着几分钟之后才能打开的网页或图片，然后惊呼“太神奇了”，居然可以在网上了解全世界发生的事情，居然可以在网上搜索到你想要查找的内容，居然可以在网上购买远在大洋彼岸的产品。对于那个时候的营销人来说，网络营销是非常简单的，公司只需要找一个写代码的人建一个网站，在互联网人口红利的刺激下，很快就会产生效果，如果你的资本稍微充裕的话，依旧可以采取传统广告形式在各大门户网站上进行“病毒式 idea”侵入，效果显著（见图 1-2）。

图 1-2　华为户外广告带动线上传播

早期的传播方式是粗暴的，它们并不打算和目标受众进行互动，更多的是单方面的“灌输”，当然在信息单向传播占主流位置的时代，互动也并不是一件能迅速产生传播效果的事情。直到社会化网络让所有人都联结在一起，每个人只要动一动手指，就能够以点赞、转发、评论、二次创作的方式迅速参与任何话题，让每个人都成为一个自传播节点，节点与节点之间产生连动，就能在短时间内产生爆发式的传播效能。而且，在以社会化媒介为主要传播平台的互联网时代，不管传播载体是什么，哪怕你跑到农村刷墙报，只要拍照上传，最终都会回到网络上进行传播，这就要求营销人在进行信息传播的时候，应该时刻注意“互动性”，引发和制造话题，吸引人们参与，带动传播。

这种变化使得营销关键点也不断地发生变化，就连聘请营销人的原则也发生了改变，其中最大的改变就是营销人必须懂新媒体运营。如 2015 年 6 月，农夫山泉在爱奇艺视频的贴片广告位发布了一则“特别”的广告，这则广告没有影像、没有声音，甚至连品牌标志都没有，只在屏幕上显示一行文字：“农夫山泉提醒您，非会员也可以免费关闭广告，请点击右上角的关闭按钮。”

如文字所言，非会员用户只需要点击关闭按钮，就可以获得跟会员一样的“特权”，免费去掉 2 分钟的贴片广告，直接观看视频。这样的广告在传统媒体时代根本不可能出现，但在新媒体时代，这则广告一经推出就在社交媒体上掀起了话题，它利用了大众讨厌广告的心理（用自己的广告“扼杀”其他广告，以此来“讨好”用户），理所当然地受到“备受各大视频网站贴片广告痛苦‘折磨’”的用户的满满好评。

这就是典型的新媒体时代下的营销，它不再一味地跟你说“农夫山泉有点甜”，也不再一味地强调“我们不生产水，我们是大自然的搬运工”，而是用创意的手法跟用户进行“互动”，引发二次传播。

新媒体时代，吸引阅读已不再是营销的最终目的，吸引参与和互动才是！

1.1.2 内容文案营销时代已经来临

纵观营销的发展历程，一百年前，产品销售比拼的是产能，所以发明了流水线，提高生产率的福特成为时代明星；五十年前，产品销售比拼的是渠道和营销，所以铺货能力强、广告费用高的宝洁成为市场霸主；可是当今这个时代，产品销售比拼的就是产品本身，比拼的就是产品如何占领消费者的心智，内容营销于是成为产品运营最为熟悉的金科玉律，只是相比传统媒体的内容营销，在新媒体竞争下，“内容营销”需要重新定义，这种变化体现在以三个方面。

1. “实用”内容传播时代已经到来

内容信息的传播，无疑是争夺用户注意力的一个过程，要想将信息传播好，首先是要了解用户的注意力在哪里，即需要我们精准地找到用户注意力和行动的“入口”在哪里。截至目前，传播时代大致经历了三个阶段，这三个阶段各不相同，却都取得了不小的成就，并推动我们向前发展。

第一传播阶段是“露脸”时代，这个时代可以说经历了非常漫长的变迁，从古时候挂在店面上的牌匾、酒旗，到后来的报纸、杂志、广播、电视、户外等传统媒体。在“露脸”传播时代，企业的首要任务就是将自己制作的信息，选择适当的地方、适当的媒体、适当的时间以适当的形式进行展示。营销人最在意的是信息被人们关注的次数，于是出现了一系列类似黄金时间、黄金地段、黄金版面、收视率、发行量、日活跃用户数等效果评估词汇。从某种意义上说，20 世纪 90 年代互联网发展初期也属于这个时代，那时的互联网属于单向传播，公司的首要任务就是建立网站（露脸），网站建好了，不需要推广也会获得一些业务。

“露脸”时代出现在注意力红利时期，随着传播媒体平台越来越多，信息越来越丰富，竞争越来越激烈，目标受众的注意力逐渐被稀释，信息传播时代逐渐进入第二个阶段：被发现阶段。以数字化营销为例，随着网络信息的丰富，公司如果仅建好网站，那显然是不够的，因为在浩瀚的网络信息海洋里，你的信息很难被人“找到”，更加不可能被人“了解”、“喜欢”甚至“忠于”（见图 1-3）。

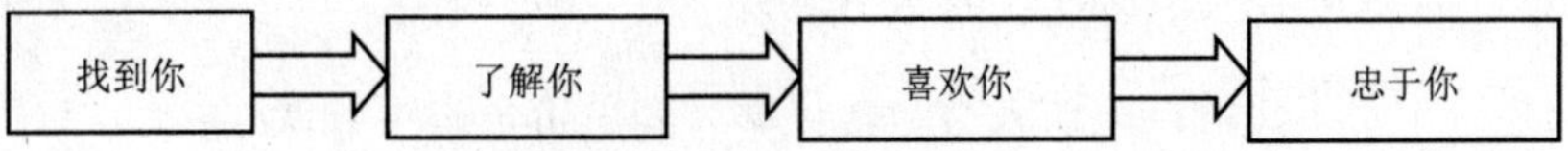

图 1-3　网络营销“四步骤”

这就要求营销人员在网站建好后，还需要将网站推广出去，让网站上的信息被人发现。新浪、搜狐、网易等门户网站，以及百度、谷歌、淘宝等搜索平台已经为你铺好了路，公司网络营销推广业务有效升级为门户网站广告、搜索引擎优化和竞价排名，那时国内最值钱的互联网公司百度就是在这个时代迅速成长起来的。

今天，我们已经稳步走在营销传播革命的第三个阶段：实用阶段。这一阶段是由社交媒体和移动技术所开启的，要想阐释“实用”阶段，就必须对“信息”进行进一步细分，根据人们的需求，信息应该分为“有用信息”和“无用信息”。所谓“有用信息”是指对目标人群有用的信息，所谓“无用信息”是指目标人群觉得可有可无的信息。显然，信息的“有用”还是“无用”，除了与信息本身内容质量有关，还与目标人群的需求密切相关。如医生觉得“有用”的信息，律师不一定觉得“有用”。正是这样，人们开始选择自己所需要的内容，而主动屏蔽不相干的信息，如他们根据自己的需求订阅专业的杂志，收看某专业电视频道，关注相对应的微博、微信公众号和垂直门户网站，下载相对应的App，等等。

各个信息传播阶段疾步紧逼，营销人的日子越来越不好过，在“露脸”时代，追求的是“速度为王”策略，那个时代的先驱，基本上是更早展示公司信息的企业（如建公司网站、开淘宝店），在后来者追上之前，你完全占尽优势；在“被发现”时代，追求的是“技术为王”和“资本制胜”策略，如果你率先掌握了搜索引擎的规则，那么恭喜你，你会很轻易地将竞争对手甩在你身后，稳居搜索排名领头羊地位，你会获得更多的流量，可一旦他们也掌握了规则，那竞争会重新变得更加激烈，资本成为取胜的关键（如竞价排名、网络广告）；而到了“实用”阶段，信息的选择权转移到消费者手中，他们会根据自己的需求进行筛选，内容是否“有用”在这个阶段发挥了显著的作用。

2. 内容是流量成本最低的方法

对于商家来说，最在乎的是产品的销售额，所有的营销活动都是围绕着如何提高产品的销售额而展开的，影响产品销售额的因素有很多，但仔细总结大致包括四个要素：来访人数、转化率、客单价、购买频次，其公式为：

$$销售额=来访人数\times 转化率\times 客单价\times 购买频次$$

这四个影响因素中，来访人数是最为重要的先决条件和基础条件，是整个产品销售模式进展的源头。在传统线下实体店，来访人数代表着每天、每周、每月进入店铺的人数，人数越多，潜在目标客户越多，购买者也就越多；在互联网领域，来访人数可以简单地视为网站用户流量，即每天来你网站上浏览信息的人数，用户流量越大，代表来访人数越多。

获得更高的用户流量是绝大多数互联网企业所追求的核心，他们每天花费大量的时间、精力、金钱来进行各种网站推广，在这些方法中，有些是免费的，有些是付费的，有些效果快，有些效果慢，这需要我们衡量。在各种推广方法的衡量标准中，需要引进一个词：流量成本。

所谓流量成本，是指我们每获得一个客户，要为此付出的基本价格，如某服装店进行选址，有两个选择：

- 选择 1——位于热闹的商业街黄金地段，一个合适的服装店店面月租金需要 10 万元，根据商业街人流量，预计每个月到你店铺的人流量为 5000 人次；
- 选择 2——位于这条商业街的一个偏僻拐角处，同样大小的店铺店面月租金只需要 4 万元，但人流明显减少，预计每个月到你店铺的人流量为 1000 人次。

你会选择哪个店面呢？要想解决这个问题，就要用到“流量成本”，其计算公式为：

流量成本=该段时间的营销费用/该时间段购买用户数

可以算出，“选择 1”的流量成本为 20 元/人（10 万元/5000 人）；“选择 2”的流量成本为 40 元/人（4 万元/1000 人）。可见，看似“选择 2”的租金费用更低，实际上“选择 1”更实惠。实体店铺有流量成本，网站同样也有流量成本，而且信息越多，竞争越激烈，流量成本就越大。在早期流量红利时代，建一个网站就能轻而易举获得潜在客户，那时流量基本上是免费的；后来竞争对手越来越多，信息“被发现”越来越难，如你在网上发布某产品信息，正常情况下它可能会出现在搜索结果页面的第十几页（几乎没人去看），根本无法获取流量，并且通过 SEO（搜索引擎优化）也越来越难将其排名靠前，商家只能通过广告竞价的方式来获取搜索排名，而各大搜索引擎竞价排名是按广告点击付费进行计算的，排名越靠前，单次广告点击费越高，你的流量成本也就越高，而流量成本增加势必影响企业产品利润：

产品利润=产品价格－产品成本－渠道成本－流量成本－其他成本

为什么电商会对传统渠道的冲击力那么大，主要原因就是电商的渠道层次较少（甚至零渠道），渠道成本很低（甚至为 0），而传统渠道的层次较长，渠道成本较高，因此相比传统渠道，电商具备更多的价格优势和利润空间。

但随着电商竞争越来越激烈，各大商家对广告位的争夺也越来越激烈，黄金广告位的价格越来越高，流量成本也就越高，一旦当流量成本超过产品利润，那么电商企业同样会出现亏损。如今，电商不赚钱、亏损甚至倒闭已经习以为常了。

电商并不一定是最好的商业模式，电商平台同样也会倒闭，最好的商业模式应该是用流量的逻辑来统一所有的零售模式，并懂得计算每一种流量来源的流量成本，这将是决定企业成功与否的关键。

上述阐述至少说明两件事情：其一，在当下，用户流量是可以花钱买到的；其二，流量成本才是决定营销推广成功的关键。通俗地说，企业运营要解决两个问题：

第一，流量问题；

第二，流量成本问题。

如何以“低成本”获取大流量自然成为企业成功与否的关键，低成本获取流量的方法有很多，其中内容引流最为有效。如移动健身工具 Keep App 就是通过内容用不到一百天的时间，接近“零成本”运营，让一款垂直小众的健身应用迅速获得 200 万量级的用户规模的。

在 Keep App 上线前两个月，Keep App 的内容编辑团队就开始运营新媒体，每天绞尽脑汁地撰写优秀的原创内容，目的就是希望得到用户的喜爱和传播，让自己的新媒体账号可以快速获得更多的曝光和关注，也为 Keep App 上线做铺垫，经过两个多月的内容和口碑的沉淀，优质的内容终于换取了好的回报，Keep App 上线之初，新媒体账号已经累计“10 万+”粉丝，并在垂直领域有了一定的“声量”。

紧接着，他们锁定了近百个目标用户关注和喜爱的垂直社会化媒体，比如百度贴吧（健康吧和减肥吧等）、豆瓣小组、微信减肥健身互动群、QQ 减肥健身互动群，在这些地方密集“播种”，长期连载很多用户健身经验的干货内容，通过内容驱动，让优质内容聚集人气，由此培养积累了一大批固定粉丝。

当 Keep App 产品上线的时候，他们将这些帖子同时引爆，几乎在一夜之间，告知读者这些有价值的经验都是通过一款名为 Keep 的 App 来维持的，那段时间，Keep 成为健身圈热议的对象，Keep App 在 iOS 渠道日下载量超过 4 万次，在很短的时间内就积累了几十万用户。

3．内容价值正式回归

在过去 20 多年里（PC 互联网时代），人们消费内容的核心入口有两个：一个是搜索，另一个是门户网站。对于这两个核心入口，你会发现，一个内容在这两个入口能否获得更多点击量和流量，其实并不取决于你的内容质量的好坏，而是你的 SEO（搜索引擎优化）做得好不好，网页内容能不能关联到足够多的关键词，能不能让网页出现在百度等搜索引擎结果页面的靠前位置；或者取决于你与门户网站的编辑好不好，能不能得到他们的私下“照顾”，让你的内容展现在网站首页或其他重要位置。

所以，在 PC 互联网营销时代，做内容的人，是愿意把时间更多地用于琢磨 SEO 怎么做，以及怎么才能搞定核心的内容分发渠道，借此迅速获得巨大的访问量。正因为如此，在过去很长一段时间里，在网络营销人眼中，内容被视为一种手段而存在，很少被人视为目的，他们更在乎搜索引擎收录的网站页面数，更在乎内容中的关键词设置，更在乎内容如何快速、简单、粗暴地给网站带来更多的流量，在他们眼中，KPI（重要绩效指标）是最为重要的，至于内容本身的价值如何，并不重要。

因为 KPI 的存在，很多时候导致他们中的大部分人做的事情都是机械化的，甚至忽略了内容价值而仅仅考虑如何“吸引眼球→引发兴趣→点击打开阅读”，为此，无数内容营销人变成“标题党”，将一篇篇并不怎么样的文章取一个博引眼球的标题，甚至很多互联网公司为了活下去，做了一些违背初衷的现金流业务……这种做法在以搜索引擎和门户网站为内容消费入口的 PC 互联网时代是可行的，即便是现在，短时间内玩点小花样或小技巧，确实能获得流量，让短期数据指标拉升，但从长远角度来看，这种做法其实是并不可取的。因为仅仅靠“标题党”和运营推广建起来的平台，很容易导致受众没有什么成就感，甚至迷茫，因为他们不知道这个平台的价值在哪，从而对你的平台产生不信任，甚至失去兴趣。

其实，任何商业行为流程可以简单地切割为创造价值和传递价值两个阶段（见图 1-4）。创造价值是一个势能积累的过程，企业通过各种手段将产品的品牌势能提升，相当于把千钧之石推向万仞之山，这是一个非常艰苦的过程，目的就是获得一个巨大的势能；传递价值阶段则是在万仞之山上将千钧之石一把推下去，在下降过程中，势能转化为动能。你要想把石头推得更远，有两个基本方法：第一，在创造价值阶段，把石头尽量推高，获得足够的势能；第二，在传递价值阶段，让阻力尽量变小，这样石头滚得更远。

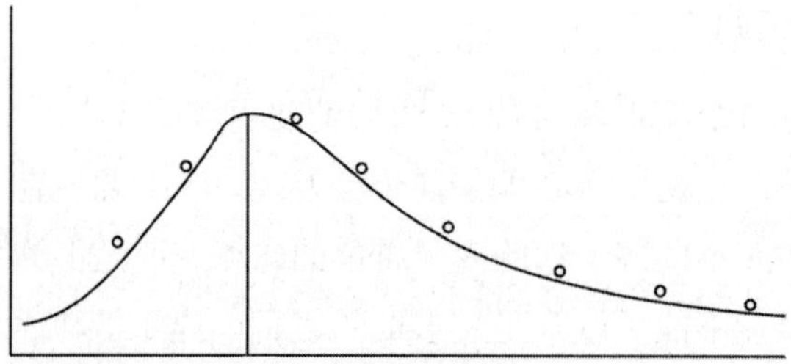

图 1-4 商业行为流程

基于这个原理，对于媒体而言，信息本身的内容力决定媒体平台的势能高低，竞争环境、传播渠道和营销手段则是信息传递过程中的“阻力”，在早期“露脸”传播时代和“被发现”传播时代，商家尽量通过拓宽传播渠道和提升营销手段来降低“阻力”，如不少商家通过广告轰炸来推动产品信息持续前进。可如今，媒体平台分流严重，竞争环境日益激烈，“阻力”越来越大，同时消费者已经具备信息的选择权，如果信息内容力（势能）依旧很低的话，那它是没办法运行很“远”的，内容价值正在回归。

这种回归，与用户目前的内容流通路径演变有关，今天人们消费内容的入口，已经慢慢从搜索引擎和门户网站转变为朋友圈、微博、今日头条、微信公众号、知乎等这样的平台，也就是说，在移动互联网时代，内容入口逐渐与搜索引擎和门户网站的关系越来越弱。相反，决定你的内容能不能被更多的人消费，不再取决于 SEO，不再取决于分发渠道，它只需要一个条件：你的内容是否足够好，是否能让更多的人转发和推荐。换句话说，内容本身的价值、打动力与内容的传播、用户消费概率等越来越合一，一个内容能不能火，本质上越来越取决于用户是否愿意认可它、传播它。

1.1.3 内容营销意义显著

由移动互联网所引导的新媒体时代，不仅仅是技术带来的媒体变革，还将随之彻底颠覆依附其上的传播结构和商业结构，包括产品形态、生产方式、传播角度、盈利模式等都将随着新媒体的发展及人们对内容的消费升级而不断更新。但无论未来如何变化，内容在互联网营销中将变得越来越重要。

1．有效解决信息不对称

产品要想让消费者产生购买，在销售过程中最重要的是什么？

信任！

只有消费者对你的产品产生信任，才有可能对该产品产生兴趣和购买行为。如你跟我一样平时不喜欢吃西餐，在美国出差，到了中午肚子饿了，在满大街找吃饭的地方的时候，眼前有 5 家餐厅，其中 4 家餐厅是美国牛排，第 5 家餐厅是麦当劳，你会做什么选择？估计你的选择跟我一样，去麦当劳。为什么？因为之前你根本没有接触过这 4 家牛排店，你对这 4 家牛排店的信息一无所知，但是麦当劳，只要在全球任何一家分店吃过，你就知道它的口味和品类，麦当劳通过连锁统一口味的方式向消费者传递信息。由此可见，商家要想让消费者信任，最关键的是消费者所接受的信息和商家所传递的信息是否“对称”。

信息对称理论最先是由经济学家米尔利斯和维克里因于 1996 年研究出来的，他们因这一理论而获得诺贝尔奖。所谓信息对称，就是说，在实处条件下，要实现有效的交易，交易双方掌握的信息必须对称，信息如果不对称，掌握信息比较充分的人员，往往会处于比较有利的地位。在前面的案例中，4 家牛排店的信息很显然并不对称，因为我们根本不知道这 4 家牛排店的任何信息（包括产品信息和服务信息），而麦当劳的信息是对称的，因为在日常生活中我们有所接触和了解。关于信息对称，除了以连锁统一口味的方式传递信息，还有以下两种方法：

信息对称的第二种方式是通过品牌来向消费者传递信息，如国内有很多厂家都是从事贴牌生产的，以运动鞋为例，耐克运动鞋的生产厂家就在国内，如果该厂家也创一个新品牌，所做的商品品质并不比耐克差，但它的商品可能只能卖 200 元，而这个商品贴上耐克的标签就可以卖 800 元，这 200 元到 800 元之间的差价，我们称之为“品牌溢价”。并且你会发现，很多人更愿意选择购买价格更贵的耐克，宁愿多花 600 元也要买一个品质有保障的。这是因为耐克通过品牌的方式向消费者传递信息，实现“信息对称”。

信息对称的第三种方式是通过内容来向消费者传递信息，这一点在互联网时代尤其明显，如你到一个陌生的城市，人生地不熟，你需要找宾馆、找饭店等，但是你不知道到底哪一家比较好，怎么办呢？大众点评网、高德地图等平台就可以帮你解决这一问题，因为之前无数消费者已经帮你亲身体验过，他们的点评就是你最好的选择标准，通过评论你可以清楚地了解各个宾馆的优缺点在哪，知道各个饭店的口味、特色菜、服务怎么样……这些都是典型的通过内容来向消费者传递信息，实现“信息对称”。

我们用内容创作品牌认知，而认知就是现实！

2．内容形成新的“连接”和新的“流”

营销的本质，从过程来看，是价值创造、价值传输和价值感知的过程，从宏观系统角度分析，营销的本质，是“连接”和“流”的过程，在营销中“连接”人、事、物等，用“连接”的系统来支持“流”（流通、流动、流量）。

其中，营销中的“连接”是分层次和阶段的，它包括：信息连接、信用连接、利益连接、情感连接甚至灵魂连接，这是一种逐步深层化的连接关系。首先是信息连接，让参与者有这样的体验：“我知道你”。其次是信用连接，让参与者有专业的体验：“我相信你”“我对你的产品很放心”。最后是关联连接，包括利益连接、情感连接和灵魂连接三个层次，其中利益连接是让参与者体验到“我们有关系”“我们是共赢的”，情感连接和灵魂连接是让参与者体验到“我爱你”“我依赖你”。

这三个“连接”是商业运行背后的基本原理，连接层次不同，背后的规则也就不同。信息连接不畅的直接原因是时空不对称（时间、空间的连接不畅通），如做英语翻译的马云为什么能成立阿里巴巴，是源于 1995 年，他在美国西雅图朋友家做客第一次接触到了互联网这个“稀罕”玩意，当时中国互联网很荒芜，甚至可以说还没有，这让马云从中嗅到了商机，回国后立刻进军电子商务，后来逐渐发展成为如今的阿里巴巴。随着媒体的发展和商业的繁荣，这种利用信息不对称来谋求商业利益的方式越来越难，尤其是互联网和电子商务的出现，让产品信息几乎处于全透明状态，但繁多的信息让消费者面临另一个“烦恼”：对信息是否信任。

信用连接不畅的直接原因是猜疑和需要安全感，这些来自于过往的负面经验和对未知的恐惧，深层次原因是价值观文化和时代不匹配。在这个阶段，信息连接已经做好了，但社会底层价值观文化没有改变，我知道你了，但不敢和你合作，因为曾经遇到过欺骗，于是有了猜疑，需要建立信用。如早期的电子商务尽管逐渐普及，但一直发展较为缓慢，最重要的原因就是信用连接不畅通：买家没收到货之前不敢付款，怕支付完钱之后商家不发货，或者发了假货；商家没收到钱之前不敢发货，怕货发了之后收不到钱。直到后来随着支付宝、货到付款等支付手段的出现，加上商家“不满意，无理由包退”的承诺，及电子商务各个环节的完善，信任连接才终于打通。

营销的最终目的是销售产品，而顾客购买行为大多数都是从感性出发的，消费者只会购买自己需要的、喜欢的产品，因此要想将营销做好，除了让消费者“找到你”“了解你”之外，还需要让消费者“满意你”“喜欢你”，即需要产品和消费者产生“关联”。关联连接不畅的直接原因是利益不对等，这是因为世界被人为分割成一块一块的，彼此孤立，每个人不可能拥有共同的经历、共同的体验和情感，也没办法形成共同的价值观，如本书是一本关于互联网文案创作和内容营销方面的书，内容营销人、新媒体营销人、网络营销人可能会产生购买，因为“我们有关系”，而其他行业的人（如会计、医生、英语老师等）则购买的可能性不太大。同时，即便是针对内容营销人和新媒体营销人，他们也不一定会选择我这部作品，因为他们还有其他类似的作品可供选择，所以要想让消费者产生行为，单靠“信息连接”和“信用连接”还不够，还需要“关联连接”，消费者的逻辑是（见图 1-5）：没错，你的产品很好，可是别的同类产品也一样好，我为什么要选择你？你再好，和我有什么关系？

图 1-5　消费者购买动机

因此，要想让消费者产生购买，仅仅在文案中描述产品功能是不够的，还需要你建立独一无二的品牌壁垒：你的品牌理念、世界观、价值观。“三观”契合，才能让消费者对你产生购买动机。在互联网平台上，内容无疑是解决这三个“连接”不畅最好的武器之一，通过内容，我们从信息链接，到信任连接，再到利益连接、情感连接（最后甚至到灵魂连接），形成关联效应。如锤子手机的成功，很大程度就是因为罗永浩不断地通过内容渲染“情怀”，与消费者建立信息、信用和关联连接。

内容除了构建新的商业连接，给人以稳定和安全感之外，它同时也赋予了人和社会新的能量，引导着新的梦想，创造出新的价值和财富，这就是价值增量，引导更多的能量产出，并不断形成各种“流”，从信息流、商业流，到信用流、服务流，再到生活流、行为流、情感流和价值流。往大的说，如百度、搜狐平台是通过内容做的是信息流，使信息流动；阿里巴巴、京东通过内容做的是商业流，组织和推动商品的流通；支付宝、豆瓣网、大众点评通过内容做的是信用流，建立商品信用；滴滴、美团网通过内容做的是服务流，为客户提供生活服务帮助。往小的说，如罗辑思维是目前影响力较大的知识性社群，通过内容运作，其粉丝数早已超过千万，这么庞大的“价值能量”同样能形成强大的信息流和商业流，罗辑思维曾在微信上做了一场互联网卖书实验，结果8000套单价499元的图书礼包在90分钟内被一抢而空（销售额近400万元），这便是因为内容所产生的新的商业“流”。

3. 文案，让销售变得“多余”

广告大师大卫·奥格威在《一个广告人的自白》一书中说到：“做广告是为了销售产品，否则就不是做广告”，这一揭露广告用途的观点至今对文案的意义影响深远。什么是文案？传统的定义老道而周全，“公文、书信或者档案”，现代派则将其揽进商业广告怀抱：“借以实现销售力的文字和图案”。很显然，文案的目的也是销售，无论是推销产品，还是推销自己，其最终的作用就是改变消费者行为（本来不打算购买或使用，看了文案之后就买了）。

“一则好的销售文案，它会让你的产品销售力增强10倍”，这一点对互联网文案更是如此，正如尼克·欧斯本在他的著作《网络文案》中所说：“点进你最喜欢的网站，拿掉光鲜的设计与科技，最后，剩下的只有文字。这是在网上做出区隔的最后手段，也是最好的方式。”其实，无论是网络或平面媒体，文案都在销售过程中扮演着关键角色。还记得那个卖橘子的老大娘吗？知道有多少人看到这个文案会购买她的橘子吗？答案不言而喻（见图1-6）。

图 1-6　老大娘“甜过初恋”文案

这样的文案对于网络营销人和电商运营者来说已经司空见惯了，如你是一个做旅行箱的卖家，在电商运营过程中，需要对旅行箱创作文案，也许你有才华，可能会华丽丽地写下：

“开启多彩旅程，带上它，向梦想之地进发。一路‘箱’随，伴你左右。”

但是你很快会发现，这段文案对销售根本没有帮助，于是老板问你：“为什么买旅行箱？”“想去旅行。”“什么时候去？”“没时间。”于是老板将文案改为“多久没有去旅行了？XX旅行箱¥269”（见图 1-7）。

图 1-7　旅行箱文案

就是这么一则文案，让你的旅行箱销售一路领先，冲进淘宝旅行箱类目 TOP20，这就是文案的魅力所在。

1.2 优秀的文案创作者十大个人修养

了解了内容文案的价值，是不是恍然大悟，原来内容文案这么重要！原来我们每天都在做这么有价值的一件事情。是的，在新媒体运营时代下，内容文案作用已经如此显著，已经成为每个网络运营人必须掌握的一项技能，那么如何成为优秀的互联网文案创作者呢？

过去，人们谈论文案，会这样分类：平面广告文案、电视广告文案、直邮文案、宣传册文案、户外广告文案、公关文案、促销活动文案……这些文案经过十几年的探索和总结，已经有了较为固定的章法和写作技巧。然而在当下，随着互联网尤其是移动互联网技术的出现，你会发现越来越多的"文案"散落在各处，无法被清晰地归为某一整类，这便是互联网营销下的"内容文案"，使得互联网文案目前还无法形成完整的体系。但整体来说，要想成为优秀的互联网内容文案创作者，必须加强两个方面的提升：

- 内容文案创作者个人素养的提升
- 内容创作技巧的提升

关于"内容创作技巧"的重要性无须多言，这一部分内容将在后面的章节中具体介绍，本章重点说说内容文案创作者需要哪些最基本的个人素养。

1. 情怀

你要想将互联网文案写好，首先要调整的就是自己的心态，心态对了，内容文案撰写就自然顺了。那么内容文案人员需要什么样的心态呢？两个字概括：情怀。即你在进行内容创作的时候，不能将其视为一种广告、推广工具或赢利手段，而是要将内容和文案当作一个项目来对待，所有的创业者都知道项目是从内心长出来的，并不是想出来的。因此，我们在进行内容创作的时候，一定要注意塑造自己的情怀。如果不注意自己的情怀，那么你进行内容创作就带有明显的目的性，很容易让内容文案变成产品的广告宣传语，或者变成生搬硬套的"八股"文形式，这就是我为什么要将情怀排在第一位的原因，因为它太重要了。真正的内容文案高手都知道，情怀决定人的思维格局，而思维格局的高度决定了人的高度。

知先后，近于道，内容营销的过程就是价值传递的过程，你的价值从哪里来？你的人生价值到哪里去实现？说到底就是情怀的传递和分享。从情怀（呈现和付出）到情怀（回路和反馈），这就是价值的循环流动。从价值（愿望和追求）到价值（增量和回归），前者是释放和产生情感能量及需求价值，后者是实现和满足情感回馈及其价值增量结果，整个过程形成一个共生共用的信用体系，形成良性循环和迭加。

我们很难想象一个没有正确情怀和价值观的内容创作者，能写出多么优秀的文案，能在互联网上取得多么大的成功。内容创作者只有具备情怀，具备更高的格局和价值观，才能在内容创作中获得超我存在。具备情怀是成为优秀内容创作者的捷径。

2．阅读与学习

阅读是很多内容文案创作者并不太在意的事情，但在我看来，阅读对内容文案创作者而言，其地位仅次于情怀。

我们为什么要阅读呢？答案很简单，通过别人的思想来延伸自己，这是一条成功的捷径，而书籍就是展示别人思想的最好的平台。也许有人会说，读了那么多书，又有什么用呢？这种“读书无用论”在社会上普遍存在，其实这个观点是错误的。很多人之所以觉得读书无用，是因为他们没有“学以致用”。当然也并不是说，这边读完一本书，那边就马上会产生对应的产出。这样把阅读当作饲料的读法，营养也只能是饲料层次的。书的营养不在于“吃”，而在于通达，在于心领神会。阅读真正改变的，是一个人的气韵，更具象地说，是改变和完善一个人的心智模式。不阅读，是一个人，阅读了很多书，则又变成了另一个人。古语云“腹有诗书气自华”，说的就是这个道理。

如果你觉得阅读无用，那是因为你对知识掌握的深度还不够！

“要想做好内容文案，需要自身拥有较强的知识。”这个道理大家都懂，但大多数人对“知识”两字的了解不够透彻，知识两字可以理解为：“知”是晓得，明了的意思，是可以通过有效途径快速掌握的。如在当今的大环境下，很多内容文案创作者，多半有浮躁、迷茫、怀疑、踌躇、不踏实的心理状态。他们在某个领域中的学习通常选择最省力的方式，如加入各种社群，听别人分享成功的经验，或者关注和订阅各类公众号，从中吸取各种观点，在这里学到一个标题技巧，在那里学到一些排版方式……他们的学习和思考选择偷懒的方式，听任于别人的“喂食”，并且这种“喂食”都是在碎片化的状态下开展的，而东拼西凑的碎瓷片不可能组成一个完整的花瓶。“识”是对某个领域具备系统的识别能力，需要有时间和心思静下来针对自己的工作和岗位做深度思考，需要系统地学习，也需要领悟。

内容文案从业者每天都要进行创作，是需要大量的内容输出的职业。最大的湖都可能被抽干，对于内容文案从业者来说，缺少输入的过程，是一件很可怕的事情。相比于讲座和专栏文章多是把碎片化的经验和套路传输给别人，阅读更多的是一种缓慢修补自我的过程。拿起一本书，你可以和作者进行长久对话，你会察觉到作者的思考脉络，然后以此为原点，去启发自己寻找下一个疑惑的答案……如果你已经丢掉了阅读的习惯，不妨从今天起把遗失的美好捡起来，哪怕每天阅读一章节内容也好（见图 1-8）。

图 1-8　只要阅读的习惯存在，一个人就不会迷失自我

3．情绪

内容创作者平时进行创作时，少不了做自嗨活动，也少不了做令人讨厌的标题党。很多时候，不管你是多么认真地对待内容创业，耗费多大精力去撰写某篇自以为满意的内容，但其反馈的结果往往会让你大失所望，甚至一不留神经常会被用户的留言给气炸。所以要想成为一名优秀的内容创业者，还需要一种特殊的能力：情绪控制。

很多时候，不管你的内容质量如何，总是有一部分人会喜欢，还有一部分人会讨厌。即便是罗振宇、咪蒙这样的超级“大佬”，他们遭到的批评也只多不少，正如影星范冰冰所说的一句话：“我能经得住多大的诋毁，就能担得起多大的赞美。”赞美和诋毁一直是相互伴随的。内容文案创作者需要一份特殊的情绪这份情绪包括三个方面：

- 保持对内容创作职业的热情
- 保持对内容创作工作的热情
- 保持对内容售后服务的热情

4. 展示最好的自己

现在，内容价值已经正式回归，这个变化给那些能够做好内容的人一个机会。今天，人们真的可以通过持续的优质内容输出来给自己建立一个强大的影响力，让自己变得很牛、很强大。我们有充足的理由相信：在互联网时代，个人品牌（IP）的力量不容小觑。

通过内容塑造个人品牌（或 IP），是内容创作者的目的之一。对于内容创作者而言，能否让自己的影响力变得很强大，能否塑造出自己的个人 IP，关键在于你能否形成独特的价值观，价值观是人们识别你的关键。人们之所以“消费”你，是因为你创造的内容所传递的独特价值是人们所欣赏的，也是人们想听、想看的。因此，如果你要想成为内容营销领域的高手，而不是依靠“标题党”或“段子手”等小技巧骗取流量，关键在于你是否拥有独特的价值观（包括思维和技巧）。换句话说，你是否能够真正地做到“做自己”的境界。

所谓“做自己”，其本质是要求内容创业者从“向外求”转为“向内求”的过程。其中，向外求是指从利益角度出发时展开的营销手段，包括求关系、求渠道、求资源、求人脉、求机会等；向内求是指坦诚面对自己内心最真实的一面，从内心出发激发起兴趣、热情、希望、理想和观点。通过“向外求”，你可以从普通内容创作者升华为优秀内容创作者，而要想让优秀内容创作者变得更优秀，甚至卓越，“向外求”是无法实现的，必须“向内求”。因为只有当你做好了你自己，外界的东西才会被你吸引过来。

作为内容文案者，需要你从精彩纷呈的万千世界中，认清那个你愿意为之付出大量精力和时间，并愿意长期坚持下去的方向，然后想办法致力于从事它。专注于自己真正喜好的内容，是文字之外的东西，不要为了某种利益而从事你不喜欢、不擅长的内容创作，也不要只带着对文字的喜欢加入内容运营行业，请带着某种强烈的兴趣爱好从事你目前的工作。如果你做一件事的时候是麻木的、不投入情感的，那么读者看你的内容也多半是无感的。反之，一个做内容认真、喜欢跟自己较劲的人会极具人格魅力。当你对内容的喜爱融入到内容中时，读者当然也能感受到创作者的认真和用心。

5. 洞察力

内容文案圈中流传这么一句话："洞察是看风水，策略是打地基，创意是毛坯房，文案是精装修。"要想让你的内容文案具备传播力和销售力，对于内容文案人来说还需要具备洞察力。关于洞察力，有一个非常经典的案例，一个高端手表客户找上门来要你做文案，你会怎么做呢？也许你会发现手表是一种高贵的装饰品，是绅士的一种象征，消费者拥有这块手表，他们的身价、地位都会明显飙升，于是你的文案出来了：

这是你的第二身份。

此广告文案能将产品和产品的附属意义联系在一起，可以说是不错的创意，但还谈不上是上乘之作。因为如果你拥有一双洞察力高的眼睛的话，你会发现真正的高端消费者从来不用一块手表来炫富或提升优越感（用豪车、豪宅更能体现），他们认为，手表就是时刻。

所以人心并不是你想的那么简单，他们在乎的并不是手表的附属价值，而是感动心灵的那一瞬间，为此，西铁城（CITIZEN）手表"发现新感动"的广告语如此写道（见图 1-9）：

上一秒，爸爸的儿子；下一秒，儿子的爸爸——盼望了 280 天，谢谢你准时。

图 1-9 西铁城（CITIZEN）手表广告

看到这一广告，你是不是发现生命中有许多神奇的一秒改变我们的一生。生命中有太多感动的时候，需要我们去珍藏。而这种深入表象、深得秘密的能力，我们称之为"洞察力”。优秀的内容文案写手一定是优秀的营销人，一定要具备敏锐的洞察力，因为有时候发现市场比学习市场营销更重要。

需要强调的是，洞察和观察是有区别的，华生曾经很不服气福尔摩斯，为什么每次都是他先破案，福尔摩斯笑答：“因为我总在观察啊！”华生自然很不服气：“难道我就不观察吗？”福尔摩斯立即反问：“那门外的楼梯一共有多少个台阶？”华生哑口无言。这就是“洞察”和“观察”的区别，市场到处充满了机会，观察无时无刻不在发生。但并不是所有的观察都能带来结果，很多观察只能看到实物的表现，只能抓住人们所做的事情，其效果往往也只停留在雁过留影阶段。只有洞察，才能发现事物的规律，才能从根本上了解消费者的动机，才能回答人们为什么这么做。如纯净水厂家都知道所有的纯净水都要经过 27 层过滤，但只有乐百氏将其挖掘出来，并将“经过 27 层净化”列为产品的核心卖点。

洞察不等于观察！

---

6. 文笔

有人说，人不管外形如何千奇百态，都是由一堆碳水化合物组成的。同样，对于内容文案而言，无论形式如何丰富，传播媒介如何规范，最终都离不开语言文字这个最重要的载体（不可否认有无文字广告存在）。文字不仅是传递广告信息的重要工具，也是现代内容文案创意的核心展示，它承担着产品信息及品牌信息传播的重要任务。与文学作品一样，成就优秀的内容文案，离不开对文字本身反复雕琢。好文案不仅可以体现创作者的修养，而且能彰显产品的魅力，文案如玉，须精心雕琢，方成大器。如雀巢咖啡对广告文案的雕琢就非常细腻，虽然用词很普通，但是无时无刻不给人一种与众不同的形象。

文案一：《关爱》

在一个陌生的城市，不是每一个人都有一份关爱。工作、生活带给我们很多烦恼和压力，我们要做的，就是让自己活得没那么疲惫。哪怕是从繁忙的工作中抽一点时间，给自己泡一包雀巢咖啡，也许会给自己带来一份惬意，同时也更有精力迎接我们美好的未来。雀巢咖啡，给自己一份关爱！

文案二：《郁闷》

一上午的事情总算忙完，我搅动这杯雀巢，想着我的 TA，想 TA 在身边就好了，不自觉地郁闷了。还好，有TA送的雀巢和我做伴，我也很满足。雀巢咖啡，给我恋爱的味道，味道好极了。

文案三：《萎靡》

做完那个case折腾到凌晨3点才睡觉，早7点半还要准时起床上班。现在眼睛都不想睁开了。还好，我昨天买了雀巢咖啡，有她可以让我精神倍增。每天早上，好的开始，是希望的味道，味道好极了。

雀巢咖啡的每一则小文案，从文字上看并不是非常精彩，只是将一个个小故事娓娓道来，而这正好让雀巢咖啡更贴近生活、贴近消费者。可以说，优秀的文笔成就不了优秀的文案，但优秀的文案却需要优秀的文笔。要想创作出优秀的内容文案，除了创意之外，还需要有优秀的文笔。

7. 用户思维+部落思维

任何商业现象的入口，都是企业与客户关系所发生的变化。移动互联网和社交媒体的广泛应用对商业最大的影响，是改变了信息传播的关系。相比于报纸、杂志、广播和电视等传统媒体，新媒体的信息传播不再是“企业—客户”，而是“客户—客户”。这种改变，让互联网彻底成为人与人之间的连接，而人与人之间的连接是人脑之间的连接，是思维、智慧和情感的连接。

互联网价值的体现生发于人类的心灵，最终通过信息的传递又回归到人类的心灵，以满足人类不断增强和放大的精神寻求。

因此，内容创业者所释放的价值必须与目标消费者所寻求的价值达成共识，并以信用为链接，在不断提升、放大、赋能的过程中产生出新的更大的价值。人类在这样一个个精神往返升级享受过程中，才能得到超值回报的生命体验，可见，内容营销制胜的真正核心是：人。

首先要说的是，并不是因为有了互联网，才有了互联网思维，才有了用户思维，这些思维以前就存在。如前面说的互联网的本质就是人与人的连接，而在互联网出现之前，这种连接一致都存在。有一个“六度空间”理论说，任何两个人只需要经过六个中间人，就可以建立起联系。这个理论说明，这个世界上的人和事物都是相互关联的，任何两位素不相识的人之间，通过一定的联系方式，总能够产生必然联系和关系。只是在互联网出现之前，这种“相关性”的成本极高，而有了互联网的“聚合”作用，这种相关性就变得容易多了。所以，尽管互联网内容文案的分发媒体是在互联网上，需要具备互联网的思维，但互联网的思维本身就是关于“人”的思维，“人”才是商业的核心，才是内容运营的关键所在，其他一切思维和运营方法都是围绕着“人”在不同层面展开的。

关于内容创作者的“用户思维”，通俗一点说，就是用户需要什么你就给什么，用户什么时候想要，你就什么时候给，用户要的少，你可以多给一点，用户没有想到的，你要替用户考虑到。如果离开对用户的思考只注重内容创作的话，很可能会在“有用和无用”之间垂直徘徊。当然，要想了解用户思维，首先得回答“Who-What-How”三个核心问题：第一、你的目标客户是谁？第二、目标客户要什么？第三、怎样满足目标客户的需求？这三个问题不仅仅在用户思维中需要考虑，在互联网品牌运作过程中更需要考虑到。

- Who：目标用户是谁？（市场定位）
- What：目标用户要什么？（品牌和产品规划）
- How：怎样满足目标用户需求？（体验打造）

此外，根据马斯洛需求理论，人作为一种群居性动物，是有情感需求的，他们需要归属感，需要友情、亲情、爱情，需要互动交流。关于这一点，无论技术如何变化，其本质是不会发生改变的，改变的只是“聚集”的形式：农业文明时期，人们离不开土地，于是以血缘、宗亲关系联系在一起；电力工业文明时代，人们离不开工厂和机器，于是以生产协同者的身份联系在一起；随着国际经济、金融和信息一体化的纵深发展，工业因素对大城市形成的影响力正在逐渐淡化，人和机器的关系也逐渐变得不再密切。在此之前，大众传播是“企业—客户”，是人与信息之间的互动，报纸、杂志、电视、广播等媒体传播什么信息，人们就被动接受什么信息。新媒体技术的到来，将信息传播演变成“客户—客户”互动传播，进入 “人人互动”时代。但万变不离其宗，一切都在变化，可这些变化并不是无规律可循的，其中有一个规律就叫做“部落思维”。

说到人与人的联系，不得不提到一个历时数十万年的演变过程，人类从远古至今正经历一个“部落化—非部落化—再度部落化“的过程。前两个过程非常好理解，在远古时期为了抵抗自然灾害和其他动物的侵袭，人类像其他动物一样群居而生，从而奠定了人的社会属性。后来，随着生产工具的不断发明和生产资料的私有化，大部落变成家庭化、公司化等非部落化的小型生产组织。在移动信息革命浪潮下，一种更高层次的“重新部落化”进程开始形成：精神部落再聚合。

移动信息化浪潮的到来正在减弱人与机器的联系，人工智能渐渐会代替人的工作岗位，全自动生产会成为现代工业的趋势。人的双手和眼睛从工业流水线上被解放出来，人们开始走下生产流水线，甚至离开计算机，摆脱对办公环境的依赖，可以随时随地处理事务。人们可以离开城市，在旅途中也可以处理事务，在家也可以办公。总之，移动信息化让人从空间中解脱出来，让人与人的空间距离可以变得越来越远。当人与人之间的空间距离逐渐拉开后，精神上则需要更多来自同类人的安抚和慰藉，正如著名媒体人柴静曾经在《看见》书友会现场所说的一段话：

已届成年的时候，你会发现人需要归属，人生存在这个社会需要归属。这种归属从哪里来？不再是过去的宗族、血亲和单位，不再是过去那些使人固定其中，使人僵化在里面，像水泥一样动弹不得的领地。

真正的归属是我们相互之间的创造和愈合，当我们志趣相投、目光相会的时候，我们就创造出了属于我们的世界。这是一个公众电视台记者的责任，在未来这些年当中，在时代能够容忍的前提下，我将会为此付出我全部的心力。

在现场，她以一个公众人物的身份用这段话来表达读书人之间内心的彼此契合、互动、相知，这恰恰印证了当下新媒体用户群的实质，就是人的精神层面的部落化再聚合，我们可以把精神世界有同一兴趣爱好的人聚集的新媒体阵容，称之为精神部落（见图 1-10）。

图 1-10 精神部落

其实兴趣爱好一直存在，在传统媒体的时代，我们会挑选自己所喜欢的板块进行阅读，有些人关注体育板块，有些人关注娱乐版块，有些人关注新闻时事板块，但当时拥有某共同兴趣的人都零散地分布在世界各地。如今，借助新媒体传播工具，每个人都能很轻易地将自己的生活和思考状态当作漂流瓶丢出去，或主动出击找到并加入精神上契合的兴趣部落：爱美文、爱读书的人可以关注“十点读书”，并加入他们的读书会；喜欢金庸武侠的人会关注“六神磊磊读金庸”；对财经事件解读的人会关注“功夫财经”“吴晓波频道”；爱看情爱故事、人情世故的人可以看看“咪蒙”……人以群分的特点再次凸显，在新媒体传播时代，你只能吸引与你兴趣相同的人关注你。

当然，在互联网世界中的每个人都是“精神残缺不全”的人，具体表现在一个人会同时加入多个精神部落，今天泡在小众音乐的精神部落，明天也许就在某电影部落里发表观点。但不管怎么样，我们会发现，精神世界的部落化聚合，是新媒体传播的核心，它支撑着新媒体定位、内容选题和社群运营理论。对于内容创造者而言，我们必须明确意识到，从心理学上讲，人的身边通常存在三个群体：

- 崇拜性群体——你希望加入的群体；
- 联合性群体——与你有相同理想和价值观的群体；
- 疏远性群体——你不想加入的群体。

为了让你的文案打动人心，你可以瞄准这三种群体，这里有两种方式：一是从正面入手，激发认同和共鸣，文案要说出用户想说的那句话，成为他们的代言人。比如“80 后”的“代言人”韩寒，在执导电影《后会无期》时，他基本是以自己的微博为阵地进行电影宣传的。每一条微博几乎都成为热门话题。看看他主导的文案就知道，对于“80 后”群体的心理和情感痛点，他有着很精准的把握：

- 听过很多道理，依然过不好这一生；
- 小孩子才分对错，成年人只看利弊；
- 你连世界都没有观过，哪来的世界观；
- 有时候，你想证明给一万个人看，到后来，你发现只得到一个明白的人，那就够了；
- 既然大家都没本事，各走各路，这才是现实；
- 连家乡都没有了，我们跟野人也没什么区别；
- 我从小就是优，你让我怎么从良；

- 有机会，我把我的故事讲给你听，可惜没有这个机会了。

想一想这些内容文案，是不是每一条都符合 80 后群体的共同点，他们处于人生不上不下的尴尬期，经历时代的转型期，亲历两种价值观的裂变，岁月和时代造就失落感。

二是从反面入手，激发反抗（或对抗）意识，如阿迪达斯的文案：

他们说："太粉了。""太粗放。""太放肆。""太浮夸。""太假。""太快。""太呆。""太娘。""太 man。""太完美。""太幼稚。""太狂热。""太懒。""太怪。""太晚。"……众说纷纭，而你只需要会一句：太不巧，这就是我。

显然，阿迪达斯的这则内容文案瞄准目标用户周围的"疏远性群体"，面对"疏远性群体"说出用户的心声：这就是我，这就是我们，我们不想与你们为伍。

8. 匠人之心

未来成功的你，是因为现在把自己当企业来经营，内容创作者要想获得成功，就必须将自己当企业来运营。个人形象就是品牌，内容就是产品，全媒体平台就是渠道，读者就是消费者。因此，要想让消费者喜欢你的"产品"，就必须提高你的内容质量，以工匠精神对待你的内容，反复推敲。

关于"推敲"，相信大家一定听说过一个故事：唐代诗人贾岛有一次骑驴闯进官道，他正在琢磨一句诗，名为《题李凝幽居》，全诗如下："闲居少邻并，草径入荒园；鸟宿池边树，僧敲月下门。过桥分野色，移石动云根；暂去还来此，幽期不负言"。但他有一处拿不定主意，那就是觉得第二句中的"鸟宿池边树，僧敲月下门"是用"敲"字好，还是用"推"字好。嘴边念叨着，不知不觉，就骑着毛驴闯进了大官韩愈（唐宋八大家之一）的仪仗里。韩愈问贾岛为什么闯进自己的仪仗队，贾岛就把自己做的那首诗念给韩愈听，但其中一句拿不定主意是用"推"还是用"敲"，韩愈听了对贾岛说："我看还是用'敲'好，夜深人静时拜访友人还敲门，代表你是一个有礼貌的人，而且一个'敲'字，使得夜深之时，多了几分声响，读起来也响亮些。"贾岛听了连连点头称赞。

当然，内容创作者写文章虽然无须这么下功夫，但是认真对待每一篇内容，多加整理、推敲还是有必要的，因为很多时候，人与人之间本身并无太大的区别，真正的区别在于做事的态度。美国哈佛大学著名行为学家皮鲁克斯曾有一句名言："做人是做事的开始，做事是做人的结果，把握不住这两点的人，永远都是边缘人！”的确，只有认真对待你所做的每一件事，才能求得事业的成功。

我将内容创作的工匠精神概括为两个字：精进。精进一词，常见于佛学中，意思为努力向善向上。除此之外，它还有另外一个意思：精明上进，锐意求进。精进是个人和企业运营取得成功的最基本态度，稻和盛夫就企业经营提出了“六项精进”策略，所谓“六项精进”是指：一、付出不亚于任何人的努力；二、要谦虚，不要骄傲；三、要每天反省；四、活着，就要感谢；五、积善行，思利他；六、忘却感性的烦恼。

稻和盛夫认为“六项精进”是搞好企业经营所必须的最基本条件，同时也是我们度过美好人生必须遵守的最基本条件。他说：“如果我们每天都持续这‘六项精进’，我们的人生必将更加美好，甚至超乎我们自己的想象。我自己的人生就是如此。”

做企业如此，做人如此，做内容创业者更是如此，因为对于所有的内容创业来说，他们都面临两个世界：“知”的世界和“觉”的世界。如果你长期处于“知”的世界里，那么你永远无法进步，可能因为面子问题充其量只能不知道装知道，这对内容创作者而言是可耻的。相比于“知”而言，“觉”需要时间，需要思考，需要否定自己，这样做可能会让我们缺少成就感，但长此以往，会让我们得到质的提升。

9. 有意识的商业习惯

大多数人在写文案的时候，很容易陷入一个误区，认为好的文案或者有创意的文案都是通过发散思维产生的，背后没有什么逻辑的思考和流程，就是脑子里蹦出来的一个好的“点子”。实际上，绝大多数互联网内容文案都是为了某产品（或某商业）服务的，这就要求一个好的内容运营，在创作内容的时候，必须建立在该产品的商业目的的基础上进行有条理的发散，而不是凭空漫无目的地进行发散。因此，要想写出一流的文案，必须掌握产品商业运营的基础的方法论，主要可以从以下几个方面进行逻辑化思考。

（1）分解产品属性

你只有在了解自己的产品属性和特点的情况下，才会知道这句话到底是要突出自己产品的哪一个特点。产品属性包括两个部分：

产品的基础属性，如包装、形状、性能、原材料、颜色等。举例来说，rose only 在产品基本属性上这么描述："从厄瓜多尔的玫瑰园采摘，48 小时内到达您手中，严实的包装，使到达您手中的玫瑰和在花园一模一样"；

产品的功能属性，如吃、用、社交、炫耀。举例来说，酒最重要的属性就是社交属性，可以这么写："喝杯白酒，交个朋友"。

（2）分解目标用户

当你了解了你的产品特点之后，如何在众多特点中找到那个用户真正的痛点？你需要了解目标用户，了解他们的个性，了解他们经常遇到的场景，了解他们经常会接触的人、经常会碰到的问题，才能写出触动他们的文案。用户特点可以从三个方面分析：

- 个人属性，包括年龄、性别、地域、性格；
- 工作事业，包括环境、职业、收入、圈子等；
- 家庭情况，包括氛围、成员、生活、爱好等。

（3）分析使用场景

同样的用户，在不同的使用场景中，对于产品的诉求点是不一样的，所以在不同的使用场景下，你的文案应该是不同的。你要找到不同使用场景的不同特点，在这个场景用户有什么不同的需求，根据不同的需求去撰写文案。使用场景主要有四种：

- 购买场景，如服装店的文案可以这么写："别家的导购只会一直说好看好看，我们的时尚顾问才懂什么最适合你。"
- 使用场景，如西装是正式的商务场合，要有专业性，文案可以写："没有合身的裁剪，怎么突显出你的商务范。"
- 保存场景，如冰箱，突出保鲜特征。
- 维护场景，如售后服务。

（4）分析竞争对手

在同一个使用场景下，用户不仅会接触到你的产品，还会接触到其他竞争者的产品，那么如何让用户关注你的产品而不是竞争对手的产品？最重要的是找准竞争对手，只有找准了竞争对手，才能找准突出你产品差异化的点。竞争对手的情况有三种：

- 不作为，如洗碗机的竞争对手是不用洗碗机，文案可以写："看着爸妈常年洗碗满是皱纹的手，你不心痛吗？买个洗碗机，帮爸妈做点小事，就是了不起的大事。”

- 不同类型，如开在商圈的电影院，竞争对手并不是别的电影院，而是周围的餐饮店和其他娱乐场所，文案可以这么写：“逛街累了，不如看场电影放松放松。”
- 同类型，如神州专车与 Uber 和滴滴就是直接的竞争对手，神州专车针对竞争对手主打安全性，文案写道：“女人要勇敢，也要安全感，最好的遇见，并不在黑车里，爱自己，请在夜里远离。”

（5）突出特点

当你分析完产品属性、目标用户、使用场景、竞争对手之后，大概的文案思路以及突出自己产品的哪些特点已经确定，那么为什么还有很多人写出的文案无法吸引眼球呢？因为确定特点还不够，还需要突出特点。主要有以下五种方法：

- 与用户脑中已有的东西产生联系。如“每 100 克鱿鱼干含 871 毫克胆固醇”和“吃一口鱿鱼等于吃 20 口肥肉”，这两句文案对比，显然后者更让人印象深刻，因为大部分人的大脑对“871 毫克胆固醇”并没有感知，但“20 口肥肉”应该还是较熟悉的事物；
- 利用数字具体化。如某手机突出待机时间，续航能力强，文案写道：“充电 5 分钟，通话 2 小时”；
- 利用视觉化描述让用户能够感知到。如乔布斯在 iPod 文案中并不是写 4GB 容量，而是写“把 1000 首歌装进口袋里”；
- 突出能给用户带来的利益。如为突出电子阅读器水墨屏的好，文案写道：“看书 2 小时眼睛不干涩，不伤眼的水墨屏”；
- 唤起用户的某种情绪。如某培训学习文案写道：“已经让孩子在起跑线上输了一次，你还想再输一次吗？”

10. 心态

最后，对互联网内容文案创作者和内容运营者来说，还需要具备一项素质：心态。因为内容文案工作并不是一蹴而就的工作，不是一个能让人时刻保持兴奋的工作，也不是一个付出立马就有回报的工作（甚至很长时间都无法回报）。因此，很多人曾涉足内容运营行业，但坚持一段时间后效果不理想，于是纷纷离开。对于内容创业者来说，必须具备以下三种心态。

（1）寂寞之心

关于内容创业，有许多美丽的传说，有很多引爆营销的经典案例，也有很多聚集上百万粉丝的优秀内容创作者典型和年收入千万元甚至上亿元的故事，可很少有人去关注这些内容创作者和运营者背后的一面。即便如唐家三少那样的才华型网络写手，大家津津乐道他年收入过亿元的辉煌，却很少有人去关注他工作累得像条狗，每天在电脑前码字十二个小时以上，即便是感冒生病了，也得坚持不断地更新。自媒体人周冲曾经撰文描述自己从事自媒体写作的状态：

几乎每天，我都要花 20 个小时（说 20 个小时，是因为做的梦都和工作有关）在阅读和写作上。

每天睁开眼睛，就翻开枕边的 kindle 读一阵，然后起床，读纸质书。午后不论多累，开始准时码字。入夜找图片和音乐素材，开始排版。夜晚打更后，休息一阵，吃点东西，听听音频。睡觉前依然在听，以至于梦里都是飘来飘去的句子、形形色色的素材。

你们聚会时，我在写作。

你们心动时，恋爱时，分手时，再心动时……我还在写作。

自媒体周冲的这种感受，相信每个内容创业者都深有体会，而无数事实告诉我们，成功的背后往往是汗水的付出，意味着默默的坚守。

（2）清贫之心

媒体行业的人往往都会有一定的“思想洁癖”，他们在心底都认为做内容是很高雅的一件事，如果求利润就会使内容染上俗气。从长远角度看，这或许有利于公司的长远发展，有内容做支撑，利润自然就会滚滚而来，但是从短期来看，做内容的方式和渠道还是区别于一般的商业逐利的。

内容生产具有自身的规律，业界普遍认为其非商业型的特征是其价值源泉之一，或是依靠专业、客观以及真实性的报道来吸引观众，或是用幽默的语言分析，同样也不能脱离客观以及公正。如 36 氪的刘成城曾经提到，36 氪的收入主要来源于投资人，提供的内容以及针对创业者的活动都是免费的，虽然有些广告收入以及活动费用，但仍无法支撑公司的运作（见图 1-11）。

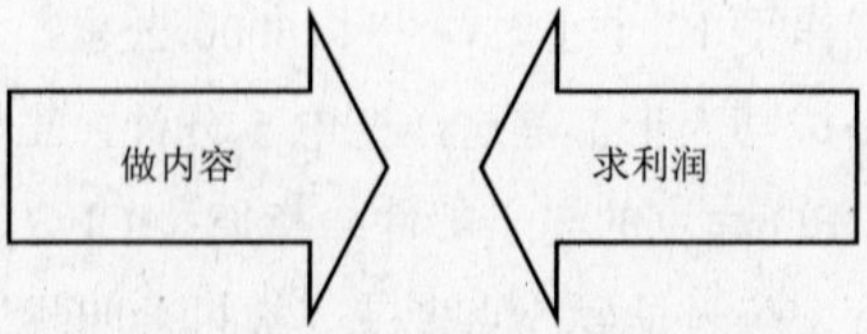

图 1-11　内容变现的核心矛盾

笔者非常欣赏滴滴出行 CEO 程维的一句话："不是因为你是一个什么样的人，所以你才去做什么样的事；而是因为你做了一件事，你才变成这样的人。"文学创作就是如此，很多时候，在阅读文学作品时，总是会发现一个规律，就是很多著名的文学名著都是在作者生活最艰难的时候完成的，如曹雪芹是在生活潦倒的时候才完成《红楼梦》，大作家莫言的绝大多数作品都是早期在农村完成的……互联网内容创作也是如此，不可否认，在内容创作领域，有太多成功的案例，他们获得了巨额的财富，但这只是冰山一角，更多的内容自媒体人在苦苦挣扎，甚至一个月的收入连生活都无法保障。

（3）平淡之心

罗马非一日之功，内容营销成功也非一日之功，需要时间和经历的积累。对于未来的一切，再有能力的人也无法想清楚所有的事情，即便是你已经想清楚了，一旦开始，也会发生很多变化，很多人在工作多年之后再往回看的时候，发现现实已经和最初的梦想大相径庭。可不管怎么样，等你成功的时候，你会发现这都是你过往经历的积累。看看目前那些取得成绩的自媒体人，大部分并不是凭空冒出来的，而是在之前的风口上就有了一定的地位。papi 酱第一次网络直播就吸引超过 2000 万人同时在线观看，是因为她之前抓住了通过自媒体平台进行短视频传播的机会，成为"2016 年第一网红"；马东创办米未传媒一开始就获得盈利，是因为他在传统媒体（央视工作）和互联网媒体（爱奇艺）多年工作的积累；徐沪生 2014 年创办"一条"，将"生活、潮流、文艺"的理念融合到内容创作中，实现了短期用户增长过百万，是因为他之前是《外滩画报》总编辑，摸爬滚打多年；"大众公会"创始人黄章晋之前是《凤凰周刊》的主编；新媒体"好奇心日报"创始人伊险锋原来是《第一财经周刊》的主编……这一切都告诉我们，每次人生经历都是走向成功的一个台阶。对于内容运营者来说，我们需要做的就是保持平淡之心，工作中做到"付出不亚于任何人的努力"，因为做不到这一点的话，企业经营的成功，人生的成功，都是空中楼阁。2016 年，有一张某成功人士的行程表在朋友圈里广泛传播（见图 1-12），从早上 4 点到晚上 7

点，该成功人士这一天至少工作了 12 个小时，飞了 6000 公里，足迹遍及两个国家、三个城市，签约 500 亿元合同……成功人士都是这样充电 5 分钟，工作一整天的早起派。苹果员工经常在凌晨 4 点半收到 CEO 库克的电子邮件；特斯拉 CEO 埃隆·马斯克每周工作超过 100 小时；百度创始人李彦宏每天早晨 5 点多就“被机会叫醒”。

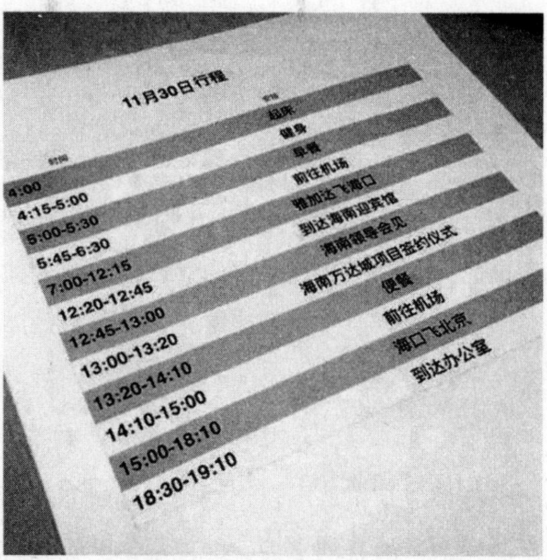

图 1-12 某成功人士的行程

第 2 章

互联网内容文案创作技巧

“文案写手，就是坐在键盘后面的销售人员。”真正优秀的文案是可以直接带来真金白银的，文案的好坏也直接决定了产品的成交率、转化率和利润。前文说到，在互联网上，用户引流是可以花钱买到的（如通过广告）。假如你想做 10 万用户，一般情况下可能需要花费 400 万元，但如果你有优秀的内容文案，很可能只需要 100 万就可以搞定。除了节约了 300 万元营销费用之外，通过内容文案吸引过来的用户，其黏性也会更高，这就是内容文案的价值。当然，并不是所有的内容文案都能达到这种效果，只有优质的内容文案才可以。

2.1 什么是好文案

广告大师大卫·奥格威在《一个广告人的自白》中说：“消费者不是傻瓜，消费者好比就是你的妻子，如果你以为仅凭口号和煽动的形容词就能说服她购买东西，那你是在侮辱她的智商。”那什么样的内容文案才称得上是好文案呢？

2.1.1 文案优劣的判断标准

在创作优秀互联网内容之前，先得了解到底什么是内容。提到百度百科就 low 了内容是指事物所包含的实质性东西，它具有三层含义：一是物件里面所包含的东西；二是事物内部所包含的实质或意义；三是哲学名词，是事物内在因素的综合，与“形式”相对应。如果将“内容”概念放在互联网范畴内，作为互联网技术术语就没有那么复杂。在互联网技术术语中的“内容”是指网页上的文字、图片、视频、音频等信息描述载体，其实就是丰富的、易于看到的并且是受众感兴趣能够方便存取的超文本组织结构。

上述解释只是从字面上对“内容”进行理解，如果进行深层次挖掘的话，内容还是作者思维的表现和延伸。它伴随着信息时代诞生，从文字、图片、视频，再到如今的全媒体，无论时代如何改变，媒介如何改变，内容都在不断地阐述着创作者眼中的世界，而读者则通过内容了解到内容创作者的世界观。

内容是创作者的世界，也是创作者的世界观。

新媒体时代，是一个“神文案”满天飞的时代，因为文案这个职业门槛看起来非常低，人人都可以写，所以我们看到社交平台上每天都产生许多“机智”的“文案”。同时，文案也是一个很奇怪的行业，不仅因为它没有标准的生产流程（所有标准化生产流程的文案都不是优秀文案），甚至连优劣评判标准都没办法统一。如早年间脑白金的广告文案“今年过节不收礼，收礼只收脑白金”，这则广告在各大电视媒体平台反复播出，引起了很多广告创意人的反感，连续几年被评为“年度十大恶心广告”之首。另一方面，这则“恶心”的广告却让脑白金的销量持续攀升，效果显著。其实，这种“反差”暗含一个现象：“消费者购买切实所需的商品时，并不太在意自己是否曾经对广告有过无以言表的厌恶，只要消费者觉得你的产品能满足某种需求，他们就会产生购买行为。”那么，这则广告是“好”还是“坏”？从销售效果来看，这应该属于“好”广告系列。

虽然传统媒体文案的好坏评估没法统一，但同样是说话、写字，其传播效果是不一样的。优秀的文案确实能带来销售力，甚至改变人们的想法和行为，造就某种价值观。而另外一些文案虽然看似“精彩”，却往往让人感叹一番之后迅速消失。幸运的是，对于互联网内容文案，在大数据技术的支持下，完全可以统计分析一篇内容推送出去后，24 小时内的朋友圈二次传播量、增加粉丝量以及读者使用的终端型号，甚至可以统计出用户地域分布等信息。随着人口红利逐渐失去，如今的我们在新媒体运营过程中，已经被信息“丛林”包围着。作为内容生产者，在探讨新媒体丛林生存法则的过程中不难发现一条准则：好的内容永远会得到好的传播。

这条新媒体准则让一切变得简单起来，写完文章并发布后，如果你愿意把它转发到朋友圈推荐给其他人，别人也会那么做，这样的互联网内容就是好内容。于是所有的内容创作者在进行内容创作的时候都要反复思考“什么样的内容才能称得上是‘好内容’”。要回答这个问题需要回归到新媒体人本身，不管你是内容创作者，还是内容编辑团队，每天的工作都是在想方设法地撰写优秀内容，其目的就是希望得到用户的喜欢，让用户主动为你传播，从而让你的新媒体账号可以快速获取更多的曝光率和关注度，并通过优质的内容传播吸引更多的粉丝，最终打造属于自己的“粉丝经济”模型，实现某种商业目的。

可见，内容运营者的天职绝不是写写文章那么简单，好的内容也绝不是文章被很多人阅读那么简单，而是你的内容是否被用户喜欢和被用户需要，你的新媒体平台是否满足用户的信息需求。曾有一位读者向我反馈一个情况，他写了一篇文章，阅读量达到 2 万，但订阅用户只增加了50多个，他不明白这是为什么。我特意去看了他写的那篇文章《别拿国足说事，你没有资格》，这篇文章传播是有一定原因的。文章发表于2017年3月23日，当天晚上国足在世界杯外围赛中1∶0战胜韩国队，迎来了久违的扬眉吐气，也给无数中国人打了一针兴奋剂。这篇文章力挺国足，带有一定的热情，放在之前，只会成为网络段子，但在“克韩”成功，举国刷屏的场景下，这篇充满热情的文章被人关注、转发不足为奇。

阅读量高达2万，转粉才50多个，这是为什么呢？很快我就找到了这个“困惑”的答案，这篇文章写的是国足，上一篇文章写的是云南丽江旅游景点推荐，再上一篇写的是未来房价是涨还是降；再往上则是一篇心灵鸡汤……在翻阅他平台上的这些文章的时候，发现每篇文章的平均点击率只有400多，也就是说，《别拿国足说事，你没有资格》这篇文章只是他“瞎猫碰上死耗子”所撰写的一篇爆文。站在读者的角度，这篇文章确实能吸引我阅读，甚至能让我转发，但吸引我阅读和转发的缘由并不是因为这篇文章写得多精彩，而只是当时场景下所诱导的一个行为。它还不足以让我因为这篇文章去关注这个平台，理由很简单：第一，它并不是我所需要的平台，即它没办法让我对它产生信息依赖感和精神归属感；第二，这位新媒体人所创作的内容高度和深度还不足以让我对他的平台产生兴趣。这篇文章有2万多阅读，最终只有50多人点击关注成为粉丝，这足以证明这个平台对用户的价值几乎可以忽略不计。

爆文不吸粉的困扰，暴露了广大新媒体人共同面临的一个认识误区。请记住内容创作者的天职不是写文章，而是持续地为用户创造价值，为用户创造归属感。所有的内容创作者都应该记住：你的成功感不在于写了多少篇“爆款”文章，不在于吸引了多少人的眼球，不在于有多少人阅读，而在于是否为用户创造了持续的价值，让他们在你所营造的精神部落中产生归属感，很好地实现了价值交换。

好内容抓住的不是眼球，而是心！

2.1.2 像内容总监一样去思考

文案创作之前，要明确两点：一，文案只是商业行为的一部分。如果没有商业，尤其是没有明确的商业价值和目标，可以肯定的是，文案就没有存在的必要了，因为文案的核心价值就在于此；二，“互联网文案”并不是对传统文案的颠覆。美国广告界“最顶尖的文案人” 罗伯特·布莱说过：“互联网并没有改变人性，也没有从根本上改变消费模式，文案的本质并未因为互联网而颠覆，只不过由于传统媒介的变化而出现了一些新特点。”因此，互联网文案也是为产品销售服务的。如果说一个完整的成功营销流程应该包括占据用户心智、打造消费场景、构建“产品”社群、将行为变成习惯、注重口碑传播等五个部分，那么产品销售过程属于第二个阶段——打造消费场景，即在特定场景下，针对特定目标人群，营造消费场景，激发消费动机，运用销售话术、销售技能实施一种促进购买的行为。在这个行为之前需要提前做到“占据消费者心智”，让产品成为消费者产生需求的第一选择。这便是著名的“定位理论”所说的：“让品牌在消费者的心智中占据最有利的位置，使品牌成为某个类别或某种特性的代表品牌。这样当消费者产生相关需求时，便会将定位品牌作为首选。”这部分工作则由内容文案来完成。

之所以需要占据这个“最有利的位置”，是因为消费行为是如图 2-1 所示的这样一个过程。

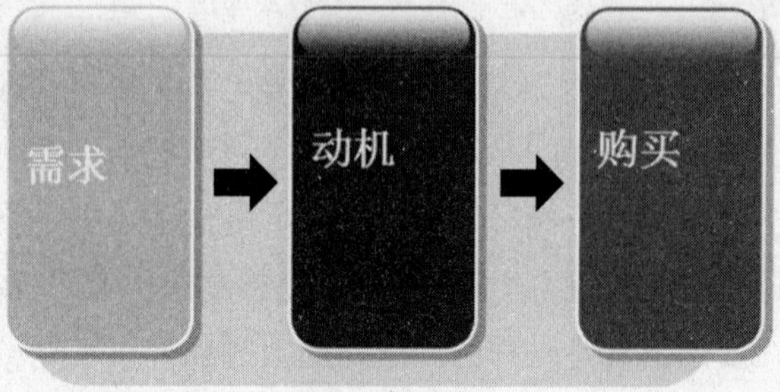

图 2-1　消费者购买行为流程

可见，要想让商品实现销售，就必须守住消费者“产生需求”这一关口，这样，当消费者产生需求的时候，才能确保他能想起你的产品，否则，你就很难实现最佳的销售效果。那么这样的内容要怎么做呢？

这里有一个法则可供参考：ELM 经验法则。所谓 ELM 经验法则，意思是推敲可能性模型（Elaboration Likelihood Model，ELM）。这一法则认为，文案占据消费者的心智有两条路径：中央路径（Central Route）和外围路径（Peripheral Route）。

其中，中央路径如图 2-2 所示，即广告中的“理性诉求”，是指利用逻辑、推理和深入思考来说服消费者，具体的做法就是灌输各种事实，将数据、证据、证书、研究报告融入到你的文案中。如为了体现产品销售量之多，麦当劳将文案写成“已经卖出十亿个汉堡”，香飘飘奶茶将文案写成“香飘飘奶茶一年卖出三亿多杯，能环绕地球一圈，连续七年全国销量领先”；为了体现产品的技术水平，可将产品获得多少项专利，在比赛中获得多少奖项等罗列出来……

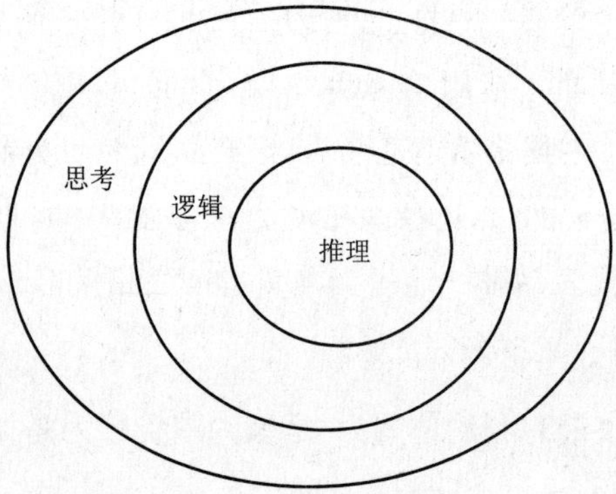

图 2-2 “中央路径”经验法

总之，“中央路径”文案创作主要是通过带着事实、数据等客观理性的信息让人产生信任感。用这种方法写文案，最重要的并不是呈现事实，而是为文案的核心观点和诉求找到合理化的说法和事实支持。如乐百氏早期有个文案就是使用“中央路径”创作的文案，它宣称自己的产品是经过“27 层净化”，事实上它只是将 5 层标准净化细分为 27 层，且所有同类纯净水的净化工序实际上都是一样的。这样的数据和事实不是谎言，是将品牌诉求进行“合理化”的有效手段。

这种手段就是文案大师迈克尔 · 马斯特森所说的“伪逻辑”（False Logic）手法，即通过改变措辞和对应的写作技巧，创作（不是谎称或故意造成误解）既成的事实。换句话说，这是由文案创作者来筛选事实，并决定最终呈现在消费者面前的是哪些信息，以左右消费者对产品的理解。如美国某啤酒品牌，早些年无论怎么努力，其市场占有率都无法得到明显提升，位居美国啤酒品牌第五名。后来请了一个很厉害的营销人做咨询诊断，在这位营销人视察酒厂的时候，旁边的酒厂领导不断地跟他阐述该品牌啤酒的独特之处，结果这位营销人却在酒瓶消毒的地方停了下来，他被该厂的啤酒瓶用蒸汽蒸馏水杀菌的环节所吸引，当他想将这一环节作为啤酒营销核心创意的时候，遭到酒厂领导的不解，因为所有的啤酒厂都是采用蒸汽蒸馏水进行酒罐杀菌的，没有什么“特别”之处。最后，在这位营销人的坚持下，该品牌啤酒还是采用了“洁净”这一卖点，强调所有的酒罐都是经过蒸汽蒸馏水杀菌的。这一策略很快成功地获得了消费者的青睐，其市场份额迅速攀升至行业第一。

在信息传播过程中，有没有是一回事，说没说是另一回事！

如果说“中央路径”文案创作主要是从理性角度去思考，对应的是商品和服务的实际功效，即消费者的“显性目标”，比较的是产品的功能、价格的话，那么“外围路径”文案创作则是从感性的角度出发，对应的是品牌形象和个性，即消费者的“隐性目标”，讲述的是感情化、情绪化的诉求。

消费者的购买行为究竟是由感性所决定，还是由理性所决定，目前并无定论。但可以肯定的是，在人的思维里，只有 5%是完全有意识的，而且根据购买行为的证据显示：人在 3 秒之内做出的要不要购买某产品的决定，是基于感性的。所以，文案运用理性手法只是为了将消费者的购买决定合理化，最重要的还是消费者的情感驱动，这便是“外围路径”的运营。

所谓“外围路径”是利用愉快的想法积极地形成或“暗示”所产生的联想来说服消费者（见图 2-3）。具体的做法是在广告文案中添加色彩缤纷、令人愉快的形象，幽默或受欢迎的主题，或名人代言、推荐等。如王老吉的广告文案就是“怕上火，就喝王老吉”，突出的是产品“去火”的功能，并且在整个广告片中，出现不同的容易“上火”的场景（如吃火锅、熬夜），以此来暗示王老吉的功效和使用场景。除了王老吉，绝大多数运动品牌的产品都是采取“外围路径”来创作文案，通过内容传达品牌不一样的精神，引起消费者精神世界的共鸣。例如耐克的“just do it”（想做就做）、阿迪达斯的“impossible is nothing”（一切皆有可能）、安踏的“keep moving”（永不止步）等。

图 2-3　“外围路径”文案法

内容文案撰写应该采用“中央路径”还是“外围路径”？通常情况下是根据产品目标消费者在购买产品时是从理性角度思考还是从感性角度思考。如果从理性角度思考，则多用“中心路径”撰写文案。如保险文案，消费者在购买保险的时候更多地倾向于理性思考，权衡付出和收益是否平衡，手续是否方便快捷，保险公司是否可靠等。而消费者在购买产品的时候是从感性的角度思考，则多用“外围路径”撰写文案。如饮料，消费者考虑的因素要少得多，大多数时候消费者在购买饮料时并不在乎价格，也不在乎产品的功效（同品质功效饮料太多），真正决定消费者购买的就是饮料品牌给予消费者的印象。

当然，是用“中心路径”还是“外围路径”撰写文案也并非一成不变。如电脑产品，原则上应该采用“中心路径”来撰写内容文案，围绕着电脑的可靠性、效率、功能型等消费者的“显性目标”来考虑。但是在 20 世纪 80 年代，IBM 却采取了“外围路径”，撰写了一句很有名的广告文案：

No one ever got fired for buying IBM.（没有人因为买 IBM 而被开除。）

这句文案如果放在现在，并无新意，甚至有点不妥，但在当时，电脑正式从军事科研领域进入商业，越来越多的公司开始采购电脑办公。而 IBM 当时将“商用电脑”作为重要的营销战略，点出了消费者心目中的“隐性目标”，让消费者在商务采购场合下，出于从众心理或对文案的认同，将 IBM 列为第一选择。

另外，实际上在内容文案的创作过程中，很多时候“中央路径”和“外围路径”的处理并没有严格区分，很多时候两种处理方法是并存的，如农夫山泉的文案“农夫山泉有点甜”，这是“外围路径”手法；“水源来自国家一级水资源保护区千岛湖，水质达到国家一类水体标准”，这是“中心路径”手法。

2.1.3 优秀内容文案决胜于创意

创意营销已经成为目前营销中非常重要的环节，并有“起死回生”的神奇效果。如荷兰一位设计师做了一个被称之为年度最无聊的设计，他的创意很简单：在公交车的玻璃上贴上一个张嘴小怪兽的贴纸，车在行进时透过车窗看外面的事物，就像正在一个一个被“小怪兽”吃掉。一个小小的创意，却轻而易举地让乘客放下手机，将他们的注意力吸引过去（见图 2-4）。

图 2-4　公交车窗上的“小怪兽”贴纸

创意在文案中也同样重要，我一向认同“人人皆可写文案”，但并不是每个人都能写好文案，就好比人人都会说话，却只有少数掌握技巧并娴熟运用且有魅力的人成为了演说家。对于所有文案人来说，他们大部分工作内容都围绕着“想创意+写创意”，创意是内容创作的源泉，是文案的灵魂，因为有创意的一段文字甚至一句话，都能够触发大脑永无止境的想象。关于创意在文案中的重要性，许多文案人经常会说一句话：“没有创意就注定死亡。”营销大师叶茂中也曾说：“没有好的创意就去死吧。”营销如此，互联网内容文案更是如此。

为什么创意对文案如此重要呢？互联网内容文案对消费者的影响可以归纳为：关注、互动、分享这三个环节（如图 2-5 所示）。而要想落实这三个环节，最为关键的是文案的创意。如果你的信息没办法从文山字海中脱颖而出，那这则互联网内容就无法被人关注、互动和分享。如背诵古诗，相信这是所有人小时候经常做的一件事情，甚至是很多人痛苦的回忆，并不能引人关注。2016 年，一个“80 后”妈妈将中、小学必背的 100 多首古诗词进行谱曲变成歌曲，用朗朗上口的音乐唱出来，以帮助孩子记诵。这样一个简单的创意让“婷婷唱古文”切中目标人群刚需。发展至今，唱古文系列已经上线各大 FM 及音乐平台，成为了一个稳定的流量入口，总收听量过亿，累计 6000 万人听过。

图 2-5　互联网文案三个“属性”

2.1.4 如何引爆创意

毋庸置疑，伟大的文案创意对产品销售的推动作用和企业发展的作用十分重要。正如文案大师乔治·路易斯的评价那样："一个伟大的创意就是一个好广告所要传达的东西，一个伟大的创意能改变大众文化，一个伟大的创意能转变我们的语言，一个伟大的创意能开创一个事业或挽救一个企业，一个伟大的创意能彻底改变世界。"那么如何引爆创意呢？

1. 保持简单

在文案的文字、图像及创意的背后，营销战略起着指明方向的作用，优秀的内容文案必须与营销战略相关联，必须要为完成营销战略任务服务，否则注定会成为一个失败的作品。即使这个文案引起受众的共鸣，最多也就是个不错的娱乐作品，绝不是一个好文案。换而言之，营销战略是产生优秀创意文案的基础。因此，要想写一篇优秀的创意文案，必须先了解企业的营销战略，并以此为导向撰写文案。如果创意是子弹，那么营销战略就是枪，只有子弹配上枪，才能发挥威力，才能正中靶心。

优秀的营销战略需要"做减法"，甚至是唯一诉求，所以在文案撰写过程中，文字不应该成为消费者阅读的障碍，即文案要让人一眼就能够看懂，一眼就能够收获核心信息。为了达到这个效果，首先要求在撰写文案的时候不要期待一下子就传达出一切信息。信息越多传达效果越不好，需要剔除无关信息，留下核心信息，成功吸引关注后，再慢慢传达其他信息。如找一个消费者，询问他对汽车的看法，他很可能会告诉你，要安全选沃尔沃，要快选保时捷，要跑山路选吉普……答案如此简单，原因在于这些汽车品牌从一开始就只单纯传达一个核心信息，长此以往，消费者就很容易被这个信息吸引，并记住这个信息。

保持简单，这是引爆创意的第一要点。这一点做起来并不容易，尤其是在给产品做文案时，你会发现产品有很多优点可以传达，每一种都很重要，每一种都可能吸引某一类受众。既然不能一一阐明，始终留有遗憾，索性坚持"少即是多"的原则，主动剔除多余信息。那么如何分辨并剔除信息呢？

第一，寻找差异化。美国七喜汽水公司当初面对可口可乐和百事可乐的强劲竞争，从1980年开始就不断增加广告费用的投入，同时还大幅度增加了营业部门的人员，但公司仍然亏损。直至该公司"七喜从来不含咖啡因，也永远不含咖啡因"的广告出炉，利用人们对咖啡因的畏惧心理，对可口可乐和百事可乐两大公司展开了大反攻。"反咖啡因"的创意制定非常成功，让公司营业额开始稳步回升，实现扭亏为盈。

第二，找到某种大部分人还不知道的产品益处，在文案中强调它。内容文案的撰写无外乎是与竞争对手形成差异，而目前大部分同类产品的功能属性也差不多，要寻找明显的差异会比较困难，最好的办法就是找到“隐藏”在产品中大家还不知道（或没发现）的地方。如乐百氏强调的“27 层净化”，以“洁净”为卖点的啤酒强调蒸汽蒸馏水杀菌。

第三，找到某种能够以戏剧化方式呈现的产品功效。如果产品能通过某种很戏剧的方式表现出来，那这一创意或许就是最好的诉求点。如 BOSE 降噪耳机，为了突出只要使用这款耳机，整个世界都会变得安静，其广告通过戏剧性的创意来突出“这一刻世界都安静了”。例如图 2-6 所示，一个人在瀑布的危险边缘，但因为带上了 BOSE 耳机，他并没有听到瀑布的声音。

图 2-6　带上 BOSE 耳机，世界都安静了

2．场景化

产品在销售的过程中是需要塑造一个消费场景的，因此对内容文案而言，能描绘某个“消费”场景，那自然能对消费者产生不小的冲击。常见的场景描绘如下。

（1）“救猫咪”式场景（反差式场景）

所谓“救猫咪”式场景是指，为了让主人公具有吸引观众的特质，给主人公安排一些帮助他人的场景，哪怕是很小的一个场景。如：救一只猫咪。通过这一举动，让观众觉得主人公有血有肉，而不是一个冷冰冰的英雄或毫无人性的坏蛋，这样更容易喜欢上他。优秀的文案创作者需要捕捉到受众心底的需求，制造一个“救猫咪”的场景，成功地打动受众并让他们产生预期的反应。1925 年，广告大师约翰·卡普尔斯为美国音乐学院设计音乐函授课程的广告。他并没有提及课程的优越，而是写了一个短短 21 个字的小故事：

我坐在钢琴前时他们都嘲笑我，但当我开始弹奏时……

数十年之后，这一模板被文案创作者广泛采用：

我写文案时亲戚觉得我没有出路，但当我在北京二环全款买房时……

我下载陌陌时他们都嘲笑我，但当我约到女神时……

（2）类比式场景

类比式场景就是让你的文案内容与用户熟悉的事物发生联系，让你的文案不再是单纯的表达，而是类比。如：

每 100 克鱿鱼干含胆固醇 871 毫克。

吃一口鱿鱼等于吃 20 口肥肉。

这两句文案相比，显然后者更让人印象深刻，因为大部分人的大脑对“871 毫克胆固醇”没有正确的感知，但“20 口肥肉”则是每个人都熟悉的事物。

（3）互动性

一定要记住，互联网文案最大的特点就是其传播媒体主要是社交媒介，这就要求撰写内容文案的时候，需要抓住“社交性”这个属性，即文案本身要具备互动性。互动性越强，创意被引爆的概率越大。常见的文案互动方法如下。

方法 1：借势凑热闹

借势凑热闹其实就是借势营销的一种，这一点在文案撰写中也同样重要，看到具有传播价值的“热点”就绑定它。例如 2014 年 10 月，原淘宝旅行推出新独立品牌“去啊”，下面是最初的产品文案：

只要决定出发，最困难的部分就已经结束。那么，就去啊！

随后，在产品发布会现场的 PPT 里，文案被浓缩成一句（见图 2-7）：

去哪里不重要，重要的是……去啊！

图 2-7　淘宝旅行产品文案

一眼就能看出来，这句文案是针对另一个行业主角“去哪儿网”。事实上，在发布会现场，去啊旅行总经理李少华上台讲话时，还真的说成了“去哪儿不重要”。

去哪儿网立即做出反应，在自己的官博上发布了一则针锋相对的文案：

人生的行动不是鲁莽地“去啊”，沉着冷静地选择“去哪儿”，才是一种成熟的态度！

紧接着，另一同行携程网加入战局：

旅行的意义不在于“去哪儿”，也不在于只是一句敷衍的“去啊”，旅行就是要与对的人携手同行，共享一段精彩旅程。

后来，京东旅行文案也跟着“乱入”：

他们说“去啊”，就去吧。他们说“去哪儿”，就去哪儿吧。他们要携家带口慢慢启程，那就这样吧。听从大家的安排，看着重复的风景，一辈子这样活着，别上京东旅行。

驴妈妈旅游网也凑了把热闹：

从起步到成长，真正与你同行的只有妈妈，“去哪儿”听妈的。

……

这样凑热闹的文案大战，在各大电商的竞争中司空见惯。如 2014 年“双十二”，电商移动客户端展开“文案大战”，首先出招的是淘宝，它将自己的 App 首页的按钮图标改成了：

真心便宜，不然是狗。

接着，京东 App 首页给出回应：

拒绝假货，不玩猫腻。

随后，其他电商平台纷纷跟进，加入“猫狗大战”，矛头同时指向天猫和京东。

当当：敢不玩猫腻，敢不低是狗。

苏宁易购：真比猫狗省。

国美在线：货真价实，猫狗快闪。

1 号店：若非底价，猫狗不如。

亚马逊在首页搜索框中写道：你们以为我首页没有图标就不能玩了吗?

唯品会紧随其后：不带我玩，好坏好坏。

在这样的“文案大战”中，参与品牌通常都是一边拐弯抹角地黑竞争对手，一边巧妙地突出自己。而用户也乐得围观，一边“看戏”对各位“参战者”的表现一一点评，一边兴致勃勃地参与互动，二次创作，诸如“给文案加鸡腿”、“膝盖拿走”之类的评语满天飞，甚至用户自己创作的文案作品也趁机“乱入”，好比一场企业、品牌和用户共同参与的“狂欢”。

除了跟同行竞争对手“相斗”凑热闹之外，还可以针对社会热点凑热闹。如 2015 年 5 月 29 日，范冰冰和李晨公布恋情，李晨发布一条公布恋情的微博，配图是他和范冰冰的合作，只写了两个字：

我们

这条公布恋情的微博引爆了社交圈，转化率一下突破数十万。各个品牌纷纷跟进，展开了一场没有硝烟的文案“吸睛”比拼。

最先做出反应的是杜蕾斯，仅仅 9 分钟后，就在微博上发声：

你们!!!!!!! 冰冰有李

杰士邦则用标志性的“小黄人”模仿范冰冰和李晨的合照姿势，并配上文案：

爷就是这么牛

小米的微博以两款不同颜色的小米手机分别指代“白富美”范冰冰和“黑牛”李晨，并配以应景的文案：

有李有范

美的的文案是：

你有冰冰，我也有冰冰

方法 2：“被制造”的话题

新闻和话题是人们最为关注的两种内容形式，而新闻和话题都是可以人为策划的。如每年 3 月份的全国“两会”召开，就是人为制造新闻的一种有效形式。对于内容文案创作者来说，制造新闻可能会难度比较大，但可以尝试制造话题。那么如何制造话题呢？或许可以从前几年在娱乐圈流传的 “汪峰上不了头条”事件得到很好的解读。汪峰宣布自己离婚的当天，王菲李亚鹏也宣布离婚，王菲在微博上的一句“这一世，夫妻缘尽至此，我还好，你也保重”瞬间把汪峰声情并茂上千字的离婚感言给淹没了；当其在演唱会深情款款地向章子怡表白时，却被恒大夺得亚冠冠军的巨大喜讯给冲刷了；当其发新歌时，吴奇隆刘诗诗、杨幂刘恺威等 5 对娱乐圈情侣组团公开恋情；在汪峰费尽心力登顶苍山的那一天，王力宏和李云迪先后公开恋情，头条再次被抢……一连串“倒霉”的事件连网友都开始调侃汪峰，掀起“帮汪峰上头条”的话题。

试问，上个头条真的那么难吗？其实从汪峰上头条这件事中可以看出，他之所以一次次不能上头条，最主要的原因就是“场景撞车”。当你选择发布新闻或策划事件的时候，不巧的是遇上了更有意思、更大的新闻，结果可想而知。所以，要想在社交媒体平台上引爆话题，大致方法如下：

从新闻、社会热点中寻找话题。如 2015 年 8 月 12 日晚 11 点 30 分，天津滨海新区瑞海公司所属的危险品仓库爆炸。事故发生之后，伤亡惨重。就在现场受伤群众撤离之时，有一批人义无反顾地奔往现场，不顾生命危险抢救人民生命和财产安全，他们就是最勇敢的消防员。为了向消防员致敬，网友@妖妖小精 13 日及时在微博上传了一幅调色的漫画——

“世界上最帅的逆行”。这幅漫画感动了无数网友，短短一小时内，微博转发了近 20 万次，即使时隔半年，网友对这张图的关注依然很高。

妖妖小精借助社会热门事件，用如此简单但又充满诚意和尊重的一幅漫画，在微博上红了起来。当天，妖妖小精和“世界上最帅的逆行”成为了热搜榜第一名和热门话题第一名。现如今，妖妖小精的微博粉丝已经超过 465 万（如图 2-8 所示）。

图 2-8　妖妖小精微博“世界上最帅的逆行”漫画

从突发事件中寻找“应景”创意话题。如 2011 年 6 月 23 日，一场暴雨再次突袭北京。此时正好是下班时间，许多上班族都没法回家，只能继续呆在办公室里，微博上活跃的用户当时都在关注下班怎么回家。此时杜蕾斯抓住时机，为了保险起见，先是团队成员用私人账号发出一条“北京今日下雨，幸亏包里有两只杜蕾斯”的微博，微博里还配了几幅图，演示杜蕾斯做防水鞋套的整个过程（见图 2-9）。这条微博不到 2 分钟就转发 100 多次，在当天的新浪微博一小时热门榜中，以 1000 多条的话题数，把北京雨灾最严重的积水潭和地铁站等热门事件甩在身后成为第一名。一周之后，私人账号发布的“杜蕾斯鞋套”微博一共被转发了 9 万多次，评论 1 万多条，杜蕾斯官方微博那条评论也被转发近万次，成为新浪微博的周转发热门第一名。

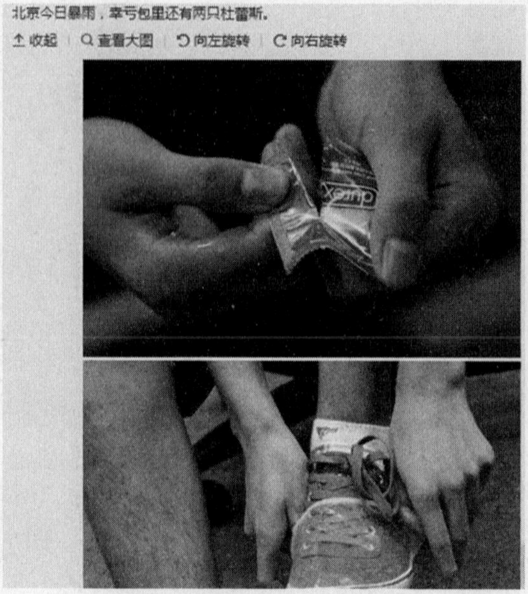

图 2-9　杜蕾斯“雨天”微博

方法 3：恶搞

恶搞是互联网所诞生的一种新生网络文化，这种文化最大的特点就是能刺激消费者产生兴趣和互动。因此如果互联网文案创作能应用这种方法，那这样的文案绝对称得上是“好文案”。如今我们经常会看到很多“有趣好玩”的热点文案、逗趣文案以及神文案，对于这些文案，受众的态度是喜闻乐见的，无所谓你什么广告不广告的，能解闷、逗乐，即便粗制滥造毁三观，受众也乐意参与。如当年的凡客，毫无疑问是一个平地崛起的电商神话，卓越花了 6 年的时间才实现亿元级规模，凡客只用了一年就做到了。凡客的一举一动全都是话题，尤其是在品牌宣传方面，更是创造了一系列的经典案例，其中最有名的是“凡客体”：

《凡客 · 韩寒篇》

爱网络，爱自由，
爱晚起，爱夜间大排档，爱赛车；
也爱 59 元的帆布鞋，我不是什么旗手，
不是谁的代言，我是韩寒，

我只代表我自己。

我和你一样，我是凡客。

《凡客·王珞丹篇》

我爱表演，不爱扮演；

我爱奋斗，也爱享受生活；

我爱漂亮衣服，更爱打折标签；

不是米莱，不是钱小样，不是大明星，我是王珞丹，

我没什么特别，我很特别；

我和别人不一样，我和你一样，我是凡客。

谈及“凡客体”的创意，凡客广告文案创意发起人、前奥美创意总监邱欣宇说：“我们在研究和剖析两位代言人的特质和品牌的诉求后认为，韩寒、王珞丹都属于‘80后’靠自我奋斗获得成功的代表，他们的个性符合当下年轻人的成长心态，也能与凡客品牌很好地融合。”

但实际上，真正让“凡客体”火起来的，并非韩寒和王珞丹，而是网友立即跟进的模仿和恶搞，以及豆瓣网上“文案积木公社”发起的“全民调戏凡客”活动。据统计，短短一个月的时间内，有1万多人参与了该活动，发布作品3217篇，如：

《郭德纲版》

爱曲艺，爱相声，

爱调侃，爱民间小剧场，

爱天价，也爱20几块的天桥乐，

我不是什么大师，

也非什么三俗，我是郭德纲，

我只代表小人物。

我不是主流，我是非著名。

为什么大家如此热衷于“凡客体”，并且能够自主创造出这么多恶搞作品呢？

首先，从文体上来看，这种“爱……不爱……是……不是……”的体式很容易模仿。其次，从内涵上来看，凡客体隐含了年轻人特有的叛逆，以及认同上的迷茫和两面性，再

加上表达上的弹性，契合了人们的自我表达欲。如网络名人庄雅婷所言，凡客恰好骚到了视点的痒处，强烈的自我表达意识引发了普遍的共鸣，而互联网将这种共鸣化作一种“全民表达”、“全民传播”、“全民狂欢”的具体化的现实。

方法 4：情怀

有个段子说，斯诺登称美国已经窃取了百万计中国人的微博内容，其中数据分析结果如下：35%是心灵鸡汤，25%是商业广告，30%是冷笑话、贷款等垃圾信息。看到这个报表，奥巴马绝望地问道：“那剩下的 10%一定是重要内容了？”美国情报局长回答：“报告总统，剩下 10%都是黄段子。”

确实如此，现如今，当我们打开朋友圈（或微博），想要看看别人转发的内容时，却发现几乎都被卖货和心灵鸡汤刷屏了。心灵鸡汤的巨大成功打破了“知识的诅咒”，这也让我们明白“情怀”具有模拟和鼓舞的双重力量。要想让自己的创意和观念更容易被他人牢记，或许情怀是一个不错的选择。如 New Balance 联合音乐大师李宗盛推出《致匠心》广告，通过匠心情怀直击无数人内心。

《致匠心》

人生很多事急不得，你得等它自己熟。

我二十出头入行，三十年写了不到三百首歌，当然算是量少的。

我想一个人有多少天分，跟出什么样的作品，并无太大的关联。

天分我还是有的，我有能耐住性子的天分。

人不能孤独地活着，之所以有作品，是为了沟通。

透过作品去告诉人家自己心里的想法、眼中看世界的样子、所在意和珍惜的事物。

所以，作品就是自己。

所有精工制作的物件，最珍贵、最不能替代的，就只有一个字——“人”。

人有情怀、有信念、有态度。

所以，没有理所当然。就是要在各种变数和可能之中仍然做到最好。

世界再嘈杂，匠人的内心，必须是绝对安静、安定的。

面对大自然赠予的素材，我得先成就它，它才有可能成就我。

我知道手艺人往往意味着固执、缓慢、少量、劳作。

但是，这些背后所隐含的是专注、技艺、对完美的追求。

所以我们宁愿这样，也必须这样，也一直这样。

为什么？我们要保留我们最珍贵的、最引以为傲的。

一辈子总是还得让一些善意执念推着往前，

我们因此能愿意去听从内心的安排。

专注做点东西，至少对得起光阴、岁月。其他的就留给时间去。

方法 5：为文案留空白

引爆文案还有一种方法：为文案留空白，让受众参与创作。如将新媒体文案运营得炉火纯青的江小白，在 2017 年专门制作了一个“我有一瓶酒，有话对你说”的“表达瓶”页面（见图 2-10）。在这个页面中，除了江小白的经典文案之外，还留了一个很大的“空白”给大家，让大家可以跟着自己的想法自由地进行内容创作。

图 2-10　江小白“表达瓶”

4. 别让人看出你在做广告

“文案教父”路克·苏立文曾说：“人们不是为了看广告而去买杂志的，为什么要让你的广告看上去像广告呢？广告的意思就是‘请翻下一页’。”为了不让人轻易“翻到下一页”，内容文案创作者要学会打破常规。2014 年 6 月，在国外的 Facebook、Twitter 里和国内的微博、微信朋友圈中，一封信突然走红，这个名叫凯蒂的小女孩用蜡笔给谷歌写了一份信（见图 2-11）：

亲爱的谷歌工人：

你可以在我爸爸上班的时候，给他放一天假吗？比如让他在周三休息一天，因为我爸爸每周只能在周六休息一天。

凯蒂

附：那天是我爸爸的生日

再附：现在是夏天（暑假）

很快凯蒂爸爸的上司丹尼尔·席普蓝克夫给她回复了一封正式的信件：

亲爱的凯蒂：

感谢你的来信和你提出的要求。

你的父亲在工作上一直很努力，他为谷歌和全世界千千万万的人设计出了很多漂亮的、令人欣喜的东西。

鉴于他的生日即将来到，以及我们也意识到了在夏天挑个周三休息一下的重要性，我们决定让他在 7 月的第一周休假一个星期。

祝好！

丹尼尔·席普蓝克夫

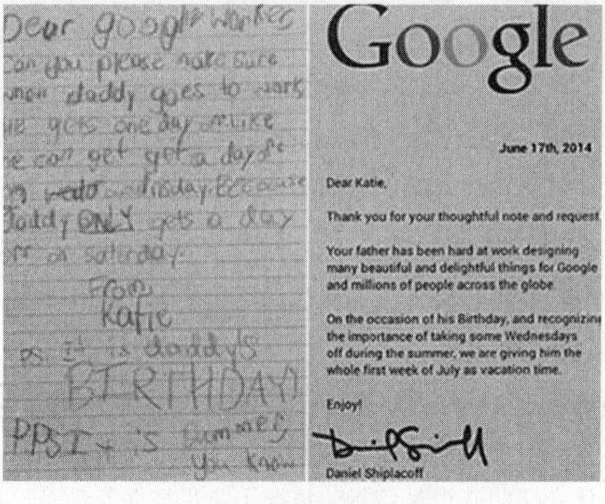

Google

June 17th, 2014

Dear Katie,

Thank you for your thoughtful note and request.

Your father has been hard at work designing many beautiful and delightful things for Google and millions of people across the globe.

On the occasion of his Birthday, and recognizing the importance of taking some Wednesdays off during the summer, we are giving him the whole first week of July as vacation time.

Enjoy!

Daniel Shiplacoff

图 2-11　凯蒂的信和回复

这两封信一经曝光，立刻吸引了成千上万的人转载。无论是媒体还是普通网友，都在进行主动传播。据统计，当时谷歌上能搜索到的相关记录超过 7500 万条。在主动传播的人群中，有多少人会意识到这是一则宣传谷歌的文案，即使意识到了，又有多少人会讨厌这则文案，即便明明知道它来自一次精心设计的策划。

可见，最能激发人们分享欲望的内容文案，莫过于“不像广告的文案”。

5. 不是优秀短篇小说的段子不是好文案

文案最终是为了某广告的宣传目的而进行展开的。在创作的过程中，文案难免会透露出广告的“气息”。而根据以往的经验，消费者对广告是非常反感的。其实很多时候，只要广告形式处理得合理，消费者也是有可能会喜欢广告的。如果我告诉你，有些人是为了看广告而逗留在社交网络里面，你会怎么想？

这不是胡说，事实的确如此。如微博红人“天才小熊猫”的粉丝众多，而“天才小熊猫”基本只发长微博，而且每条微博都是一则广告文案。这就等于说，有相当多的粉丝是为了看他的广告而关注他，他们并没有因为这是广告而选择离开。目前“天才小熊猫”的粉丝数达到 600 多万，而且相当稳定，他的每一条“广告段子”都大受欢迎，有上千万的阅读量以及数万的转化率，更有甚者还有很多粉丝每天都在他的微博里催他发广告。再如“衣锦夜行的燕公子”的微信公众号，基本是以 90%以上的比例在公众号上推送广告文章，但每一篇“广告”基本上都能达到“10 万+”的阅读量。而且很多粉丝明明知道是广告，仍然读得很开心，甚至还会在读完全文后主动对文章进行“打赏”。同样受欢迎、有很多粉丝追着阅读的，还有“幕星社”旗下的漫画家（old 先、坛九、布朗尼等）以漫画形式来创作的广告，他们的每一则“漫画广告”都保持着好几万的转化率。甚至很多粉丝表示：“比起看他们的连载漫画，更喜欢看他们创作的广告。”

可见只要处理得当，即便你的文案中透露出了广告信息，粉丝们也是会追捧的。当然，可以肯定的是，这种变化并不是因为人们比以前更喜欢看广告了，而是因为在社交网络发达的今天，网络上出现了一批优秀的“段子手”，他们站在传播的“前线”，和用户、粉丝近距离接触。对他们来说，“涨粉”和“掉粉”是生死攸关的大事，所以他们对传播效果的研究和感受也是最直观的。他们千方百计地创作出形式新奇、内容有趣、制作用心、有创意、娱乐化的文案，让人在明知道是广告的情况下，仍然愿意期待、阅读并分享。

文案写手应该好好向段子手取经，学习如何让文案更具有传播力。但文案跟段子还是有区别的：段子手只考虑内容的传播性，而文案除了传播性之外，还需要考虑内容的营销性。所以段子可以是低俗、引人发笑的笑话，而文案除了是优秀的段子之外，它也一定能够洞察人性、人生或者群体规律，只是这种洞察往往有着逗趣的表象。

尊敬的用户，您已经完成从“生活 1.0 版 10~19 岁篇”到“生活 2.0 版 20~29 篇”的更新。此次更新内容如下：1. 修正了可以彻夜不睡的 bug，一过 12 点就撑不住。2. 屏蔽了“干吃不胖”外挂，吃一斤胖两斤。3. 大大提高了恋爱难度。4. 加入“工作”副本，任务多多。5. 新增“怪阿姨”称号。6. 丰富的“生病”情节。

你若军训，便是晴天；你若放假，便是雨天。

你若发奋做作业，便是开学前一天。

有男朋友是什么样的感觉？变得连矿泉水都拧不开了。

已经有女朋友了，但又遇到更喜欢的对象怎么办？不要相信在野党，执政之后都一样。

第一次看球，如何快速融入群体？不管什么比赛，你只要骂裁判就对了。

这一类“段子”的传播效果往往十分惊人，因为很有趣，而且能够引起共鸣。互联网文案也可以按照这样的公式来写：洞察+逗趣。

洞察，就是窥视消费者的心理，并将这些隐秘或无法言说的心理表达出来。这本来就是写文案的必经之路，前文已经提到过，这里不赘述，如何在洞察的基础上加上逗趣效果，才是重点。“洞察+逗趣”的段子通常有以下几种创作方法。

方法 1：预期相背

简单地说就是颠覆读者的习惯性思维，让读者产生被戏耍的体验，由此产生阅读乐趣。如段子文案“如果你觉得自己一整天累得跟狗一样，你真是误会大了……狗都没你那么累”，这类型文案的基本结构是：铺垫+报复。铺垫是为了建立第一思路，引导读者接受和默认第一思路所阐述的相关逻辑，报复是延伸第二思路，突兀但合理地打破第一思路。如美容院的文案，普遍情况下会这么写：

让女人更美。

美丽我做主。

当然，如果美容院真写这样的文案，那也太随便了，于是文案人员再进一步，认真研究消费者，从消费者需求出发，写道：

女人应该为自己而活。

女人，对自己好一点。

这样的文案有了进步，但它有一个弊端，就是这样的文案提倡的是女性要独立，要对自己好，适合于任何女性产品，不仅仅是美容院。于是你继续进一步洞察，发现女人“想要变美”的心理背后的焦虑：这个世界到处在售卖美丽，永远都有比你更美的人，于是文案可以这么写：

你比你想像中更美。

女为悦己者容，你是为了谁化妆呢？

这样的文案，又有了进一步的提升，在传统媒体单向传播时代是可行的，但这样的文案显得太中规中矩，不可能跟粉丝产生互动，也无法让消费者转发分享。此时，你可以考虑加上逗趣的效果，将文案写成：

请不要同刚刚走出本院的女人调情，她或许就是你的外祖母。

其传播效果就会明显提高很多，是不是这样？

方法2：灾难效应

除了制造逗趣的效果，还可以试着像段子手一样学会应用“灾难效应”，所谓的“灾难效应”是指人们意识到“灾难”的存在，同时又让人们和“灾难”保持着安全的心理距离。想一想看周星驰电影的时候为什么会发笑？因为他往往在电影里让自己置于很“惨”的状况中。当然，这种“惨”并不是那种真正严重的、真正令人感到害怕的“惨”状，“惨”本身并不可笑，可当周星驰面对“惨”时的自嘲和嘲讽表达方式，让观众拉近了心理距离，这才有了“逗”的效果。文案也可以这样，如杜蕾斯在父亲节写下如此文案：

To all those who use our competition’s’ products，happy father’s day.

（向所有使用我们竞争对手产品的人道一声：父亲节快乐。）

当父亲的成本：奶瓶费、保姆费、童车费、玩具费、童装费、奶粉费、尿不湿、学费、生活费、买车、买房、结婚……

不当父亲的成本：杜蕾斯。

这则文案就是典型地使用了“灾难效应”，当父亲很“惨”吧？活该，谁让你不用杜蕾斯呢。

需要注意的是，无论是“惨”也好，还是对“惨”幸灾乐祸也好，都必须建立在现实的基础上，这样才能让人产生认同感。同时使用调侃的语气，要让人明显看出来这是一则玩笑。如上面的杜蕾斯文案，即使是真的当了父亲的人，也会从这种调侃式的表达中得到同感，为之一笑，而并不会把它刻意放在心上。

方法 3：出人意料的类比

关于类比，前面已经阐述过，这也是段子手经常使用的一种创作方法，其具体操作方法是洞察出不同事物的类比，创造出“神”一样的类比，达到逗乐效果。如阿里巴巴上市之后，在网络上流传这样一则文案：

女：你有车吗？

男：没有。

女：你有房吗？

男：没有。

女：那我们还谈什么？

男：我是阿里的老员工。

女：讨厌啦，怎么不早说。

这则文案就是将阿里老员工跟有车有房的人进行类比。

方法 4：毁经典

互联网是一个脑洞大开的世界，少不了对权威、经典的恶搞，于是在互联网文案撰写中，还有一种制造笑点的方式叫“毁经典”。通常，名人名言或者一些经典的话语、故事已经广为流传，在人们脑中形成了固定的思路和印象。所谓的“毁经典”就是对这些固定思维进行翻转，用公式来表示就是：经典+槽点=小调。如在网络上大为流行的一些“毁心灵鸡汤”、“毁小清新”的“负能量”段子，运用的就是“毁经典”的手法，例如：

两人分手多年，在一座城市不期而遇。

男：“你好吗？”

女：“好。”

男“他好吗？”

女：“好。”

女的问：“你好吗？”

男的回答：“好。”

女：“她好吗？”

男：“她刚才告诉我她很好。”

一位沉默后，女：“你听说过安利吗？”

这个文案，属于典型的用“毁经典”的逻辑来制造出笑料，开头看以为是一个多么美好的初恋情人再次相遇的故事，看到最后直接被恶搞了。为什么这类“负能量”段子会得以流行呢？

从内容上看，比起“心灵鸡汤”导致的天真、幻想、逃避和盲目乐观，这类“负能量”的文字反而更加贴近生活的真相；从读者群体来看，作为网络用户主流群体的“80后”“90后”，经受互联网信息社会的洗礼，对经不起推敲、毫无逻辑、价值观单一的“心灵鸡汤”和“小清新”，自然不再轻易地相信；从时代观念和传播角度来看，社会现实摆在眼前，价值观多元化也成为趋势，“负能量”的自嘲态度，反而更能给人带来共鸣和抚慰。所以，随着社交媒体作为主流传播手段的时代到来，毁一毁经典，来点“负能量”的文案，也是蛮受欢迎的。

“毁经典”是可以的，但不能因为“毁经典”而毁经典，如果那样就本末倒置了。要想做好这一点，需要遵循两个规则：一是必须和经典的逻辑相反，如上面的案例，和唯美的爱情故事相反的逻辑，不唯美，超级功利，超级世俗；和“心灵鸡汤”的鼓舞安抚相反，不鼓舞，不安分。二是文案的“槽点”要和产品挂钩，上面的案例最后与产品“安利”挂钩。当然，这并不是安利的互联网文案，只是一个恶搞的网络段子，但与产品挂钩是一定要的。比如宝马借用李宗盛歌曲《山丘》中的一句歌词“越过山丘，才发现无人灯火”创作的文案：

悦（注：谐音品牌名“BMW之悦”）过山丘，才发现你已跟丢。

“槽点”表达的是宝马车的产品优势：速度。接下来一大批汽车品牌快速跟进，如路虎的文案：

越过山丘，才发现你已掉进沟。

“槽点”很好地突出了路虎“越野”的优势。雷克萨斯的文案：

越过山丘，才发现你已没油。

“没油”这一“槽点”，从反面表达雷克萨斯“省油”的竞争优势。奔驰的文案：

越尽山丘雪峰，才发现你们都已回家大修。

突出的也是奔驰在质量方面的优势。

除了恶搞“经典”之外，还可以用“毁小清新”“毁心灵鸡汤”式的段子句式。如 2016 年 4 月，河南一位女教师辞职，在所提交的辞职信上只简单地写了一句“世界那么大，我想去看看”。这封信迅速在网上走红，被人们称为“史上最具情怀的辞职信”。正当这事件风靡社交网络时，天气通 App 的一条借势文案出现：

看啥世界啊！未来 5 天都是霾！

这文案将原本很经典的“去世界看看”的文艺范进行颠覆“吐槽”，将文艺拉回现实，满满的“负能量”，在制造笑点的同时，也没有忘记贴切地联系产品功能。

6. 旧元素重新组合

关于创意，史蒂夫·乔布斯曾说：“创意只是将不同的旧元素重新组合，当你询问那些创意者他们是如何获得这么好的创意时，他们多少会有些心虚。原因是这个创意并非原创，他们只不过是看到某些东西，经过一段时间潜移默化的沉淀，将经验连起来，组合成新的创意。”其实，很多创新的灵感源自将貌似毫不相关的事物连接起来，如电话与复印件的结合有了传真机，电话跟互联网结合有了智能手机……

“旧元素重新组合”也适用于内容营销的创新。早些年，曾有一首《我还没有男朋友》的网络歌曲被广泛传播，其歌曲之所以能传播，原因在于其歌词的“有趣”：

两个黄鹂鸣翠柳，我还没有男朋友；雌雄双兔傍地走，我还没有男朋友；一江春水向东流，我还没有男朋友；问君能有几多愁，我还没有男朋友；抽刀断水水更流，我还没有男朋友；举杯消愁愁更愁，我还没有男朋友；路见不平一声吼，我还没有男朋友；此曲只应天上有，我还没有男朋友。

这首歌就是典型的“旧元素+新组合”的创意模式，这种创意模式在互联网上经常使用。如 2017 年 7 月，新浪微博的热门榜第六名是#郑州地铁标语火了#，不少媒体都在转发这组郑州地铁的标语，标语内容主要以网络化、接地气的语言，提倡大家多读书，其中不少标语采用的就是“旧元素+新组合”的模式，如“读诗三百首，不做单身狗”（见图 2-12）。

图 2-12 郑州地铁标语

7. 5 个“W”

美国学者 H·拉斯维尔于 1948 年在《传播在社会中的结构与功能》论文中首次提出了构成传播过程的五种基本要素，并按照一定的结构顺序将它们排列，形成了后来人们所熟知的“5W”模式。这五个 W 分别是英语中五个疑问代词的第一个字母，即：Who（谁）Says What （说了什么）In Which Channel（通过什么渠道）To Whom（向谁说）With What Effect（有什么效果）（见图 2-13）。

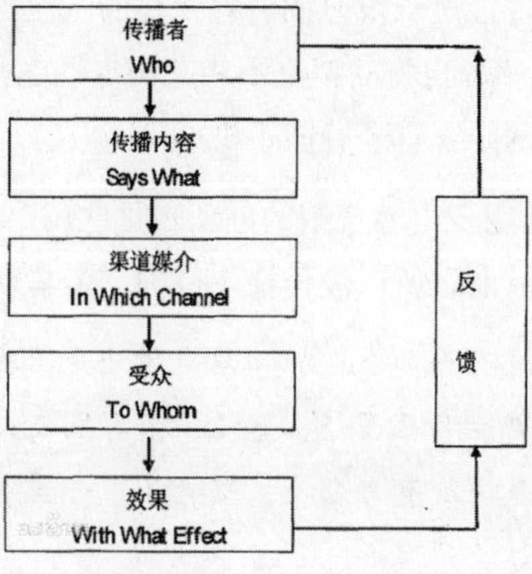

图 2-13 “5W”模式

用户阅读你的内容是因为你的文章符合用户的需求，使他们想了解你的产品，并最终购买你的产品。用“5W”能有效地为你提供新创意。

【怎么做】+【可以得到什么好处】

如大宝早起的广告语“要想皮肤好，早晚用大宝”。

【给谁看】+【怎么做】+【可以得到什么好处】

如某智能手环具备追踪的功能，其广告语为“给老人家带上追踪器手环，再也不担心老人走丢啦”。

【什么时候】+【给谁】+【做什么】

如：

今年过节不收礼，收礼只收脑白金。

看病人，送初元。

芝华士结合了父亲节造势做了一个营销方案，文案的内容侧重在父亲节的情感诉求上，也传递出来产品文案撰写的一个十分重要的原则，即你对谁说，在哪里说。

因为我已经认识了你一生

因为一辆红色的 RUDGE 自行车曾经使我成为街上最幸福的男孩

因为你允许我在草坪上玩蟋蟀

因为你的支票本在我的支持下总是很忙碌

因为我们的房子里总是充满书和笑声

因为你付出无数个星期六的早晨来看一个小男孩玩橄榄球

因为你坐在桌前工作而我躺在床上睡觉的无数个夜晚

因为你从不谈论鸟类和蜜蜂来使我难堪

因为我知道你的皮夹中有一张褪了色的关于我获得奖学金的剪报

因为你总是让我把鞋跟擦得和鞋尖一样亮

因为你已经 38 次记住了我的生日，甚至比 38 次更多

因为我们见面时你依然拥抱我

因为你依然为妈妈买花

因为你有比实际年龄更多的白发，而我知道是谁帮助它们生长出来
因为你是一位了不起的爷爷
因为你让我的妻子感到她是这个家庭的一员
因为我上一次请你吃饭时你还是想去麦当劳
因为在我需要时，你总会在我的身边
因为你允许我自己犯的错，而从来没有说过一次“让我告诉你怎么做”
因为你依然假装只在阅读时才需要眼镜
因为我没有像我应该的那样经常说谢谢你
因为今天是父亲节
因为假如你不值得送 CHIVAS REGAL 这样的礼物
还有谁值得
芝华士　心领神会

2.1.5　你的文案把创意表现出来了吗

约束内容文案创作的条条框框很多，创意也被局限在一定范围内，一不小心就会偏离主题。甘于平庸的内容文案索然无味，言语惊人的内容文案又无法得到人们的信任。那么，如何才能让你的文案表达出你的创意呢？

1. 准

准确反映产品特点，深入挖掘产品内涵及企业文化，了解不同地域消费者的消费习惯及文化。如下面这则文案：

一个中年男子在沙发上独白：“要不是他，我的脚当时就废了。小时候踢球把脚踢断了，是他毫不犹豫地带我去了医院，我连谢谢都来不及说，他就消失了。”另一个男人独白：“没想到他竟然在人人网上找到了我，好兄弟，不用说谢谢。”

这是人人网的一则广告文案，这则文案通过独白的方式，准确地描述了人人网“情系人人”的运营主题，也描述了人们使用人人的动机，即通过人人网可以找到多年不曾联系的好朋友。

2．深

如果只是在内容文案中罗列产品的优点，很难引起消费者的共鸣，因此广告文案还需要深挖产品，将某种思想、理念、意义通过文案赋予产品，让内容文案更具有人文价值、时代性。如大宝早起的广告语“要想皮肤好，早晚用大宝”，一句话就将大宝的护肤作用表达出来。

当然这里的“深”并不是使用高深的文案语言，恰恰相反，判断文案好坏的标准看它是否“说人话”。一言以蔽之，就是不要过度解释和演绎，简单一点，真实一点，低姿态一点，不要有距离，接地气一点，不要太端着。

3．新

新是内容文案创意的关键，“新”也就是指别出心裁，不落俗套。关于“新”的创意是多方面的，如新信息、新角度等，都能够体现创意的新颖独特。需要注意的是，“新”必须以旧知识、旧经验为依托，不是毫无逻辑的幻想。创意思维可以天马行空，但落实到文案上，一定要“俗”。所谓俗，就是通俗易懂，贴近生活。如老罗英语培训的平面广告，就给人一种“think different”的感觉，当别的培训机构的广告文案都突出“雅思教父”“顶尖团队”“托福王子”等词眼的时候，老罗英语的广告文案则是简短有力的一句话：

有思想的年轻人在哪里都不太合群……直到他们来到老罗英语。

这个文案一下子就会触动大部分青年的心，广大年轻人看到前面半句的时候，会被吊起好奇心，继续往下面读，更是记住了“老罗英语”这个培训机构。

4．趣

相比于原本有点端着的死板文案，社交媒体影响下段的文案显得更加“有趣好玩”，甚至“跳”入了另一个极端，广告主们也越来越放得开。幽默的愉悦是内容创意常用的一种方法，有些产品本身就具备某种情趣，在内容创意中，只要善于运用幽默的文字，就能够揭示产品的本质。如 2017 年 6 月，整个互联网文案都变得结结巴巴了，而这一切还要从芝麻信用的一则长广告说起：2017 年 6 月 6 日，芝麻信用在上海地铁投放了一组长广告，很快就在朋友圈刷屏，这则广告显然是“压着键盘”写出来的，可谓趣味十足，脑洞大开（见图 2-14）。

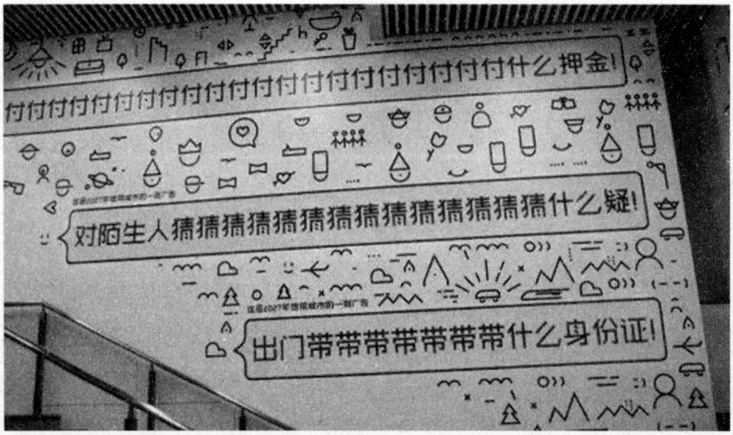

图 2-14 芝麻信用地铁广告

5. 奇

所谓"奇"指的是广告文案创意要奇特、独到，也就是做到"意料之外，情理之中"，另一个要点是：文案必须给消费者想要的信息，而不是单纯描述产品信息。来看这两组文字对比：

随时编辑已经完成的文档/为工作节省时间，提高效率，让你赚更多的钱。

可分离的键盘/可以把键盘放置在姿势最舒服的地方。

前者都是对产品的特色描写，后者是产品功能特色为消费者带来的实际好处，后者才是消费者真正感兴趣的信息。

2.1.6 创意枯竭，问题出在哪

内容文案创作的人，相信都有过创意枯竭的经历。造成这种现象的原因有很多，究其根本，内容文案人创意枯竭的问题往往出现在人们的思维方式上，那如何解决这一问题呢？

1. 和销售人员多聊天

销售人员是直接跟目标消费者进行交流的人群，他们比所有人都知道目标消费者对产品的需求是什么，对产品的期望是什么。内容文案人员决不能闭门造车，否则只会写让你自己满意的内容文案。

2．广泛阅读

阅读一直以来都是获取灵感的最简单办法，尤其是现在有互联网，要找到自己想要的信息可以说是史无前例的便利。因此，当我们遇到创意出现困境的时候，最好的办法就是在互联网上找到与相应主题类似的文章，通过大量的阅读，或许你能从别人的作品中寻找到灵感。

3．养成写日记的习惯

任何一本有关创意的图书都会介绍这个技巧，因为灵感的到来是没有预兆的，而且存在的时间也是很短暂的，一个好主题可能随时随地出现在公交车上、飞机上或者在洗手间里。这个主题出现的时候，可能没有任何意义，但如果你把它记录下来，将来或许有一天，在你创意枯竭的时候，翻阅它能激发你的创意。

4．养成"剪报"的习惯

当你决定从事文案的那一天起，一定要记住，写好文案最好的办法不是先想着你要马上去学习什么，而是先把自己整理好。

- 把你看过的书都列出来，圈出对你影响最深的那些；
- 把你浏览的网站分类列出来，圈出你经常逛的，如果有跟广告相关的可以再圈一下；
- 把你看过的广告回顾一番，列出印象最深的那些；
- 把平时看到的优美广告文案，无论是杂志内刊、活动邀请或漂亮的包装纸，只要是能激发灵感的都收集起来。

5．出去走走甚至旅行

有时候你在一个文案创意中感到困惑不解，最好的办法并不是面对电脑，也并不是苦苦冥想。或许远离电脑逃离一天的繁忙，这对突破瓶颈期有很大的帮助。当你放松头脑，就算只有 10 分钟，也会发现灵感来得更容易了。

6．每次创意结束后记得"回顾总结"

虽然说文案是一个需要人去进行创作撰写的岗位，但我们也清楚，文案绝大多数情况并不是个人创作行为，即使由某个人执笔撰稿，这其中的劳动成果也不能说都是由执笔人创造的。文案本身是一个系统性的写作，它是广告传播中的一个环节，为了帮助客户完成某项广告战役，广告团队实际上可能会开很多会议，不同阶段的沟通会、碰头会、头脑风暴会、讨论会……或同一主题的第二次、第三次……第N次会议，这些会议都是奔着目的去的，自然这样的会议能为文案创作者提供思维的火花。

2.1.7 别让创意大于产品

在社交网上，经常流传着一些"最佳广告创意"作品。每次点进去看，都会为那鬼斧神工的广告创意而惊叹。但是，要是问大家那些创意出自哪个品牌，描述的是哪种产品，人们通常很难答得上来，这是广告文案极容易犯的一个错误：创意大于产品。如：

爸，你在哪？我不要玩了，出来啦！

这是一则广告短片的文案，故事描述了一个失去了爸爸的小女孩寻找爸爸的感人片段。作为一家寿险公司的广告作品，该短片曾获得2011年YouTube中国台湾最热门广告片第二名，拥有数百万的点击量。但是，大多数人只记住了故事，却没记住这是哪个品牌的广告。

为什么广告红了，却让人记不住产品和品牌？因为这则广告可以属于任何一个寿险公司。品牌的差异化，并没有在广告和文案中被突显出来。用产品的共同性来设计广告诉求，就会造成广告红，品牌不红的现象。

大卫·奥格威在《一个广告人的自白》一书中所说："好的广告能够在卖出商品的同时，避免彰显自我的存在，它应该让消费者的注意力牢牢盯在商品上。"这样一来，人们在为精彩创意惊叹时，才能够同时认识产品、了解产品、提升品牌印象。那么如何才能确保广告文案在具备创意的同时，植入品牌"差异性"？

首先，信息要单纯锐利，如冷酸灵牙膏早期的广告语"冷热酸甜，想吃就吃"，没有多余的杂音，创意也很单纯，从一个戏剧性的情节和场景入手，因而容易给人留下深刻印象。广告创意的顺序应该是：先将品牌的差异性提炼出来，然后找到相应的创意手法。而不是先有创意，再关联产品。

接着，找到差异性定位之后，要持续地进行传播，在品牌定位信息不变的情况下，改变创意。

最后要重视用户对广告文案的反馈，如果用户看完广告只评价："这广告真逗"，或说"好有创意"，却丝毫不提及你的产品，那就要小心了。多收集广告信息反馈，有助于了解你的文案究竟是创意大于产品，还是创意烘托产品。

文案很容易犯的另一个错误，是大卫·奥格威所说的"加入过多的华而不实的噱头"。美国 20 世纪著名的文案撰稿人克劳德·霍普金斯在《科学的广告》一书中写道："广告不是用来娱乐大众的，如果广告变成了娱乐，它将会吸引到的是娱乐的对象，而不是你期待的消费者。这是广告也可能犯的重大错误之一：文案写手抛弃了自己的本分，他们忘记自己是销售人员，反而表现得像个演绎人员；他们希望听到的是掌声，却不追求销售。"

为了吸引眼球，广告文案难免玩弄一些噱头，这无可厚非。尤其是在社交网络时代，品牌甚至需要适当的噱头来为自己制造话题，帮助传播，但前提是噱头必须与产品卖点密切相关。

什么是噱头？什么叫卖点？用小米公司黎万强的话来说：卖点就是用户愿意为之掏钱的东西，噱头就是有意思但用户不会为之掏钱的东西。最常见的噱头广告文案就是使用性暗示或低俗语言，如某药片（含片）文案：

不爽你就含一下。

只顾吸引眼球，不考虑广告文案和产品的实用性和关联性。对于文案的噱头把控，创意大师威廉·伯恩巴克说过："广告有煽动是好事，但要保证那种煽动是源于你的产品本身。如果一个人脑袋着地立在你的广告中仅仅是为了博人眼球，那这样做肯定是错的。"

文案容易犯的第三个错误是：追求华丽文风。

写文案需要文学才华，但并不意味着需要你去炫耀你的文学根底，除非你真的拥有超强的文学根底，否则还是老老实实地像克劳德·霍普金斯一样写文案："我的用词浅显易懂，句子很简短。学者们可以讥讽我的风格，阔佬们可以嘲笑我突出的'卖点'，但是成千上万住在陋室里的普通人会阅读它，购买它介绍的产品。"《广告时代周刊》中也有一段话："广告的'文学性'不是衡量其成就的标准，有优秀的辞藻不见得就是优秀的宣传文案；其他特色如标新立异、引经据典、别出心裁的想象，或押韵又好记，也都不是成功文案的必备要素。"

不追求文采，让人一看就懂的文案就是这样的：

小米手机就是快。

这是小米手机 2 的发布文案，2 代手机当时的核心卖点就是性能翻倍，全球首款四核，所以文案创意起初有“唯快不破”“性能怪兽”等十几个方案，但最后的定稿，选择了最“大白话”的说话，浅显易懂。

再如小米有一款 99 元的活塞耳机文案：

小米活塞耳机，99 元听歌神器。

对用户而言，重要的是：耳机是活塞的，听歌神器，只要 99 元，这些信息就足够了。

好的营销文案不是卖弄文采，写一堆漂亮的文字，而是把最能打动用户的话用最直接简单的方式说出来。当然好的文案也可以有文采，文字漂亮，但重点是，无论平实还是个性，都要把最能打动用户的话用简单易懂的方式说出来。

你去看看那些很有文学才华的广告人写的文案，即便文采斐然，但是他们的出色之处并不是辞藻华丽，而是因为他们击中了目标受众（文艺青年）的痛点。“要小聪明”是写不好文案的，真正带来销售力的文案，不是文字的卖弄，而是基于“不浪费一个字”的严谨精神创作出来的精品。不浪费一个字，并非意味着写更短的文案，而是说文案的每一个字都必须指向消费者。

2.2 如何创作优秀的互联网文案

“与其和大众掰扯半天自己还能红多久，不如静下心来做内容。”这是我想对目前绝大多数自媒体人和内容从业者说的一句话。因为在整个内容运营过程中，最核心、最基础、最优先也是权重最高的事情就是如何创作优质内容。只有你创作的内容还不错，内容运营才能顺利进展下去，内容运营的效果才很容易事半功倍。

对于内容创作，除了要求内容创业者具备优秀的素质外，还需要他们掌握一定的创作技巧。在第 1 章已经重点介绍了优秀内容创业者的十大基本素质，从本章开始，重点讲讲另一个对内容创业者来说，很可能是家底儿式的东西：内容创作技巧。

之所以说是“家底儿”，是因为在运营过程中，内容是无处不在的。小到一篇文章、一个 Banner 引导的广告文案、一场活动的描述，大到一部小说、一个网站的内容规范，其本质都是“内容”。可以说，内容是整个运营工作的核心和基础，就像我现在在这里码字写书给你看，包括每章、每节都要绞尽脑汁地想出一个标题、一段文字的描述来刺激你，让你更愿意阅读下去，这都属于“内容”创作技巧范畴。

2.2.1　做好创作前的准备工作

相信有很多混迹于互联网文案的人（尤其是文案新手）一定遇到过这样的尴尬，你绞尽脑汁、兢兢业业写出来的文案，被领导直接否决。原因很简单，因为你的内容文案没有吸引力，包括陈腔滥调、没重点、不够具体、专业术语、杂乱无章……这一切的原因很大一部分是因为在创作互联网内容文案的时候，往往是动笔就写，没有做好前期创作准备。

1. 对产品的了解

要想写好文案，首先内容创作者要将热情投入到对产品的体验和研究中去，即内容创作者对产品要有价值情怀。广告大师比尔·伯恩巴克说：“魔力就在你的产品里面……你必须跟你的产品一起生活，你必须全身心融入。”写出劳斯莱斯经典广告语的人，至少亲自在 60 英里的时速下驾驶过劳斯莱斯，才能写出这样细致入微的文案：

在时速 60 英里时，这辆新款劳斯莱斯汽车上最大的噪声来自它的电子钟。

投入钻研产品的人，才会知道 100 公里加速 5 秒和 6 秒的区别，知道住 7 楼和住 30 楼的体验差异。互联网文案要想“吸睛”，就要比消费者更懂产品，比消费者更懂他们自己，并将消费者的需求融入其中。大部分时候，消费者处于“低认知模式”，他们懒得详细了解并比较产品，更多的是简单地通过与产品本身无关的外部因素来判断，如“这是大品牌，我买这个”“这是德国产的，我买这个”……在这种情况下，小品牌是打不过大品牌的，因为消费者直接通过“品牌”来推测产品质量，而不是详细比较产品本身。

那么对于小品牌来说，如何“颠覆”消费者的这种认识呢？最有效的办法应该是把消费者变成“高认知模式”，让他们花费很多精力来比较产品本身，而不是简单地通过品牌和产地来进行判断。“分解产品属性”就是一个很好的办法，可以让消费者由一个“模糊的大概印象”到“精确地了解”。如在 2011 年小米手机产品发布会上，小米巧妙地运用了一张图来分解产品属性（见图 2-15）。

手机	CPU	内存	电池	屏幕	摄像头（像素）	定价（RMB）
小米手机	双核 1.5GHz	1GB	1930mAh	4.0吋 854X480	800万	?
HTC Sensation	双核 1.2GHz	768MB	1520mAh	4.3吋 960×540	800万	3575（水货）
三星 Galaxy S2	双核 1.2GHz	1GB	1650mAh	4.3吋 800×480	800万	4999
MOTO Atrix ME860	双核 1.0GHz	1GB	1930mAh	4.0吋 960×540	500万	4298

图 2-15　小米产品属性分解图

优秀的产品文案（尤其是小产品文案）就应该这样，通过对产品的详细了解，详细地分产品属性，让消费者进入“高认知模式”。通常情况下，在动手写一则文案之前，要确保你已经知道了这些事情：

- 产品的特色与功能是什么？
- 哪一项功能最为重要？
- 产品在哪些方面有别于竞争对手？
- 假如产品跟竞争对手没什么不同，有什么特色是竞争对手还没提过的？
- 这项产品如何与竞争对手做出区隔定位？
- 谁会买这个产品？
- 产品究竟可以提供哪些好处？
- 为什么我们需要这个产品？为什么他们现在就需要？
- 消费者购买时，主要的考量是什么？
- 消费者购买的动机是什么？

……

为什么要事先吃透这么多问题？因为文案的作用不是描述和赞美产品，而是给消费者一个购买的理由。

2. 对消费者的理解

写文案永远不要写自己想说的话，而应该追溯并且洞察消费者的终极目标和需求，文案的本质，是帮助消费者解决问题。一个问题，就是一个需求、一个利益点，并对应一种解决方式，这里是一个标准的思考流程。文案的目标人群不同，写作的方向和方法也会有所不同，对消费者的理解是要搞清楚不同人群的区别，从而指导我们写出更有针对性的文章（见了图 2-16）。如一位朋友给某款榨汁机写了一篇文案：

榨一杯果汁只需要 10 秒

榨汁机比传统的产品更小巧，不占地方

材料是母婴级的，安全无毒

榨完汁，杯子一冲就干净了，很方便

榨果汁很方便，很静音，让生活健康

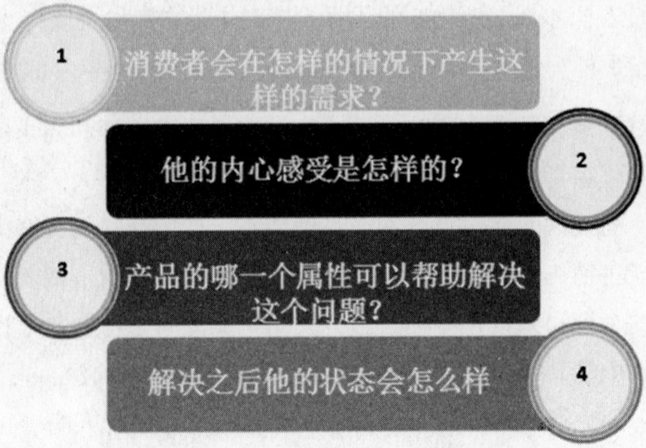

图 2-16　从消费者角度思考文案

这个文案确实将产品的优势都罗列出来了，但想想还是有不少问题的，原因在于这文案并没有从消费者的角度思考。榨汁机目前普及度还不高，很多人家里没有这个东西，所以文案的首要任务是让读者“想要”榨汁机，然后才是介绍榨汁机使用的方便性。如何让读者“想要”榨汁机呢？

告诉读者，明天起床后，可以剥开一根菲律宾帝王香蕉，切开橙黄色的软糯果肉，把它丢进榨汁机里，加入从天然草原刚采来的鲜牛奶，旋转杯体，10 秒之后就能喝到鲜纯爽口的香蕉牛奶，香蕉的甜蜜和温柔的奶香在嘴里碰撞，用好心情开启新的一天。

告诉读者，不再喝各种添加剂的超市饮料，有了榨汁机，陪伴他的将是菠萝黄瓜汁、柳橙奇异果汁、柚子葡萄汁等五颜六色的蔬菜水果，这些大自然恩赐的礼物浓缩成纯天然蔬果汁，更加滋润皮肤，告诉读者三个月后会在镜子里看到一个皮肤透亮的全新的自己。

让读者想一想这个场景：他打开冰箱，全被新鲜的蔬果塞满了：金灿灿的水仙芒果、冒着露珠的智利蓝莓、香脆酸甜的美国进口车厘子……他的脸被冰箱照亮，他的心情也被瞬间点亮，最奇妙的是，随便拿出几样东西，很快就能榨出一杯五彩缤纷的美味果汁，用舌头“环游”世界。

只有让读者“想买”榨汁机之后，接下来你才去说明榨汁机的优势。同样，文案的表述方式也需要注意，尽量用消费者能够接受的语言表现出来。如某 MP3 的卖点是容量大，你可以写出“容量高达 4G”之类的文案，也可以像乔布斯推出 iPod 音乐播放器时，写出“把 1000 首歌装进口袋”这样 “吸睛”的优秀文案；某芝麻糊你可以写“传承经典制造”，也可以像南方芝麻糊那样写道“小时候的味道，妈妈的味道”……

优秀的文案绝对不是自顾自的狂欢，而是有着对消费者心理和需求的洞察，对于消费者的理解，可以从文化因素、社会因素（如家庭、角色等）及个人因素（如年龄、职业、收入等）进行理解，但互联网文案内容和产品销售不一样，互联网文案内容虽然最终目的是为了销售，却不能将销售作为直接目的。所以在互联网文案的消费者研究中，最为重要的是要理解消费者的个性和人格化特征。因为人们更加倾向于与自己个性相符的品牌，或是自己理想中的自我个性品牌，这就是现在我们常说的“消费升级”。关于个性化特征，美国品牌学之父戴维·阿克通过对品牌个性的研究总结出 7 种品牌人格（见表 2-1）。

表 2-1 7 种品牌人格

品牌个性	具体表现及代表品牌
坦诚（sincerity）	脚踏实地、诚实、有益和愉快
刺激（exciting）	大胆、生机勃勃、富有想象力和时尚
能力（competence）	可靠、成名和成功
教养（sophistication）	上流社会的、有魅力的
激情（passion）	感情丰富、灵性和神秘
粗犷（sophistication）	户外、坚强的意志
平静（peacefulness）	和谐、平衡与自然

美国广告培训巨头德鲁·埃里克·惠特曼则针对消费者心理提出“手段—目标链”策略，这个策略建立在这样的理论基础上：消费者的购买行为不是为了满足当下的需求，而是为了达到某个未来的目标，他购买的产品或服务只是实现那个目标的手段。如女人买性感内衣是为了让自己变得性感，但终极目标是吸引男人的目光；主妇购买微波炉，想要的不是那个带有按钮和会转圈的玻璃盘的盒子，而是想要快速解决用餐问题，以便有更多的时间去做其他事情。

关于对目标人群的分析，可以先看看表 2-2。

表 2-2　目标人群分析简表

分析维度	具体特征	备　注
年龄		
性别		
职业		
生活状态		
爱好		
品牌人格		
经常出没的地方		

这个表格虽简单，但在填写具体特征时尽可能填写完善、丰富，就像给一个人画像一样，越具体越好。因为目标人群越具体，对应的互联网文案写作和运营就越有针对性，起到的效果也越好。同时，不同的传播平台的文案，要针对不同用户来调整核心诉求，比如一双限量版运动鞋，其文案就不能这么写：

流畅线条令你成为瞩目焦点。

这样的文案可以放在社交媒体平台，但面对论坛里的“死忠粉”，应该这样写：

挚爱战靴，26 年后限量复制。

这样的文案才会令粉丝们热血沸腾。

假如你准备在新家安装一台净水器，A 品牌文案写道：

本净水器采用 PO 膜，5 级过滤系统。

而 B 品牌则这样写：

1 岁以下婴儿不能吃盐，本净水器配有反渗透膜，能有效脱除水中盐分，让您的宝宝健康成长。

这样的文案是不是更能打动为人父为人母的年轻人？

上世纪有个叫卡尔·白奥尔的营销人卖一款补铁的药品，他做了 18 种广告都失败了，这时他已经惨痛地投入了 400 多万美元，当他增加了一段 50 字的小段落后，销售额开始快速增长。你猜猜这段话说了什么？

如果您的孩子的血液里没有铁，无论您喂他吃什么，他都不会吸收，食物只是经过他的身体排出而已。只有他的血液里含有铁元素，他才能充分吸收食物的营养，健康聪明地成长！

很多时候，你很可能完全不了解你所面对的消费者，你不知道他们属于哪个圈子，使用哪类风格的语言，有什么习惯，需要什么，因为有时候连他们自己都不知道自己想要什么，你得帮助他们找到深层次的需求。这时候能做的事就是：到你的消费者群体中去，成为他们的一员，听他们说什么，观察他们在意什么、喜欢什么、讨厌什么，观察他们的日常生活和消费行为。

不要将你的目标人群形容成“女性，18~30 岁，高学历，家庭收入中等……”这样干巴巴的信息。在脑海中，要建立起具体的信息，如她是一位名叫 XXX 的女人，经常出差，在机场候机室翻看时尚杂志，或者喜欢穿某某牌子的衣服，每个周末都会去咖啡馆……这样写出来的文案才能吸引他们。如面对爱好二次元动漫文化的“90 后”消费人群，你在文案里和他们说“情怀”，他们很可能都不看，但你如果能在文案里说出“萌”“腹黑”类属于这个圈层的话题，他们就会把你当成同类。

懂用户，不是说你知道他们是谁，而是说你要知道他们在想什么、想要什么，知道做什么、怎么做才能挑起他们的欲望、打动他们的情感、唤起他们的情绪，才能让他们改变策略……具体到文案写作就是要具备“用户思维”，要钻进用户脑子里，找到你应该说的那句话。所以在写文案的过程中，你要时刻问自己两个问题：

- 用户看到我写出的文案，会调用什么认知、记忆、情绪来理解？
- 用户看完之后，会产生什么样的心理感受，或者得出什么结论？

通常情况下，我们需要把产品的“好处”放在文案中。当然，重点是文案中指明的“好处”，是能够向潜在消费者提供价值的好处，而不是产品特色。要记得，好处和特色不是同一种东西，如对一辆豪华型轿车而言：

- 手工高级座椅——这是产品特色。
- 在所有的气候条件下都能够享受奢华舒适——这是给消费者带来的好处。

特色是属性，好处则是消费者从属性中能够获得的东西，正是这些好处诱惑消费者掏钱买单。广告大师罗伯特·布莱在《文案完全创作手册》一书中总结过“消费者购买产品的 22 个理由”：

- 为了被喜欢
- 为了被感谢
- 为了做正确的事
- 为了感觉到自己的重要
- 为了赚钱
- 为了省钱
- 为了省时间
- 为了让工作更轻松
- 为了得到保障
- 为了变得更吸引人
- 为了变得更性感
- 为了舒适
- 为了与众不同
- 为了得到快乐
- 为了得到乐趣
- 为了得到知识
- 为了健康
- 为了满足好奇心
- 为了方便
- 出于恐惧

- 出于贪心
- 出于罪恶感

发现没有？这些购买理由，从头到尾与产品功能毫无关系。这意味着当你的文案为消费者提供购买理由时，最好别指望用产品功能描述打动他们，即使功能具备开天辟地的独特性，也并不意味着它可以打动消费者。因为促使消费者产生购买动机的是产品给他们带来的附加价值，而不是产品功能本身。

3. 了解用户现有数据

文案创作者还要明白一点：你的认知和用户的认知在很多时候是两回事。假如停留在你自己的认知中写文案，你很可能会这么写：

不是所有大自然的水都是好水。

我们搬运的不是地表水。

是3000万年长白山的原始森林深层火山矿泉。

很明显，这些文案背后的认知是：消费者想喝更好的水，却不知道哪家的水更好，于是文案站出来告诉消费者：我们的水更好，请购买我们的水。但是请用消费者的认知思考一下，当消费者看到“地表水”“长白山”“原始森林”这类词汇时，会调用什么样的记忆、知识、经验来理解。他们会因此得出“这是好水”的结论吗？答案是NO，大多数消费者都不知道地表水和深层火山矿泉有什么区别，也不会因此联想到“好水”，更不会因此认为自己想要它。

所以，假如你希望调动消费者对“好水”的认识，不妨这么来写：

为什么你想要一杯真正的好水？

使用“用户视角”说起来简单，实际上很难做到，因为每个人都习惯与从“自我视角”出发来思考问题。如你的产品推出了很好的新品或新功能，你对这件事的认知是：历经千辛万苦，终于做出来了，新产品体验非常好，公司和团队非常有创造力，你对此感到非常骄傲，你希望将这种认知传递给用户，于是文案出来了：

创新生活，极致体验。

用户读到这样的文案，会调动哪些认知？他们真的会从这样的文案中得出这个产品很好，很有创造力的结论吗？答案只有两个字：不会。从“自我视角”出发写文案，容易高估用户对产品的理解，认为用户像你一样了解产品，从而陷入“认知的陷阱”，写出来的文案让用户看了不知所云。

4. 掌握竞品的文案策略和运营数据

《孙子・谋攻》有云：“知彼知己者，百战不殆。”对竞争对手的了解、分析，能够让文案工作者更明白如何去突破，找到消费者为什么购买文案所推荐的商品或服务，而不是选择竞争对手。对于竞争对手的分析有很多种分析方法，通常使用的有 SWOT 分析法，另外还有更具有战略意义的核心竞争链对比分析法。

方法 1：SWOT 分析法

SWOT 由四个单词简化而来：S（strengths）是优势，主要分析企业自身最擅长的优势，有哪些优势是竞争对手做不到的；W（weaknesses）是劣势，主要分析自身最不擅长的缺陷，以及哪些是竞争对手做好了而自己做得不好的，或者是顾客离开你的原因；O（opportunities）是机会，外部的产品、渠道、营销等方面存在哪些机会，公司内部的短、中、长期规划目标的机会点在哪里；T（threats）是威胁，客观的机构及环境、行业发展、政策等方面是否会不利于发展，最近的威胁在哪里。

SWOT 分析法是指通过分析企业自身的优势、劣势、机会和威胁，将内外部条件、资源结合起来进行分析（见表 2-3）。

表 2-3　SWOT 分析法

	优势 S • 列出优势	劣势 W • 列出劣势
机会 O • 列出机会	SO 战略 • 发挥优势 • 利用机会	WO 战略 • 克服劣势 • 利用机会
威胁 T • 列出威胁	ST 战略 • 利用优势 • 回避威胁	WT 战略 • 介绍劣势 • 回避威胁

方法 2：核心竞争链对比分析法

核心竞争链，是指将自身的各项价值一一列出并与竞争对手对比，找到其中的差异点。这种法能够充分判断和理解竞争对手是谁，竞争对手在做什么，如何做到与竞争对手的差异化，从而让产品或品牌变成与竞争对手完全不同的样子。在进行产品竞争对手分析时，同样可以将主要购买产品的因素价值点一一列出，找到价值链上的空白，从而更容易找到自身的优势和特点（见图 2-17）。

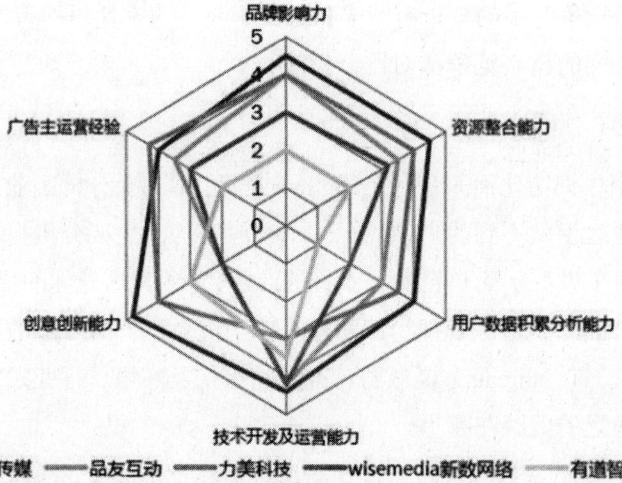

图 2-17　某平台的核心竞争力分析模型

利用核心竞争链研究产品时，需要同时研究市场上的竞争对手和其他同类产品，如果思考陷入僵局，可以试着想想产品的反面：

- 竞争对手产品不能用来干什么？
- 谁不需要？
- 什么情况下无法发挥作用？

5. 明确文案定位

“好内容抓住的不是眼球，而是心！”而“抓住心”最好的办法就是持续地提供有价值的内容，让用户产生归属感，要做到这一点，要求新媒体人回到三个永恒的问题上：

- 我是谁？

- 我能提供什么样的服务？
- 为什么选择我而不是别人？

内容创业者需要依据自己内心清晰的指引寻找答案，如果能清晰地回答出这三个问题，你就找到了“抓住心”的关键所在，明白了“纵使人世间有百媚千红，我也独爱你那一种”的魅力所在，寻找这三个问题答案的过程可以看作是思考定位的过程。

定位理论是由美国著名营销专家艾·里斯（Al Ries）和杰克·特劳特（Jack Trout）于 20 世纪 70 年代提出的，其目的是要在目标客户的头脑里给客户品牌进行定位，确保产品或品牌在客户头脑中占据一个真正具有竞争力的位置。定位理论解释起来并不复杂，但很多人都片面地了解和误读了它，把愿景当成了定位，即把“我要成为什么样的人”视为定位。其实这是对定位的误读，因为定位并不是围绕着产品进行的，而是围绕着消费者的心智进行的。

也就是说，你确定了“你想成为什么样的人”，这不是定位，只有当消费者心理认为你是你所确定的“你想成为什么样的人”时，这才是定位。所以定位的过程不仅仅是愿景的描述，用更直接的话来表述就是：定位是让用户对你的心理认识和你的愿景画上等号的优化过程，你以为的仅仅只是你以为的，在用户心理认为的“你是谁”才是最重要的。

你的愿景=用户对你的认识

定位过程，是让用户对你的心理认识和你的愿景画上等号的过程。

定位是关于你的愿景和用户对你的认识的心智沟通，是一个持续挑战优化的过程，需要你通过努力让用户的认识不断地靠近企业愿景的过程，而不是你说一句“我是谁”指明了方向就结束了。内容创业者进行定位可以分两步走：

- 明确愿景
- 不断传播优化用户认识

（1）明确愿景

所谓明确愿景，就是明确“你是什么样的人”“你提供什么样的内容服务”的描述过程。其中关于“你提供什么样的内容服务”的描述很好理解，因为平台所提供的内容直接决定了用户的需求方向和精神归属。对于愿景的描述，要做的就是把抽象的愿景具象化，形成足够清晰的愿景解析（见表 2-4）。

表 2-4 新媒体平台愿景规划表

专注领域：
内容方向：
建平台的最初目的是：
半年目标：
全年目标：
用一句话表达为用户带来的核心价值：

在内容文案的背面，表面是平台与用户做价值交流和互动，其实是“人”（内容创作者）与用户做价值交流和互动，如果抛开个人和团队谈平台定位，等同于纸上谈兵。只有平台愿景和个人（团队）愿景在同一大方向上，内容平台才能实现效益最大化，所以除了要设置好“新媒体平台愿景规划表”之外，还需要一份“新媒体人职场愿景规划表”（见表 2-5）。

表 2-5 新媒体人职场愿景规划表

喜欢领域：
内容方向：
年薪愿景：
实现周期：
你选择这个领域不可动摇的信念：
为了不断提升，你做了哪些努力：
为实现目标，目前你最需要提升：
平台选择：

通过细分对比会发现，只有你个人的职场愿景规划和就职平台愿景有交集时，你才有可能持续创作出优秀的内容。

（2）不断传播优化认识

定位的第二步就是要用持续的内容，让用户认识到你期望塑造的人格化愿景，影响和改善一个人的认识的有效办法只有一个：重复、重复、再重复。调整用户认识，在持续传播和重复沟通过程中，还需要注意以下五点。

第一，在具象的领域里成为唯一

在商业运营过程中，有一个不成文的规律：

- 前期——速度为王，产品为后。
- 中期——口碑为王，团队为后。
- 后期——品牌为王，技术为后。

这个规律同样适合于内容创业，看看那些优秀的内容创业者，相当大一部分人的成功是因为他们在速度上占据优势，抓住了互联网内容创业的风口红利，迅速积累了大量原始粉丝。而随着新媒体技术的繁荣，内容运营的工作越来越难，因为你的竞争对手也知道要尽快地参与有效的网络营销活动并贡献有价值的内容。在这种情况下，你获胜的方式依然是“速度为王”，只不过此时需要你改变策略，寻找有缺口的某个行业，并迅速占据这个缺口行业的主导地位。

占据缺口行业主导地位的过程称之为“垂直化细分”，聚焦在一个细分领域，因为在互联网的游戏规则中，只有唯一、没有第一。唯一并不是说第二名不存在，而是看你的竞争对手是谁，如果你的竞争对手实力不如你，那你就是这个垂直细分领域的“唯一”，如果你的竞争对手是马云、马化腾，那你根本不是行业的“唯一”，也根本没有必要做下去。你想做健康，马云投资 200 亿元也做健康，你做得过他吗？肯定做不过，那你还有做的必要吗？

所以我们在内容定位时，千万不要跟实力太强的人竞争，你跟马云比，你有什么？你是有技术？是有社会影响力？还是有资本？都没有，比来比去，估计最后的结论只能比马云帅，仅此而已。

另一方面，越是细分的垂直领域，越是具象的市场，越容易产生优质的内容。例如平台做绘画不够具象，做儿童画绘画技法分享就很明确了；平台做语音读书不够具象，做哄孩子睡觉的故事书就非常明确了。

第二，需要树立一个明确的应用场景

定位。要想在用户心智中占领一个有价值的地位，除了在具象领域中成为唯一，让用户认识到你是谁（那也只是用户对你有了初步了解）外，如果要想加深用户对你的认识，甚至做到在有某种需求的关键时候会想起你来，还需要做到一点：强化应用场景。一个好的定位案例，一定在生活中找到了相对应的应用场景，让用户置身这个场景，就能联想起你。比如加多宝凉茶在宣传时会经常出现吃火锅、熬夜的场景；雪碧的广告场景常常在炎热夏日的户外；人们想做饭会打开“下厨房”；想点餐会打开“饿了么”；关注读书话题会打开“十点读书”；工作一天后需要运动会打开“Keep”；抢占全国人民上厕所时间的“罗辑思维”；给孩子讲睡前故事的“凯叔”……这些都有场景应用的体现，所以你在定位的时候要多想想应用场景，消费者在什么状态下会想起它？

第三，持续不断的内容支持

上文有提到重复、重复、再重复是改善用户对平台认识唯一有效的方法，那么怎样才能对用户进行重复、重复、再重复的认识呢？最直接的办法就是持续不断地生产内容。内容定位就像互联网公司的“运营”和“市场”的确定，其目的就是为了快速形成用户认识。内容是用户与你产生关联的整个过程中的第一个环节，也是最重要的环境，一旦你在用户的心中认识确定了，那么目标客户群就会自然聚集在你的身边，如图 2-18 所示。

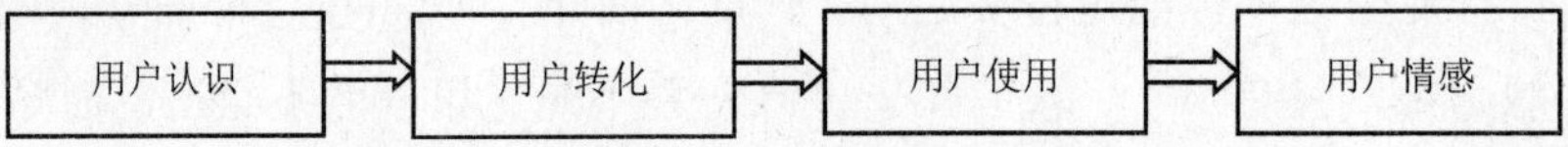

图 2-18　内容运营流程

需要注意的是，因为内容平台每天都有新增的关注用户，他们是这个兴趣部落的新客人，这就要求内容创业者每天都要像第一天一样，以归零的心态跟用户互动，告诉新关注的人，“我”所聚焦关注的领域，“我”能给你带来什么样的价值。

内容持续支持就是对内容平台定位不断优化调整的过程，每天都是在昨天的基础上往前走，每天都在怀着归零的心态再出发。值得欣慰的是，只要出发了，就离心中的愿望更近一点。

第四，传播明确的识别符号

传播明确的识别符号或身份，好处很明显：给用户留下一个记忆点，并在一定的场景刺激下马上想起你。这个识别符号在定位过程和传播中发挥重要的作用。例如最经典的符号争夺案例，当属王老吉和加多宝的红罐之争，做品牌的人能理解，它们表面上在争“红色包装专利归属权”，实际上是在争一个在消费者心中根深蒂固的记忆符号。同样，很多优秀的内容运营者，也是想方设法地让设计符号和内容平台产生关联，方便人们更好地记住自己。例如美食大号“日食记”通过一周几次的短视频成功地打造了姜老刀和酥饼大人两个记忆符号，毒舌电影和总督 SIR 的记忆符号是周星驰《九品芝麻官》里伸张正义的包龙星，罗辑思维的记忆符号是罗振宇本人……

第五，明确的内容格调

除了上述四点之外，另一种能让传播明确的就是内容的格调，做内容，永远要关注长、短两条线：短线，是尽一切努力促进内容的被消费，“要么写进用户的心里，要么写进用户的脑里”，这是一道关于内容创作的单选题，也是对每一篇内容的最基本的要求；而长线，则是以一系列长期、持续的内容为载体，面向用户建立一种识别度和信任度，一旦这个调性被成功树立起来，你在用户心中的地位就牢牢站住了。

所谓内容调性，就是内容的写作风格包括连排版方式和发布周期都打上某种标签。如早期的知乎内容风格偏重于“互联网和创业领域的认真严肃、客观中立式问题探讨”，果壳的内容风格则是“各种死理性派型科普”，豆瓣的风格就是“文青小清新聚集地”……这些平台通过内容调性已经在用户心里形成了这样的认识，都用不着费唇舌去解释和说明“你是什么”这样的问题。

2.2.2　确定文案调性，写出热卖内容

从事内容创作的人都知道，文案不是字词、短语的堆砌，不是文字的积木游戏，品牌是有性格的，因此文案也是有性格的，而品牌的性格是通过定位和文案的调性来决定的。如果将品牌比作一个形象化的人，那么品牌调性就是这个人的性格，而文案调性则是这个人的语言风格。不同的人性格不一样，调性也各不相同，语言是一种调性，李白是一种调性，陶渊明是一种调性，王维是一种调性，季羡林是一种调性，余光中是一种调性……

人如此，文案亦如此，品牌文案调性是什么？先看一组文案：

你写 PPT 的时候，
阿拉斯加的鳕鱼正在跃出水面，
你研究报表的时候，

白马雪山的金丝猴刚好爬上树尖。

你挤进地铁的时候，

西藏的山鹰一直盘旋云端。

你在会议中吵架的时候，

尼泊尔的背包客一起端起酒杯在火堆旁。

有一些穿高跟鞋走不到的路，

有一些喷着香水闻不到的空气，

有一些在写字楼里永远遇不见的人。

出去走走才会发现，

外面有不一样的世界，不一样的你。

二零壹壹年拾贰月拾贰号

是背包四方流浪，还是留守格子小间。

是爬山涉水远足，还是 K 歌狂欢宿醉。

是文艺棉布长裙，还是狂热豹纹 BRA。

是 iPhone 4S，还是老奶奶做的棉鞋。

是升职加薪，还是炒老板鱿鱼。

是快乐，还是悲伤。

有什么样的愿望，有什么样的人生。

圣诞快乐。

有得选，是我们最好的礼物。

二零壹壹年拾贰月拾叁号

春天已从后院的花园里长了出来，
叮当总是喜欢扒着木门，
不知所措地朝外看。
正午的马兰头，
傍晚的小葱，还有长错地方的油菜花。
风从屋前院后来，
刚送走驼着背的老太太，
又迎来落日前的温暖。
日头就这么磨蹭了一大半，
时光它，一去不回头。
二零壹壹年三月拾陆号

相信很多人都看过这三段文案，知道它出自哪里，一家靠出彩文案来销售女装、年营收 4000 万元的淘宝网店：步履不停。这家淘宝店主打文艺风，追求简洁舒适的着装体验，每一件商品都有一段写意生活的文字作为烘托，因此从品牌到产品到文案，“文艺”贯穿整个品牌乃至产品文案的主线，看其广告，一个安静、文艺的少女形象就清晰地站在人们面前。

所谓文案调性，就是文案的性格，那么如何确定你的文案调性呢？最简单的办法就是，把你的内容、作品当成一个有明快的性格的“人”，这就要求我们在编写文案的时候，将情感赋予文字，并且语言清晰，将其打造成可以清晰地传递给你目标受众的“生灵”，而不是假大空的文字。

2.2.3 别自嗨，说人话

自媒体人李叫兽就互联网文案的写作，总结有两种文案人：X 型文案人，Y 型文案人。X 型文案文字华丽，把本来平时无华的表达写得更加有修辞、对称和高级词汇；Y 型文案不华丽，甚至只是简单地描绘出用户心中的情景，却充满画面感、直指利益。例如你给某耳机品牌写作文案，该耳机的特点是：耳机质量好。

X 型文案人的写法是：

声声震撼，激发梦想。

Y 型文案人的写法是：

犹如置身音乐会现场。

描述某品牌笔记本噪音低，X 型文案会写：

创想极致，静心舒心。

Y 型文案会写：

安静的房间里感觉不到电脑开机。

X 型文案人通常是站在企业角度引导，显然他们更像是语言学家、修辞学家和诗人，他们的日常工作就是想创意、查字典和构思修辞，想办法用华丽的表达来描述产品。Y 型文案人是站在消费者角度建议，注重表达内容和表达方法，他们不太擅长华丽的修辞，但却花费大量的时间去了解用户想的是什么，想要用最简单直白的语言影响用户的感受。他们可能不太懂语言学、修辞学，也不会押韵、双关和大量的修辞，但是他们用了更多的时间去学习心理学、营销学和企业战略。

文案是用户感受的设计，而不是产生这些感受的文字的设计。

追求华丽的 X 型文案做的就是“文字的设计”，他们考虑的是如何让文字本身更加华丽，更加对仗工整，从来不考虑在用户的感受中，什么样的表达更加容易被接受和理解。而 Y 型文案做的就是“用户感受的设计”，它们并不是真的文字本身发挥创意，而是考虑：什么样的表达更加容易被用户感受和理解。举个例子，有个心理学家正要去吃饭，结果看到有个乞丐在乞讨，文案是这样的：

Homeless，please help!（无家可归，帮帮我吧!）

结果没有多少人愿意给乞丐钱，这个心理学家帮乞丐改了一个文案，结果乞丐在同样的时间内收入增加了好几倍（2 个小时内收获了 60 美元），他把文案改成：

What if you were hungry?（你要是饿了会怎么样？）

这个文案就是从用户感受出发的文案，既然是在饭店旁边，赶着去饭店的人感受是“饿了”，而这时说“你要是饿了会怎么样？”，就能瞬间影响别人。而前面的那个“无家可归，帮帮我吧!”是从自身的角度写的文案，它描绘的是自身的感受“我无家可归”，而不考虑这样的感受和路人有什么关系。

所以，这就是为什么要选择 Y 型文案，它做的是用户感受的设计，目标是让文案变得更容易被用户感受到，而不是变得更加费解。那么如何克服这种与生俱来的“自我视角”，而做到“用户角度”？

可以使用 AB 点理论来分析你的用户，假设 A 点是用户看到你文案之前的状态，B 点是用户看到你文案之后的状态，那么 B-A 就是文案能够产生的效果。如果文案都是为了把用户从 A 点带到 B 点（见下表），那么，很多文案的错误就是自傲以及不了解用户的 A 点，脑子中只想到自己要表达的 B 点。

	A 点	B 点
教师	学生不懂	学生懂了
销售员	消费者不想买	消费者想买
表白者	对方没有太大兴趣	留下深厚印象

用户对一个产品的认知往往经历了这样一个顺序：先是不了解产品，然后对产品建立了解，最后才出生心动。优秀的 Y 型文案作者往往会去真正地了解用户的 A 点，他们会想方设法知道“在用户的心目中，自己是什么”，而不是“自己以为自己是什么”。

要知道，对于不同的用户 A 点，所需要的文案并不一样，所以你一定要去了解用户的 A 点。比如所有人都看过恒大冰泉的这个文案（见图 2-19），你觉得有什么问题吗？

图 2-19 恒大冰泉广告

还是恒大冰泉那个文案，该文案想说 “恒大冰泉的矿泉水质好”，那么我们来分析这个文案的 AB 点。

首先 B 点非常明确，想让用户买恒大冰泉矿泉水，那么这个文案假设的 A 点是什么呢？既然文案说的是“我们的水好”，那么假设的 A 点应该是：想喝好水，但不知哪家好？

然而你觉得在文案刚推出时的 2014 年的中国，用户真正的 A 点是什么呢？我认为用户真正的 A 点并不是“想喝好水，但不知哪家水比较好”，而是“没有觉得喝好水是更重要的”。所以对于这样的用户 A 点，可能更适合的文案思路是告诉用户：为什么你想要一杯真正的好水。

文案是表达内容信息的语言文字，内容文案简单地说，就是对语言文字的创意。在很多时候，创意文案与华丽的辞藻、优美的词句毫不相关，更不需要语不惊人死不休，回顾那些经典文案，往往都是贴近生活、语言朴实，却又能说到消费者心里去的言语，例如，美国征兵广告就是简简单单的几个字：

美国需要你。

直指人心，极具震撼力。

2.2.4　优化传播内容的场景

学新闻传播学的都知道，人与人之间的信息传播，包含信息生产者、信息载体和听众这三大元素，其实很多人还忽略了一个元素：信息出现的场景，它同样会对信息造成巨大的影响，如近年来，手机圈掀起一场“像素大作战”：

vivo：1600 万柔光自拍，照亮你的美。

OPPO：前后 2000 万，拍照更清晰。

小米：变焦双摄，拍人更美。

华为：第二代徕卡双镜头，2 倍双摄变焦。

……

正当各种品牌手机不断强调其拍摄功能的时候，糖果手机却推出了一则秒杀众生的神文案：

本节目不是由比“更清晰”更清晰的糖果手机冠名播出

这条神文案紧接在节目冠名商 OPPO 的广告“前后 2000 万，拍照更清晰”之后，造就了画风清奇的神转折，效果显著，短短几个小时，有关糖果手机“非冠名广告”的弹幕评论超过 20000 条（见图 2-20）。

图 2-20 “非冠名广告”弹幕评论

可见，作为内容文案人，务必记下“场景化阅读”这一概念。简单来说，场景化阅读，是指在某个特定场景中进行信息传播沟通，强调的是被传播的信息在一个相匹配的场景氛围中被传递出来。场景化阅读是场景营销的一种应用方式，场景营销其实在生活中无处不在，例如元宵节吃汤圆，端午节吃饺子，中秋节吃月饼，恋爱期间给女朋友送巧克力，情人节送玫瑰花等。

走心的不是内容，而是与内容产生关联的场景。

在你深刻理解“场景化阅读”后，如果想要创作一些与读者高度共鸣的内容，有一个很简单的创作途径：

把一个有价值的解决方案置于与用户有关的场景中。

在一个特定的场景中跟用户讨论一个话题，比直接跟他们讲道理、说教容易得多，因为场景会让他们觉得自己也正在经历这些苦恼，这些人说的就是发生在他们身边的事。理解这个思路后，内容公式就变得简单起来，优化创作内容，即在用户相关的场景下，给读者提供一个有价值的解决方案。优化内容传播场景总共分两步走：

第一步：用文字、图画勾勒出一个场景。这个场景一定是生活中多数人面对过的，创作者只是用图文、音乐等信息工具作为刺激物，把读者记忆力存储的场景画面调取出来。如你推荐一家羊肉汤粉，这样写道“……羊肉汤煮过的米粉，自然更入味。夹起几根来，汤汁充分渗透到米粉中，根根红亮，'嗦'一口吸到嘴里，细细咀嚼，爽滑的米粉，混着汤汁浓香的滋味一起咽下，嘴里满满都是羊肉的鲜，让你停不下筷子。吃完米粉，捧起碗，喝上几口热乎的羊汤，顿时感觉浑身舒坦，人生圆满！"看完这段文案，你是不是跟我一样坐不住，好想也去店里吃一碗。

第二步：在场景中与用户进行沟通，并提出解决方案或对平台的思考、建议。

关于内容场景的勾勒，咪蒙可以说是这方面的行家，无论你喜欢还是不喜欢她的文章内容，作为内容生产者，你无法否认咪蒙制造的传播现象。例如针对近两年北上广深的房价上涨，有媒体报道清华毕业的人（高收入人群）都无法在北京买房，于是咪蒙以此为场景写了一篇《咪蒙：说来惭愧，我的助理月薪才 5 万》，她在文章中成功地勾勒出"并不是我们不努力，是房价涨得太离谱"的场景，这样的场景估计是无数在城市里打拼的年轻人心中"永恒的痛"。

同时内容创业者必须从表象中挖掘本质，找到值得学习的地方，其实我们打开咪蒙的公众号平台，你会发现她的很多文章都是场景化的写作方式，在标题和开篇案例叙述中，以简洁有力的方式引导读者进入这些场景，再表达自己的观点和看法。看看下面这些标题，你就知道咪蒙对场景应用的根底之深。

《所有的婆媳矛盾，都是因为这 5 句话》

《你知道你为什么那么穷吗？因为你喜欢省钱》

《老妈，我希望你自私一点》

《我活成了父母最讨厌的模样》

《男孩要穷养，你跟孩子多大的仇啊？》

《世界所有的吵架，都是因为男人不会说话》

《我最不想嫁的，是我爸这种男人》

很简单的几个字，咪蒙将婆媳关系、孩子早教、男女矛盾等诸多场景应用于文中。设置内容场景大致有以下几种方法。

1. 抓住新闻热点

关于这一技巧点，相信所有的新媒体人再熟悉不过了，甚至很多新媒体人在深更半夜看到某条爆炸性新闻，立马从被窝里爬起来，打开电脑进行写作，其目的就是为了“速度为王”，让自己的内容在速度上领先，进而得到广泛传播。如 2017 年 10 月，麦当劳中国更名为“金拱门”（见图 2-21），第一时间引发了各品牌文案者和网民的集体脑洞大开。

图 2-21　金拱门

2. 抓住节日氛围

重大节日是“老天”赐给你的最好的场景，抓住这些场景，非常有利于你的内容传播，如知名网红 papi 酱的第一篇“爆文”《有些人一谈恋爱就招人讨厌》，在这个视频内容中，描述了男女各种“讨厌”（秀恩爱）的行为，引发无数单身狗共鸣和转发。试想一下，如果这篇文章不是发表于情人节（2016 年 2 月 14 日），而是一个普通的日子，会引发这么大的反响吗？对于文案人来说，一定要抓住各大重要的节日，它是你最好的“东风”，如 2017 年的“五四青年节”，美团网“吃份外卖，想下人生”借势文案在朋友圈刷屏（见图 2-22）。

图 2-22　美团文案

3. 反“传统”意识

如今的社会是一个不断打破传统、接受新鲜事物的时代，社会的进步让我们有了很多新的认识，对于内容文案者，很容易就将一些“传统”意识成为非常有效的场景设置，如与传统的积极上进相比，2017 年，丧文化已经深入深入人心，所谓丧文化是指流行语年轻人群体中带有颓废、绝望、悲观等情绪和色彩的语言、文字或图画，他们是年轻人亚文化的一种新形势，反映出当前年轻人的精神特质和集体焦虑，在一定程度上是新时期年轻人的一种社会心态和社会心理的表征，在目前所流行的丧文化中，“废柴”、“葛优躺”是具有代表性的。

丧文化的盛行诞生出一系列定位丧文化的产品和文案，从“UCC 咖啡”到“丧茶”再到“没希望奶茶”，其中，蚂蚁金服财富号联合 16 家基金机构，推出了一组“年龄越大，越没有人会原谅你的穷”为主题的 GIF 海报，将那些年轻人为钱所困的沮丧和辛酸，都写在文案里。

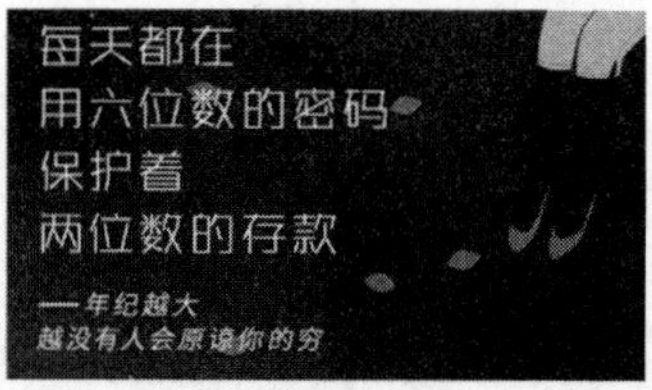

每天都在
用六位数的密码
保护着
两位数的存款

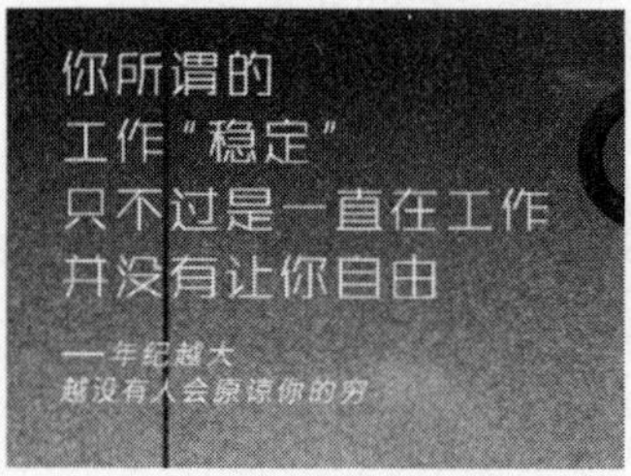

你所谓的
工作“稳定”
只不过是一直在工作
并没有让你自由

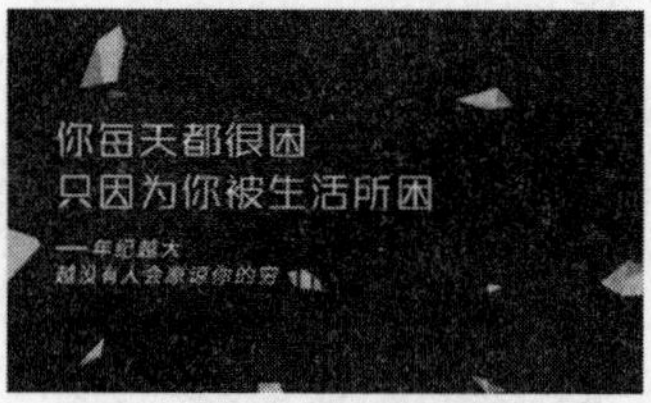

你每天都很困
只因为你被生活所困

丧文化是典型对“传统”观念的颠覆，但这种颠覆对现今的人来说“看起来在胡说八道，听起来却津津有味、很有道理”。

4. 故事案例

在内容中用真实的故事和案例，也是很营造场景的一种有效方法，如支付宝10年对账功能上线之前，拍了一部名为《账单日记》的宣传片，文案如下：

生命只是一连串孤立的片刻，靠着回忆和幻想，许多意义浮现了，然后消失，消失之后又再浮现。”——普鲁斯特《追忆似水年华》

2004 年，毕业了，新开始，支付宝最大支出是职业装，现在看起来真的很装。

2006 年，3 次相亲失败，3 次支付宝退款成功，慢慢明白，恋爱跟酒量一样，都需要练习。

2009 年，12%的支出是电影票，都是两张连号，全年水电费有人代付。

2012 年，看到 26 笔手机支付账单，就知道忘带了 26 次钱包，点了 26 次深夜加班餐。

2013 年，数学 23 分的我，终于学会理财了，谢谢啊，余额宝。

2014 年 4 月 29 日，收到一笔情感转账，是他上交的第一个月生活费（包养你）。

每一份账单，都是你的日记，十年，三亿人的账单算得清，美好的改变，算不清。

支付宝十年，知托付。

全篇都是在算账的场景，使得大家对支付宝这个产品的认识有了深度和厚度：每一笔致富，都与人生的一个阶段、一个细节息息相关，文案通过具体场景还原，在产品和消费者之间建立了深层次的情感链接。

2.2.5　调动用户的情绪

文案是品牌用来和用户打交道的，除了那些正儿八经的产品文案或品牌宣传文案，更直接、更经常与用户“打交道”的文案，其实是页面文案、社交平台文案、公关文案、交互文案、服务文案等。所有用户会看到的文字，都应该向用户表达“理解”和“善意”。对于互联网文案来说，要想刺激受众的参与和互动，必须调动用户的情绪。如：

聚美优品“陈欧体”

你只闻到我的香水，却没看到我的汗水；你有你的规则，我有我的选择；你否定我的现在，我决定我的未来；你嘲笑我一无所有不配去爱，我可怜你总是等待；你可以轻视我们的年轻，我们会证明这是谁的时代。梦想，是注定孤独的旅行，路上少不了质疑和嘲笑，但，那又怎样？哪怕遍体鳞伤，也要活得漂亮。我是陈欧，我为自己代言——聚美优品。

看上去只是一名 80 后创业者在文案中讲述自己奋斗的故事，但读这个故事的人，尤其是年轻人，都会认为这番话说出了自己的“心声”。原因就在于文案中的这些关键词：汗水、否定、轻视、质疑、嘲笑、孤独、遍体鳞伤……引发了同一时代群体的“心理共鸣”。

引发心理共鸣的关键在于：

- 描述了“群体共通性”的经历、体验、感受；
- 将具体的场景和细节抽象化、传递感受；
- 将抽象的特征具体化、生活化，传递体验。

经典故事之所以动人，一个很重要的原因在于：触及了人类共通的“情感问题”，即那些古往今来被无数个故事诠释过的“问题”，比如爱情，比如悲剧，比如人性、人生、生命的力量，等等。文案的情绪可以把控两个方面：正向情绪和负向情绪。

正向情绪是给人积极向上、正能量、热情、激动、喜悦等感受，一般正向情绪是引向好结果，如新浪汽车的正能量海报文案（见图 2-23）。

图 2-23　新浪汽车海报

努力不一定要回报

但至少可以把我和

与我同样努力的人

联系在一起

这样我就遇到更好的人

负向情绪即给人失望、绝望、失落等感受，一般负向情绪引向差结果，让人认清现实。如曾经一款名叫 UCC 咖啡的日本咖啡打出#每天来点负能量#的口号（见图 2-24）。

图 2-24　UCC 咖啡文案

后来才知道
长得帅不一定娶的到老婆
但是有钱可以

负向情绪文案多多少少有点反“传统”的味道，这样的案例还有很多，如京东金融 2017 年推出的文案《你，不必》，利用逆向思维，是典型的反成功学。

《你，不必》

你不必把这杯白酒干了，
喝到胃穿孔，也不会获得帮助，不会获得尊重。
你不必放弃玩音乐，不必出专辑，也不必放弃工作，
不必介意成为一个带着奶瓶的朋克。
你不必在本子上记录，
大部分会议是在浪费时间，你不必假装殷勤一直记录。
你不必总是笑，
不必每一条微信都回复，不必处处点赞。
你不必有什么户口，也不必要求别人要有什么户口。
即便生存不易，也不必让爸妈去相亲角被别人盘问出身。

你不必买大房子，不必在月薪一万的时候就贷款三百万。

三十年后，当孩子们问起那些年你有什么故事，你不能只有贷款。

你不必去知名的大公司追求梦想，

你想逃离的种种，在那里同样会有。

你不必去大城市，也不必逃离北上广。

不必用别人的一篇十万加来决定自己的一辈子。

你不必改变自己。

不必相信一万小时定律，不必读成功学，

不必加入高管群，不必为成为第二个什么人。

你不必听狭隘女权主义者的杂音，

不必理会那些只要求特权，却不尽义务的人。

你不必用睡过多少女孩，来证明魅力。

这不值得炫耀，而且你并不知道是谁睡了谁。

你不必让所有人都开心。

不必每次旅游都要带礼物，

不必一次不落的随份子，不必在饭桌上辛苦地计算座次。

你不必在过年的时候衣锦还乡。

不必发那么大的红包，不必开车送每一个人回家。

你不必承担所有责任。

不必为拒绝借钱给朋友而过意不去，

不必为父母的节俭而内疚，不必向路边的每一个乞讨者伸出援手。

你不必刻意追求传说中的彼岸和远方，

每一个你想抵达的地方，都有人和你一样想逃离。

你不必在深夜停车之后，在楼下抽支烟再回家。

你不必背负那么多，

你不必成功。

别用所谓的成功，定义你的人生。

京东小金库，你的坚持，我的支持。

2.2.6　讲一个好故事

内容文案者还需要掌握一项技能：在场景中讲故事，因为内容是一种“表达型语言”输出，而表达的过程中往往要求生动化、场景感、画面感、结构化，能将这四者结合得如此完美的最好方法就是讲故事。同时，从文案的传播角度讲，最好的传播内容无疑是故事，爱听故事，是人的天性。故事型文案更有吸引力和趣味性，更重要的是自己的诉求可以溶入故事当中，能够很平缓地传递信息，不会生硬尴尬。如当你给福利彩票写文案时，按常规文案写的话可能是：

给自己一次改变命运的机会。

而用故事性思维去写，同样是改变命运，但写法却有了不同：

从前有个草根，进来买了张刮刮乐，出去就变高富帅了。

可见，每一个优秀的内容创作者都应该成为会讲故事的人。那么内容创作者如何讲好故事呢？

1．学会找故事

要讲好故事，心里要有故事，讲故事不仅在讲，还在于找故事。乔布斯有句名言：“好的艺术家是复制，伟大的艺术家是借鉴。”所以，在平常的日子里可以留意好笑、好玩、幽默、有趣的故事，将其收藏起来，反复琢磨，等到有需要的时候将其“取出”。

2．经历是最好的故事

最好的故事当然是发生在你自己身上的经历。这里所说的“经历”并不仅仅指的是你自己的亲身经历，还包括你身边朋友的亲身经历。讲述亲身经历的好处是不仅能赢得他人的信任，还能传递亲和信息，发挥影响力。

3．多维视角

多维视角是什么意思呢？普通人思考问题，大多就事论事，看问题只看一个点，这叫一维视角；眼界开阔的人，除了这一个点，在一个问题中还能看到其他相关点（如过程相关点），可以看到一个面，这叫二维视角；具有辩证思维的人，会从正反两方面看待问题，有积极有消极，有内部有外部，有长期有短期，可以从事件本身找到无数个对立面，这叫三维视角；智慧的人，还会站在时间和空间的维度来看待这个问题，所有的问题都可以追溯本源，可以观其当下，可以远眺未来，化繁为简，以终为始，在抽象与具象中自由切换，这种能力叫思维视角。显然，若想让你的故事真正具有影响力，内容创造者应该具备拥有多个观点的能力，这也是一种随意穿越时空的能力，提高这种能力，你就能从多个角度“看待”自己的故事，即便是偏见，只要你能找到一个让读者感到尊重的视角，一个“合理”的视角，那也是没关系的，因为任何人的生活中都有偏见。脱离偏见并不代表脱离实质、脱离生趣、脱离人情，不会显得十分无聊。

同一个故事，不同人讲，其效果是不一样的，有的讲得很精彩，有的讲得枯燥无味，那么故事讲好的标准是什么呢？白岩松说过：“一个好的故事，从内容场面上看，有了人和人性、悬念和逻辑，还有更重要的一项：细节。好的细节，会在聆听者产生倦怠的时候，将他再次带入故事。被细节牵引的人，聆听的状态是不一样的。”细节处理有以下几种技巧。

技巧 1——在故事中植入“热点”

这里的“热点”可以是名人符号或名人故事，也可以是让人意外的“爆点”，还可以是特定群体感兴趣的话题。如雕爷的餐饮文案就是这么写的：

雕爷牛腩餐厅，是中国第一家“轻奢餐”餐饮品牌，其烹饪牛奶的秘方，是向周星驰电影《食神》中的原型人物（香港食神戴龙）以 500 万元购买而得。戴龙经常为李嘉诚、何鸿燊等港澳名流提供家宴料理，他还是 1997 年香港回归当晚的国宴行政总厨。所以，他的代表作，一道“咖喱牛腩饭”和一道“全汤牛腩面”，成为无数人梦寐以求的舌尖上的巅峰享受。

看看这些关键词：周星驰、《食神》、戴龙、500 万元、秘方、李嘉诚、何鸿燊、1997 年香港回归、国宴……很容易勾起读者的兴趣，吸引他们的注意。

技巧 2——设计场景代入

人们在读一个故事时，会做这样几件事：

思维复述——角色代入——投入感情

这是一个“心理模拟”的过程，故事的吸引力和说服力就在于此：它很容易激发人的大脑中与之相关的区域，让人产生“代入感”。想一想为什么有的人读武侠小说读得如痴如醉，那是因为他将自己“代入”了那个武侠的世界，或者代入了某个角色，产生了“身临其境”的感受。故事型文案也可以这样做，如左岸咖啡馆的平面广告文案：

《下雨喝了一下午咖啡》

聊赖的午后，我独自走在蒙巴那斯道上，突然下起雨来，随手招了一辆计程车，满头白发的司机问了三次：“要去哪？”我才回过神。

“到……”没有预期要去哪的我，一时也说不出目的地。司机从后视镜中看着我说：“躲雨？”我笑着没回答。

雨越下越大，司机将车停在咖啡馆前要我下车，笑着说：“去喝杯咖啡吧！”他挥手示意我不必掏钱了！来不及说谢谢，计程车已回到车队中。

走进冷清的咖啡馆，四名侍者围坐一桌闲聊着，看到我后立刻起身，异口同声地说“躲雨？”我笑着不知该如何回答。

午后一场意外的雨，让我一下午见识了，五个会“读心术”的人，喝了一下午的咖啡。

读完这些文案，是不是有种“身在其中”的感觉？仿佛你也成为咖啡馆中的某一位客人，咖啡馆的气息、拿铁的香气、隔壁独坐看书的女子，都在你身边。

要想让人“代入”角色，就得先塑造角色。塑造角色，就是在文案（或者文案背后）设置（或隐含）一个（或几个）人物，然后让他（们）开口说话。如阿迪达斯“我的故事系列”就是用这种方法，通过贝克汉姆、阿里纳斯等名人口述的方式让人能够进行角色“代入”。

《大卫·贝克汉姆》

“你将经历一些艰难的日子，但是所有这些终将过去。”我是大卫·贝克汉姆，这是我的故事。

回想 1998 年，我真希望一切都没发生过，当时我的表现简直像个孩子，后来我哭了足足 10 分钟。那时不断有人恐吓我，整整三年半我没有一点儿安全感。这个打击太大了，我几乎想要放弃。后来我在对希腊的比赛中进了球，所有的记者都起立为我鼓掌，能让这些苛刻的评论家为我喝彩，对我来说，这一刻非同寻常。艰难的时候总会过去，只要你能坚持下来！

《吉尔伯特·阿里纳斯》

Hi，我是吉尔伯特•阿里纳斯，这是我的故事。

“If no one believes in you, anything you do is a positive.”当我刚进入NBA时，职业生涯的前40场我是在板凳上度过的。他们认为我打不上比赛，而我想，他们根本没看到我的天赋。他们觉得我就是个0，一无是处。但是我并没有坐在那里怨天尤人，而是不断地训练，训练。 在没有人相信你的时候，你的任何努力都会为自己加分。 这已经不是我能否打好篮球的问题了，而是我要证明他们是错误的。现在我仍然穿着0号球衣，因为我要告诫自己每天都要努力。

技巧3——曲折的情景

一个完整的好故事包括三个关键要素：简单而清晰的背景、人物和互动、曲折的情节。如我们最为熟悉的一个故事“从前有座山，山上有座庙，庙里有个老和尚和小和尚，老和尚在给小和尚讲故事：从前有座山……”，这个典型的故事就包括了三个关键要素：

- 简单而清晰的背景：从前（时间），山、庙（地点）；
- 人物和互动：老和尚、小和尚（人物），老和尚给小和尚讲故事（互动）；
- 情节：老和尚讲故事的内容。

这个故事为什么大家不愿意听，原因就在于没有曲折的情节，无法让听众有很强的投入感。如何设置曲折的情节呢？在这里给大家介绍一个编剧学里的“U型”结构公式：

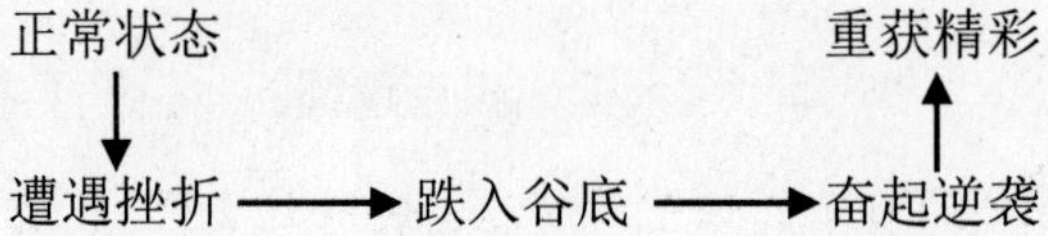

例如，周星驰的电影大家都很喜欢看，而且百看不厌，这是因为他在电影情节设计中很好地借用了“U型”结构。以《少林足球》为例：

第一阶段（正常状态）：一开场，吴孟达扮演的角色是一个年轻的球员，深受大家追捧，集万千宠爱于一身。

第二阶段（遭遇挫折）：因谢贤所扮演的队友嫉妒他，他被陷害踢假球，并在被发现后被人打断了腿，沦为俱乐部卑微的员工，而陷害他的队友则成为了俱乐部的老板。

第三阶段（跌入谷底）：被队友开除，沦为无业游民，在街上偶遇同样因宣传“中国功夫”而屡屡碰壁并沦落到以收破烂为生的周星驰。两人一个为了推广功夫，一个为了曾经的足球梦，开始组建“足球队”，但困难重重，最后心灰意冷。

第四阶段（奋起逆袭）：在心灰意冷的时候，因曾经的情感，少林寺各位师兄弟重聚在一起，组成“足球队”，开始参与训练、比赛。

第五阶段（重获精彩）：最终通过跟谢贤组建的“魔鬼队”决战并艰难获胜，赢得了冠军。

2.2.7　确定文案腹稿，撰写文案

在《创意之道：全球 32 位顶尖广告文案的写作之道》一书中有一段话：“我用我祖母做杂菜汤的方法写文案，我把所有能找到的、有趣的佐料都丢进汤里，然后慢慢地让汤浓缩。刚开始时汤看起来相当稀薄而且不怎么样，不过只要你继续搅拌，最后应该就会煮出浓稠的好汤。”如果说前面的“文案创意”和“文案创作前的准备”是煲制汤前的选菜、洗菜、配菜的过程，那么腹稿一定是在准备食谱。

写腹稿则会清晰地指导你如何通过合理搭配，将平台主张、内容立意、差异化切入点清晰地呈现出来。可以说，写腹稿的过程只需要几分钟的时间，但却能为你的内容创作节省一两个小时的时间。完整的腹稿包括以下几个部分。

1. 用户价值

把用户价值放在第一位，就是想提醒你，时不时问问自己正在创作的这个内容对用户的意义是什么，能带来什么利益。

2. 破题切入

写腹稿破题切入时要回答清楚下面两个问题：第一，我从哪个角度做内容切入；第二，这个切入点有哪些与众不同的地方。

3. 声明立意

立意，是从产品（或平台）角度来说的，不在于作者想通过这篇内容传给用户什么，而是产品（或平台）通过这篇内容与用户做哪些沟通，因为你为产品（或平台）撰写的每

一个字、每一个符号，都代表着产品（或平台）的立场和观点。

4．商业价值

一句话涵盖内容推送想达到的商业价值，当然，不要狭隘地认为只有通过内容实现了销售，完成了交易，才体现了其商业价值。传递了品牌形象，与用户做一次深入人心的沟通，增强用户的黏性……这些都是无形的商业价值。

5．内容节奏

互联网阅读是“快阅读”方式，如手机阅读是以“屏”为阅读单位的，所以在进行内容创作的时候，也要强调以“屏”为单位进行文章创作、内容梳理（尤其是以手机为传播载体的内容文案）。图 2-25 展示的是较为理想的内容结构，你可以根据内容需要，安排图中所勒出的六部分内容所占的屏幕单位篇幅。

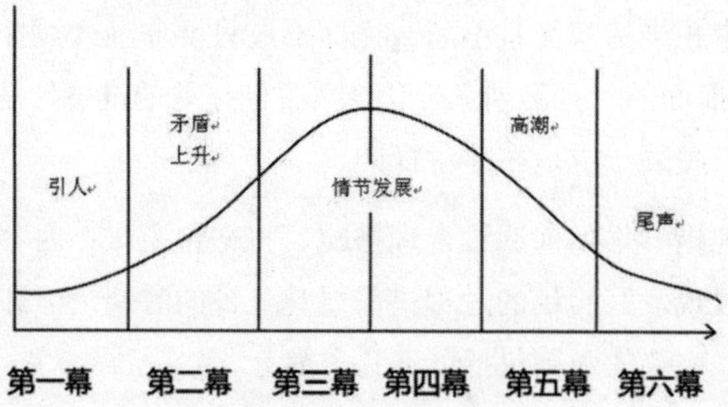

图 2-25 内容结构设计

对于内容情节的设置，其实我们可以参考一下戏剧的剧本情节结构。戏剧是反映现实生活冲突的，“没有矛盾冲突就没有戏剧”。矛盾冲突有一定的发展过程，这个过程就构成了剧本的情节结构，可以分为：（序幕）开端→发展→高潮→结尾（尾声）。

- 第一屏引入；
- 第二屏矛盾上升，把读者完全吸引到内容中，很多读者翻到第二屏后，如果内容无法激发起阅读兴趣，就会选择关闭页面或转跳到其他页面；
- 在第三、第四、第五屏里，完成文章主题部分的陈述，内容是否有料，关键看这部分是否饱满；
- 第六屏以后进行文章收尾创作，作者在此得出结论，提出与读者互动的问题。

6. 素材罗列

有的放矢是我们进行内容创作的时候经常使用的一种方法。为了更好地证明我们的思维，就需要把搜集和存储的案例、故事、理论罗列出来。

7. 创作者的情绪和身份

著名演员陈道明在拍摄电视剧《楚汉传奇》时，只要是在片场都穿着戏服（即便没有他的戏），并且全程都是站着不坐下休息。他为什么这样做？陈道明说他怕脱下戏服或坐下来休息的时候，再次拍摄时没办法进入其所扮演的刘邦这个角色。这就是影帝陈道明表演的一个小技巧，这个技巧同样适合于内容文案人。在文案创作之前，明确你想要引起读者什么样的情绪共鸣，而内容创作者自己要先进入那个情绪氛围中，这样，你创作的文案流淌出来的情绪才是你想要表达的情绪，才能自然地感染到读者。

2.2.8　新媒体销售型文案撰写

美国的拉维奇和斯坦纳曾研究“电视广告怎样起作用”并提出了一种理想化的模型，该模型认为消费者对于产品从认知到购买的过程由三部分组成：认知—情感—行为，简称 L&S 模型。其中在认知阶段，广告主要是为了告知信息和事实，如 XX 品牌产品有什么功效，其目的是让消费者从“察觉”到“知道”；在情感阶段，广告主要是为了改变消费者的态度和增进情感，其目的是让消费者产生“联想”和“偏爱”；在行为阶段，广告的主要目的是激发和指引购买欲望，这是购买行为的最后一个阶段，其目的是让消费者产生“确信”和“购买”。

在这三个阶段中，文案的表现方式是不一样的，“认知”和“情感”阶段的文案，以告知、说服、沟通、教育受众为主，让消费者在最短的时间内对产品（或品牌）留下最深厚的印象，这样的文案多为品牌传播型文案。前面所说的大部分文案都是品牌传播型文案，在这里我们重点说一下以让受众产生购买行为为目的的销售型文案。

销售型文案无论长短，都具有以下特点：

第一，给出立即购买的理由。

销售型文案目的是为了刺激受众产生购买行为，而很多时候消费者购买是需要一个理由的，因此销售行文案必须包含一个购买理由，可以是降价促销，如五折优惠；可以是场景刺激，如情人节需要购买鲜花和巧克力；也可以是产品功效，如面膜能让你美白。

第二，制造紧张感、稀缺感。

消费者只有在有压力的情况下才更愿意产生购买行为，因此销售型文案应该能制造一定的紧张感或稀缺感，常见的方式有类似于“活动仅 3 天”、“限前 100 名”的文案，通过活动时间、参与人数、产品数量的限制，或者直接用倒计时的方式来增加紧张感。

第三，有明确的购买指引。

在销售文案中，最容易忽视的就是“购买指引”，但人在阅读内容的时候，很多时候都是被内容作者“牵着走”的。如果你的文案没有这一步，他们很可能会在阅读之后不产生购买行为，因此销售文案中一定要有明确的购买指引。

关于销售型文案撰写的方法有很多，我根据自己的经验，将其归纳为六个步骤：

- 破：破除旧观念
- 立：为什么要选择本行业或本产品
- 我：我的产品在本行业里有什么相对优势
- 值：价值分析，列出价值及可行性
- 价：报价及成交设计
- 动：呼吁行动

整个成交流程是一个步步为营、环环相扣的精密系统，使用这套流程就可以进行成交型文案操作了。

1. 破除旧观念

请考虑一下，人们为什么要购买一件商品呢？很多时候一定是人们感觉自己有一些需求没有满足，或有一些问题没有解决。所以，没有“不满足的需求”就没有“购买”，没有“未解决的问题”就没有“销售”。

也就是说，这就要求写作销售型文案的时候，需要破除旧的观念，制造不满意。想说服别人，让别人相信“他自己错了”，这是一件很难的事情，因为每个人都不由自主地想“证明自己是对的”，这是潜意识的基本规律。

另外，即是一个人真的做错了，他也会想办法找个理由，说服自己，让自己相信这是对的，错的永远是别人。这种现象从社会心理学上说，叫作“自我服务偏见”。

“自我服务偏见”这种现象非常普遍，几乎人人都有，因此要想说服别人，让别人相信观念是错的，是非常不容易的。并且我们不能直接批驳别人的观念，告诉别人“你的观念是错的”，而是应该利用“自我服务偏见”，把“批驳的矛头”指向“第三者”，为“错误”找一个替罪羊，实现“曲线救国”。

也就是说，一个完整的“破除旧观念”的办法，应该包括以下三个方面：

- 你的现状是有问题的；
- 这个问题不是你的错；
- 错在你缺少某个东西，或者有个“第三者”在破坏你。

例如，我的一个女性朋友在微信朋友圈发的内容（见图 2-26），我觉得是个典型的销售型文案：首先是阐述你的现状出现了问题（你的身材不好），其次说这个问题不是你的错（是生小孩的原因），最后是你现在出现这种现状的错是因为你缺少某个东西（不舍得花钱，对自己不好）而造成的，而且绝妙的地方在于通篇都没有销售产品，让人觉得这不是在做广告，而是在说事实。看到下面这段文字，相信很多身材不太苗条的女人改变了原有的观念，在想为什么我不能好好地对待自己呢？

图 2-26　销售型文案例子

2. 确立品类

上面利用“第三者”来破坏旧观念的技巧非常常见，也比较有效果，甚至可以说百试百灵。俗话说“先破后立，不破不立”，接下来我们就应该把新的观念、新的思维填进去。当然，当你要向别人展示自己是多么厉害的时候，千万不要一上来就谈自己有什么特长，自己有什么优点，而要巧妙地“借力”。

（1）为什么要选择本行业或本品类

夸自己也要有技巧，那就是：要夸儿子，先夸老子。换句话说，你不要直接描述自己多么好，而是要先告诉别人你的背景有多大，后台有多硬。比如，当想要介绍一个产品有多好时，不要先说产品本身，而是要说这个产品的背景。例如图 2-27 是我在微信上写的一篇成交型文章，在这篇文章中，我并没有直接夸这个面膜多么多么好，而是说这个面膜的背景：“国务院国资委直管企业中国医药集团研发生产”“明星王丽坤代言”“央视广告轰炸”等。尽管我没有说面膜的品质多么多么好，但是这些品牌背景给了我最好的证明，并且更让人信服。

图 2-26　成交型文案例子

（2）用品牌表达品类

在前文中，我已经说过，消费者购买你的产品主要有两个原因：要么品牌优势比较明显，要么品类独家占有。前者我们在刚才阐述过了，现在我们说说品类独家占有。

在很多情况下，消费者购买产品是用品类来思考的，如我们口渴了会买水，可以买纯净水、果汁、凉茶、可乐等，但是当我们到了小超市跟服务员说的时候，我们会说“请给我一罐王老吉”，而不是说“我想要一罐凉茶”。他之所以这样脱口而出“王老吉”，而不是“凉茶”，那是因为，在他大脑中的“凉茶品牌阶梯”里，王老吉排在第一位。对他来说：王老吉就是凉茶，凉茶就是王老吉。

因此，产品之争，实质上也是品类之争。所以对于微商企业来说，首先要做的一件事情就是“确立一个让自己立即成为第一的品类”，然后要告诉别人，这个品类是最合适的，而我的产品是这个品类中最好的。例如“云南白药”，它就确立了自己是药物牙膏，而非普通牙膏这个品类，然后告诉口腔有问题的消费者，这个药物牙膏就是最适合你的，而药物药膏中最好的品牌就是“云南白药”。

3．确立品牌优势

当我们确立了品类之后，接下来该考虑我自己的产品在这个行业有什么样的优势，这个是别人为什么选择你而不是你的竞争对手的原因。例如无论我是在运营“佛之缘”佛珠饰品，还是在运营面膜，我之所以要运作它，是因为我能获得第一手资源，他们给我的价格是最低的（而且相比市场售价具有明显的优势），这是我代运营它们的原因，自然也是我向微友们展示我的产品在行业中的优势，让别人选择我的原因。

4．价值分析

完成上面三个步骤，才刚开始进入正题，接下来，你要花大篇幅来深入分析产品的具体好处及价值，以及是否适合当前的微友。对于产品价值分析，可以从以下几个方面入手。

- 渊源介绍：品牌拥有多长的历史背景，是否祖传，是否有强大的企业支撑；
- 效果见证：通过案例来阐释效果，例如面膜可以用使用前和使用后的效果进行对比；
- 盈利潜力：如果是招微商代理的话，需要阐述盈利潜力有多大，这是代理商最在乎的；
- 成功案例：多说一些成功的案例，让人信服。

5．报价及呼吁行动

最后自然是具体的产品报价以及呼吁大家行动了，在这里我需要强调的是，对于高价产品，最好是采取“货到付款”的方法，这样可以减轻消费者的心理承担风险。

总之，一个优秀的成交型文案，用通俗的话来说，就是要解决六个问题：

- 我有什么不满意的地方吗？
- 我应该选择什么类型的产品呢？
- 这个产品是这个类型中最合适我的吗？
- 这个产品的具体形象是什么，值得我现在买吗？
- 它到底多少钱，贵不贵？
- 我现在买有什么好处吗？如何购买？

第 3 章

微信公众号文案修炼

微信公众号自2012年8月诞生以来，发展非常迅速，短短两年时间用户已超1000万，平均每70个人中就有一个人拥有微信公众号，成为新媒体下最热门的风口。那些微信大号动辄数十万元的盈利传奇，吸引着一批又一批内容写作者前仆后继。除了自媒体人，几乎所有的公司和企业也纷纷开设公众号，想从社交传播红利中分一杯羹。另一头，今日头条、百度百家等竞争对手大花钱广撒网，期待自己能成为下一座新媒体山头的那片天。随着新媒介载体的变化，微信文案逐渐兴起。

写一篇阅读量“10万+”的微信内容，对所有在微信公众号上运营的品牌来说，都是很大的加分项，相当于斩获一次成功的传播，但不要迷信“10万+”文章所带来的影响力。尤其像之前所说过的，它只是你一次偶然创作的“爆款”，甚至并不能提升粉丝数量、增强粉丝黏性。可见在新媒体平台上做好互联网内容，并不是一件很容易的事情。那么什么样的微信文案称得上好文案呢？相关机构对数以万计的内容消费者进行调查，他们认为判断一篇文章是否是好文案的标准依次是：

- 专业、逻辑清晰、有理有据
- 有自己的观点和立场
- 内容来源渠道具有权威性和公信力
- 深度解读和独家爆料
- 风格比较娱乐轻松
- 图文排版比较精美
- 朋友圈都在疯狂转发

可见，微信文案要想做好，重点仍然应该放在切实做好内容本身，将内容精品化，做到精致、精选、精编、有用、独家。那么，如何打造高质量的微信内容文案呢？

3.1 规划好微信内容

写一篇互联网文案，可能我们会问其目的是什么，但对于微信内容运营而言，其实根本不需要去思考“微信内容营销的目的是什么”，因为微信公众号是一个自媒体平台，在其平台上进行内容营销的本质跟商业目的是一样的。犹如办一本杂志，从一开始它的商业模式就与它的内容息息相关、环环相扣、密不可分。它所涉及的领域，就是它要打造的场域影响力；它的内容走向，取决于它想要传达的理念和商业目的；它的内容品质下降，直接影响的就是它的销量；它的受众与客户的建立，就是靠它每期所传达的内容而决定，也靠它长期的内容形象而决定。因此，对于微信内容营销的目的，早在微信公众平台搭建的时候就已经规划好了。我们不可能在一个定位于美妆的微信平台上写关于职场工作的主题，除非你的切入点是职场人士该如何装扮。

微信内容营销，不是写一本书、写完一本就算了，而是应该具备办杂志的精神，一期一期地做下去。每一个做微信内容营销的伙伴，都该把自己当成一个杂志总编辑，去好好构思你要呈现的样貌、风格、文风、立场和角度。

所谓商业目的无外乎扩大产业影响力、增加议题讨论度、提升品牌认同感，进而推动销售顺畅、提升知名度与业绩。根据这一目的，如何安排规划自己的内容呢？总结下来就四个字：教、学、享、深。

1. 教导式内容

微信公众平台跟杂志一样，人家为什么要订阅你？是因为你能满足读者对未知的需求，即你的微信内容的第一个方向是：教。要教人，必须具备以下两个条件。

第一，专业能力。就是你要有本事教，所以你在该领域的专业能力一定是最重要的基础，要不然很容易被人打脸。

第二，表达能力。很多人会做，但不会说、不会写、不会教。你的表达有没有到位？有没有办法让外行或新入行的人了解？要思考出让人即使不能学会，也能了解你很厉害的表达方式。

教导式内容也是市场上最需要、最缺乏的一种内容，这种内容永远不怕过时。这里要特别说明一下，微信内容追求的不是“已经讲过了”，而是“你有没有讲过”，不是“很多人知道”，而是“人们是不是从你这里知道”。因此心态上应该具备三点：

（1）讲过很多次，但一定有人没听过；

（2）很多人听过，但一定有人没听懂；

（3）很多人听懂，但许多人已经忘了。

所以不要担心有人讲过，而是应该担心能不能讲出自己的特色。

2. 学习式内容

所谓学习式内容是指成长历程式的内容，通过你正在学习一段新东西的过程，分享你在这其中的体悟与心得。如你正在学做饭，你是新手，因此你会遇到的问题，许多新手也会遇到，所以你做了许多功课，一一地解决了这些问题，并把这个从无到有的过程整理出来，通过文章或视频的方式来分门别类地分享，这就是一种成长过程的记录。

在分享的过程中，你不仅有机会接触到更多与你有同样问题的新手，更可能会有许多人来指正、解决你的问题。这种形式的微信内容，不仅是学习上的共鸣，更是一种你的学习态度的展现，而这种态度，就会得到别人的尊重。

3. 共享式内容

这种内容是互动式内容，一般像共创、募集与合作内容等都属于这种类型，主要是指与外部一起创造的内容，如搜集粉丝们的问题进行回答，募集使用者的心得进行分享，或是特别开设一个主题，邀请大家回答后整理出的内容，都属于共享式内容。其目的是为了让你触及更多族群，拓展你的内容影响力，增加内容的多元性。

做微信内容有一点很重要，就是千万不要自闭，不要一个人玩或一小群人玩，一定要以开放式的精神来思考你的内容创作。不仅是与你的粉丝、客户，更多的是与陌生人之间的合作，都会是很重要的内容规划。当你把粉丝、客户和陌生人当成内容的一部分时，你会发现你的内容营销充满了温度和人情，还增加了更多的感性和互动。

4. 深度式内容

深度式内容有两个方向：一个是深度的内容，一个是整理过的内容。在规划微信内容时，一定要将深度式内容思考在内。光是内容的深度，就足以左右你的内容方向。

3.2 有一个吸引人的好标题

为了阐述标题的重要性，先跟大家说一个案例。咪蒙，相信从事自媒体的人应该再熟悉不够了，或许很多人还是咪蒙的铁杆粉丝。作为自媒体人，咪蒙是极为成功的。咪蒙在自己的朋友圈透露，截至 2016 年 1 月 1 日，咪蒙公众号的用户量已经超过 200 万。回想她的公众号以黑马之姿杀出千万重围，5 个月内获得 200 万粉丝，任谁都眼红。现在我们来看看，自 2015 年 9 月 15 日写第一篇文章到 12 月底，咪蒙一共发了 70 篇文章，篇篇文章阅读量 10 万+，有些超过百万。咪蒙究竟都写了什么让她名声大震？在此，我们例举如下。

2015 年 9 月发表了 9 篇文章，如：

- 《女友对你作？你应该谢天谢地，因为她爱你》（9 月 15 日）
- 《最高级的浪漫，就是柴米油盐鸡毛蒜皮》（9 月 17 日）
- 《你为什么是外貌协会的？》（9 月 23 日）
- 《十一长假宅在家里看什么剧？》（9 月 25 日）
- 《如何对付爱搞暧昧的男人？》（9 月 26 日）
- 《〈港囧〉：斗小三的正确方式是，你要有很多很多钱》（9 月 28 日）
- 《十一长假，躺在床上看什么片子好呢》（9 月 29 日）
- 《不能上升到金钱的爱都不是真爱》（9 月 30 日）

……

2015 年 10 月发表了 15 篇文章，如：

- 《〈夏洛特烦恼〉：男人为什么总想自己的初恋？》（10 月 2 日）
- 《女人年轻的时候首先该干嘛？先挣钱！》（10 月 5 日）
- 《是时候谈谈婚礼这件小事了》（10 月 9 日）
- 《最可怕的是，那些富二代比你还努力啊》（10 月 12 日）
- 《<琅琊榜>：比玛丽苏、杰克苏更高级的是，梅长苏》（10 月 13 日）
- 《异地恋怎么才能成功呢？》（10 月 15 日）
- 《〈康熙来了〉教坏了我们的那些事》（10 月 17 日）
- 《长得丑该怎么办？》（10 月 19 日）
- 《你觉得为时已晚的时候，恰恰是最早的时候》（10 月 29 日）

……

2015 年 11 月发表了 23 篇文章，如：

- 《我喜欢这个功利的时间》（11 月 1 日）
- 《看书是我治疗自卑的唯一方法》（11 月 5 日）
- 《现在女人最流行的耍帅方式是……》（11 月 6 日）
- 《那些年，我们这些没人追的女孩》（11 月 9 日）
- 《成为一个女神，到底要花多少钱？》（11 月 10 日）
- 《你的美貌不如你的热闹》（11 月 12 日）
- 《对不起，我没有时间讨厌你》（11 月 13 日）
- 《告诉孩子，野蛮是一口吐向天空的痰》（11 月 16 日）
- 《当你讨厌一件事，你要问自己一个问题……》（11 月 17 日）
- 《我，一个矮子的史诗》（11 月 18 日）
- 《做你喜欢的工作，还是世俗意义上的好工作？》（11 月 20 日）
- 《我承认，我就是个没尊严的吃货》（11 月 21 日）
- 《所谓情商高，就是懂得好好说话》（11 月 22 日）
- 《过度谈论自己的孩子，就是没修养》（11 月 25 日）
- 《如何写出阅读量 100 万+的微信爆款文章？》（11 月 26 日）
- 《夫妻间最大的矛盾是什么？阶级！》（11 月 27 日）
- 《只要前任老死不相往来，世界将变成美好的人间》（11 月 28 日）
- 《80 本最棒的幼儿绘本推荐》（11 月 29 日）
- 《也许这个时代恰恰需要偏激》（11 月 30 日）

……

2015 年 12 月发表了 23 篇文章，如：

- 《当我说“你吃饭了吗”，我说的是“我好想你啊”》（12 月 1 日）
- 《别扯了，这世上根本就没有怀才不遇》（12 月 2 日）
- 《女人到底想要什么样的惊喜？》（12 月 3 日）
- 《当我们 PS 照片的时候，我们在想些什么》（12 月 7 日）
- 《为男人付出多少？底线是：你要输得起》（12 月 8 日）
- 《为什么我们要这么拼？》（12 月 10 日）
- 《致贱人：我凭什么要帮你》（12 月 12 日）

- 《富二代拼爹不公平？其实很公平》（12月14日）
- 《作为老板，今天我又哭着下班了》（12月16日）
- 《很抱歉，我只对我喜欢的人善良》（12月17日）
- 《我不要你风光，我只要你健康》（12月18日）
- 《我是因为你，才爱上了这个世界》（12月21日）
- 《是的，我更喜欢努力的自己》（12月22日）
- 《当我们在乎节日的时候，我们在乎的是什么》（12月23日）
- 《有一种礼物，叫男朋友送的礼物》（12月26日）
- 《能在职场耍帅的女人才酷炫》（12月27日）
- 《我是如何成功地把一家公司开垮的》（12月28日）
- 《我们得成功点，才能让孩子可以不成功》（12月29日）
- 《是的，我就是喜欢钱》（12月30日）
- 《男孩要穷养？你跟孩子多大仇啊》（12月31日）

……

看完这些标题感觉怎么样？是不是都有好想点开标题看看的冲动？一个好的标题不仅仅能帮助你解决用户“打开率”的问题，还能激发出人们分享的欲望。如咪蒙一篇非常有名的文章《致贱人：我凭什么要帮你》，看到这篇文章，你是不是感同身受，是不是很想将这一观点和态度作为自己的观点态度表达出来？

微信内容创作，标题是很重要的。其实，无论哪一种形式的文案，比如广告，读者的第一印象（如他们看到的第一个影像、读到的第一句话或听到的第一个声音）是决定这则广告成功或失败的关键。假如第一印象是无趣或跟自己没有相关性，那么，这则广告不可能吸引受众；但如果这则广告提供了新信息或有用的信息，或承诺看完这则广告文案会带来好处，那么受众肯定愿意停留下来，继续阅读下去。到底什么是“第一印象”呢？

- 对于平面广告，第一印象取决于标题和视觉设计；
- 对于宣传册，第一印象取决于封面；
- 对于电台或电视广告，第一印象取决于播出的前几秒；
- 对于公关新闻稿，第一印象取决于标题和开篇文字；
- 对于商品目录，第一印象取决于封面；

- 对于产品说明会，第一印象取决于前几页幻灯片或活动挂图；
- 对于公司网站，第一印象取决于首页设计；
- 对于电子邮件广告，第一印象取决于寄件人和主题栏。

无论你的内文文案多有说服力、产品有多优秀，如果无法吸引消费者的注意力，就无法成功，能够赢得注意力的标题才是广告成功的关键要素已经得到大部分广告专家的认同。标题写得好，几乎就是广告成功的保证；相反，就算是最厉害的文案写手，也救不了一则标题太弱的广告。如大卫·奥格威所说："标题在大部分的广告中，都是最重要的元素，能够决定读者到底会不会看这则广告。一般来说，阅读标题的人数是阅读正文人数的 4 倍。换句话说，你所写的标题的价值将是整个广告预算的 80%，假如你的标题没有达到销售效果，那么你可以说是已经浪费了 80%的广告预算。"

所以，要将产品最吸引人之处，也就是消费者最关注的内容体现在内容文案标题中，体现在最显眼的地方。

3.2.1 好的标题就是满足"好奇心缺口"

"好奇心缺口"这个说法来自美国卡内基梅隆大学行为经济学家乔治·洛温施坦，他认为：当我们觉得自己的知识出现缺口时，好奇心就产生了，有缺口就会有痛苦，当你想知道一件事却没实现的时候，就好像身上很痒总想伸手去挠一样，要解除这种痛苦，就得填满缺口。

每个人的认知和见闻都有缺口，但并非人人都能意识到，所以，一则文案的标题，应该具备这样的功能：先让读者意识到"缺口"的存在，让读者意识到他们需要知道些什么，让他们先感到"痒"，他才会去挠痒。

就文案而言，最有效的"缺口"是向读者承诺了利益的标题，类似"这样做小龙虾会更好吃"这样的表达永远最容易吸引消费者继续阅读，尤其是那些有实际需求的消费者。这类标题可以参考公式来写：怎么做+可能得到什么好处。如下面这则受到奥格威盛赞的痔疮药广告：

给我们寄钱来，我们给您治痔疮；要不就留着您的钱，也留住您的痔疮。

要明确地将受众想要的结果提炼到标题上，不要将你的“卖点”雪藏起来，如下面这两个标题：

《鲜为人知的交易秘密武器 XXX》

《鲜为人知的交易秘密武器 XXX，让您获利 5 倍以上》

明确给出实际的好处，如：

《便宜便捷的在线课程 XXX》

《如何通过 XXX 在线学习省下 9 成培训费》

与其说便宜，不如直接说能够帮助消费者省下多少钱。

要想打开读者的好奇心缺口，不妨试着像写新闻那样写标题。使用“令人惊异的”“强烈推荐”等词汇。不要小看这些词，它能够直接刺激人们的神经，激发兴趣。

3.2.2 常见标题设置技巧

美国著名的营销大师亚伯拉罕曾说过：“在进行内容营销的时候，我们要花 60%的时间去研究标题。”那么如何撰写一个好的标题呢？

1. 提问式标题

目前，优秀的自媒体内容运营者，基本已经摆脱了公式化的作风，他们在发挥原创性，提出全新的表现方式，这其实是可以理解的。但对于很多文案创作人员来说，也要切记，身为文案写手，我们应该是销售人员而不是艺术家，你的工作不是创作文学作品，而是要吸引大家点击阅读，甚至产生购买。前面说过，人们是会对新奇的事情产生期待感的，提问式的标题则正是满足了这一需求。

在微信内容创作过程中，有一个技巧，那就是在网络上发布新闻的时候弄成提问的形式，以问号结尾，如《如果可以回到 10 年前，你想改变什么？》《如何通过朋友圈内容快速定位女神经常出没的地点？》《如何写一篇阅读量“10 万+”的公众号内容？》等，以下这些标题都是《纽约时报》杂志最受欢迎的文章，且看它们的标题：

《整天坐着不动会死人吗？》

《你每天最少该保持多少睡眠时间？》

《糖有毒吗？》

《最适合单身贵族的运动是什么？》

《手机会致癌吗？》

这些都是提问式标题。《纽约时报》用什么来判断文章受欢迎的程度？是读者写的信吗？还是读者参与的投票？都不是，是点击量，就是通过点击标题跳转至页面的过程。尽管无法确认每次点击都代表一个受众阅读了该页面，但点击量的多少至少可以说明阅读量的多少。

2．悬念式标题

总结目前自媒体人的内容撰写手法，在标题设置过程中，除了提问式标题之外，悬念式标题也是内容制造者经常使用的一种方法。跟提问式标题一样，悬念式标题也是满足了人们好奇的心理。事实也证明，人们对一些不解之谜还是充满好奇的，毕竟我们阅读内容就是为了满足我们的求知欲，让我们能够了解未知的事情。所以，如果标题能引发好奇，一定会吸引人点击观看的。例如《美国公布决定人类寿命的 6 大因素，排名第一的居然是它》《刚出差回来，老婆竟然和一个陌生男子在床上……》《这个男人竟然让 125 个女人心甘情愿地和他住在一起》等，看到这样的标题，是不是很大程度上吸引了眼球，让你想探个究竟？事实证明，悬念式标题确实能吸引人，如曾经有一个大咖主编写了一篇文章《月入 3000 的文案和月入 30000 的文案的区别》，结果这篇文章在朋友圈里广为流传，最终点击量超过 400 万次。

3．数字式标题

“懒惰”是人的本性，对于绝大多数人来说，人人都爱捷径，我们更乐于学习和分享别人总结出来的东西，而数字式标题则是对内容总结的最好的描述。如《46 条没钱的体验，哪一条戳中了你？》《2016 年豆瓣评分最高的电影排行榜 TOP50》《7 个小动作让你搞定女神》等。

除此之外，人们天生就对数字非常敏感，尤其是一些夸张性的数字，往往会加重标题内容的神秘感。如《这样的教授才是中国的脊梁（其演讲被 127 次掌声打断）》《这个视频太精彩了，3 分钟，19 次尖叫》，看到这样的标题，相信大家一定想看看，是什么样的内容如此有魅力。

4．颠覆式标题

接受中国教育十几年的人们，已经接受了太多的“约定俗成”的事情，这些在传统媒体时代可能被很多人认可，然而在互联网时代，很多约定俗成的事情已经不能满足充满个性的年轻人了，全新和颠覆性的观点对他们来说更具有魅力。如李尚龙出版了一本名为《你所谓的稳定，不过是在浪费青春》的书，看看这书的名字，是不是很“颠覆”，很具有吸引力？自媒体人咪蒙特别善于颠覆式标题内容的写作，如《那件难以启齿的小事，叫梦想》《我是如何成功地把一家公司开垮的》等。

颠覆式标题在一定程度上就是故意制造敌对的立场，通过这种预设的立场引起用户的争议和讨论，从而制造热点。当然很多人在应用这种手段的时候因敌对而敌对，演变成“没事找抽”型标题，如《深圳房价才 10 万，这也太低了》《邓某某滚出娱乐圈》等，这样的文章确实能吸引受众的眼球，但也会遭到很多的非议。

5．角色“设置”式标题

角色“设置”式标题其实质就是借助名人之口阐述某一观点，因为不少人都崇拜权威，而名人则是权威的最好代言人，这种内容制作模式在自媒体中应用非常广泛，打开朋友圈，我们经常会看到很多名人“说”的心灵鸡汤。如在 2013 年王菲李亚鹏离婚的时候，在互联网上有一篇关于“陈道明评论王菲婚姻”的文章广泛流传，后来陈道明亲自证实这篇文章根本不是他所写。很明显，这篇文章是某个作者“借用”陈道明的角色所阐述出来的。

6．蹭热点式标题

新闻热点是指某段时间受众最关注的热门事件，也是人们经常在平台上谈论甚至刷屏的事件，对于这样的热点性事件，每一个人都不会忽视，否则你就没办法参与到别人的话题中去。因此，每次与新闻热点话题有关的内容与生俱来就会吸引不少人的浏览阅读。如《港囧》2015 年 9 月 25 日上映，咪蒙 9 月 28 日写了题为《〈港囧〉：斗小三的正确方式是，你要有很多很多的钱》的文章，阅读量很快超过百万；2015 年 9 月 30 日，《夏洛特烦恼》《九层妖塔》等影片上映，咪蒙在国庆期间也立刻跟进，写出了《〈夏洛特烦恼〉：男人为什么总想自己的初恋？》《〈九层妖塔〉：妖你妈啊！》等蹭热点式标题文章。

7．观点式标题

追热点容易遇到一个大问题：大家都在追，内容都是一个模子刻出来的，容易产生审美疲劳。这时候另辟蹊径很重要，最有效的方法就是：切入点要独到。因为热点话题一出来，所有公众号都会写，对于命题作文，不能人云亦云。

读者之所以阅读你撰写的内容，大部分情况下是为了获得某些知识，当然这些知识可能是有用的，也可能是有趣的，无论哪种，内容的信息价值性才是受众愿意读下去的理由。既然这样，内容创作者将内容的观点总结出来变成标题，一定会吸引受众的兴趣。如当其他公众号讨论影片《夏洛特烦恼》有多好笑的时候，咪蒙冒出的一篇文章《〈夏洛特烦恼〉：男人为什么总想自己的初恋？》，以及咪蒙最知名的一篇文章《致贱人：我凭什么要帮你》，这些都是观点式标题文章。

3.2.3 CBI 标题法

设置标题的技巧有很多，本文不一一介绍，大家自己去领悟和总结，在这里重点介绍一种最有效的标题升级优化方法：CBI 标题法。

1．C（connection）标题要与读者建立身份关联

C 是指与用户建立联系，标题要让读者第一眼就能识别，这篇文章是写给“我”的，是与“我”有关的。在一轮又一轮信息浪潮的冲击下，用户每天接触的信息已经大大超出其消费极限，在此情况下，用户更多地选择与自己关联的内容阅读。如果你生产的专业内容是给特定的人看的，一定要直接圈出这些人，让你的标题更有指向性，如：

《互联网运营人员必备：常用工具 18 款》

《月薪 3000 的文案和月薪 30000 的文案的区别》

《爸爸带孩子真有那么糟吗？居然被红牌罚下》

《穿高跟鞋脚不痛的小窍门，每个女孩都应该知道》

2．B（benefit）标题要给读者明确的利益承诺

如果文章是对用户有价值的，请把价值承诺明确地写进标题。把自己当作雪中送炭的

热心人士，在标题中告诉用户这篇文章能给他带来什么收获。

《43 页精华 PPT！从零开始把内容运营讲透了》

《10 张 PPT 干货，教你写出一流的文案》

《一张图，带你看懂十九大报告》

《房子过户给子女，哪种方式最省钱》

3. I（interesting）内容能引起读者七情六欲中的某些共鸣

猎奇、色欲、贪婪、悲伤、恐怖、暴怒、懒惰、自负、傲慢……一个标题的最高境界，是与人性的种种欲望做沟通互动。当然，人性中最容易被利用的是猎奇和懒惰，利用一个事件，引发读者好奇心，放大功效，提供一个速成的解决办法，如《30 天丢掉字幕追美剧》就是利用人性的懒惰。此外，引起共鸣的其他方式还有下面这些。

- 人性好奇：《这家三平米的小店，靠什么一年赚 3 个亿》《卖掉自己的微信号？这门生意让“90 后大妈”团队流水过亿》
- 人性恐惧：《柴静：为出生就患肿瘤的女儿，我必须说说雾霾的恐怖……》
- 人性惊奇：《我们利用这三点，一个月把“冷门”写出了 10 篇“百万+”》
- 人性贪婪：《关于手机网络传播，我整理了 96 条新的》

指向沟通对象，展现利益承诺，调动情绪引发兴趣，是 CBI 标题法的三大核心，它能够让你无限接近好标题，当然，这三大核心并不是完全独立的，可以尝试 C+B、B+I、C+I 的自由组合。如果一个标题能同时做到其中两点，那就能成为一个 80 分的好标题，如果三者都达到，那绝对是一个好标题。

3.3　内容具有吸引力

3.3.1　有自己的思维观念

新媒体是人与人之间的连接器，人格化内容平台的另一个魅力就在于：生产者和内容者之间可以互相交流观点，进行观点情绪的沟通。这就要求内容创作者必须是一个有思想的人，具体体现在在撰写内容的时候，需要有自己的思维观点。试想一下，如果内容剥离了那些主观因素，让信息表达变得中正而客观，那么人们看新媒体的内容与阅读报纸和看《新闻联播》有什么区别呢？

人为什么阅读？无疑是因为对未知的好奇和探索，它能拓宽读者的认识边界，它能让处于未知的人们知道，这个世界上还有其他人以完全不同的精彩方式在生活，它能让我们对眼中的世界有不同的看法。有一篇报道说六神磊磊本人和他的文章一样有趣，但他很郑重地说："我希望自己拥有弘扬主旋律的前提，这就是新锐。新，就是用心地思考来解读主旋律；锐，就是用锐利的角度来弘扬主旋律。新锐是一种思维方式，弘扬的仍然是主旋律，是社会主义核心价值观，这是我一切写作的出发点。"

要记住，自媒体人进行内容运营的目的是塑造自己的价值锚，这就要求在创作内容时做到：有观点、有态度。尤其是在一些含有争议性内容的稿件中，内容创作者一定要有自己的观点，表明自己的态度。因为只有这样，受众才知道你是一个什么样的人，才认为你是一个有血有肉的人。

当然，这也并不是说内容运营者必须有不同的意见，甚至为了突出自己的意见而变得偏激，别人赞成的自己就反对，别人反对的自己就赞成。这种情况我在营销领域中见到很多，很多营销人为了让自己显得与众不同，或者技高一筹，经常在面对某些争议性事情的时候，他们就持相反意见，尽管我知道任何事情都有两面性，但这种极端的做法还是不妥的。

总的来说，在进行内容创作的时候，内容文案要表明自己的观点、自己的态度，即让读者能见到你的思想、观点和态度，当然要做到这一点需要一定的技术水平。

只写故事没有共鸣的那是"故事会"，只发资讯不发表观点的那是"新闻台"。

3.3.2 满足消费者的需求

关于"渠道为王"是否成为过去的争议还停留在耳边，互联网的发展已经到了花钱买流量的阶段。正当我们刚养成为流量付费的习惯时，"人人皆媒体"的新媒体变化让受众有了更多的选择。人们在享受"信息丰富"便利的同时，也在忍受"信息过载"的困扰，甚至为此感到不堪重负。看看你所关注的微信公众号，是不是发现你存储的信息越来越多，消费的内容越来越少？据美国皮尤研究一项最新调查数据显示：一个网络用户平均每天接受的信息为 54000 个单词，长度相当于一部长篇小说；443 分钟的视频，相当于 4 部好莱坞大片。但人一天又有多少时间用来“消费”这些内容呢？

当我们不可能消费掉所有的内容，终将留下“遗憾”时，受众索性主动“做减法”，根据信息的“有用”还是“没用”进行筛选，并在“有用”信息中选择更有价值的内容来进行阅读。内容价值大，受众停留的时间就越长，内容价值小，受众停留的时间就越短，内容如果“没用”，受众则直接选择离开，信息的主动权进一步移交给了受众。“内容消费升级”让竞争发展到了争夺用户时间的阶段，时间成为内容消费最重要的指标。你的内容要想留住受众，就要让受众觉得“值”，即内容需要具备时间价值。内容的时间价值体现在以下两个方面。

1. 帮客户“杀”时间

数据显示，受众进行内容消费的七大场景依次是：睡觉前、办公室、晚饭时、午饭时、上厕所时、早上醒来后、公交或地铁上。在这些场景中，除了办公室，其他都是无聊、烦闷、空虚的时间，受众通过阅读来“杀”掉这些时间，这样的内容以轻松愉悦为主，适合于全民阅读，在无形中让读者精神放松，也帮助人们缓解生活和职场中的一些心理压力。用户在订阅和关注这些新媒体平台时，即没想过要从他们那里学到什么，也没有想过要从中受到什么启发，只是觉得有些话说到心底了，有些段子从他们口中演绎出来还是挺特别的，或者对其做出了某些自己永远也不会去尝试的行为感到惊奇……如情感类自媒体人咪蒙、娱乐搞笑类的 papi 酱、兴趣类自媒体平台“十点读书”、情感类自媒体平台“夜听”等都属于这种类型。

这种类型内容的最大特点就是共鸣，或是娱乐所带来的心情舒畅，或是独特情感见解引发的共鸣。

2. 帮客户“省”时间

人们因为工作和生活的需求，每天都要主动接受未知的信息，这是受众消费内容的本质。面对被内容信息充斥的整个互联网，更多的人希望能为他们提供精致、精选、精编、有用的内容，帮他们“省”下阅读无用内容的时间，甚至只要内容足够精品、足够有价值，受众愿意为享用这份精致资源的内容而付费。

因此，为了满足用户“省”时间的需求，还有另外一部分内容文案者在坚持与用户做深度交流，这类人有的做信息盘点，有的做专业观点输出、知识分享，他们都聚焦于某个垂直领域，所输出的内容极大地方便了业内人士了解这个领域的动态，也帮助用户节省了大量的搜索信息的时间。

这种类型内容的最大特点是专注和深度，这类内容文案者会根据用户的需求，结合自身的优势不断地细分内容领域、细分形式、细分人群，通过专注满足目标用户的某个需求，帮助他们节省时间，并通过深度内容加速用户在这一领域的认知速度，让具有同样需求的人形成一个交流圈层，大家彼此协作，以持续的价值营造部落归属感，维护价值交流的生态体系。

3.3.3 观点不宜太大

新媒体的主要应用场景是利用消费者碎片化的时间，所以在内容创作过程中，有一些不成文的规则。其中一条就是，优秀内容字数大多集中在 3000~4000 字这个范围，可能是因为太短讲不清楚问题，太长读者有没耐心看。

所以在内容创作过程中，我们要做的是让内容的信息变少，而不是让信息变多。你的任何一种让信息变多的行为，都是一种不理智的行为。满足受众“快阅读”最有效的办法就是在创作内容的时候，先将内容砍掉三分之一，然后尝试着再将剩下的内容砍掉二分之一，留下最精华的内容骨干。

3.3.4 让读者产生共鸣

内容创作是一个既耗时间又烧脑的主观创作过程，很多小编为了早点下班，会熟练地按领导喜好的风格来创作内容，领导对内容点头，就算平安度过了一天。公司领导也有自己的利己性，老板花钱请小编来，不就是为了创作内容为公司产品多带来一些曝光量吗？一定要让小编在内容中多加一些产品的信息。于是，公司上下就玩起了左右互搏的游戏，老板紧盯员工，员工会乖巧地按老板的个人喜好去创作内容，反正是授意而为，阅读量不高，黑锅也轮不到自己背。

在整个过程中，有谁会关心订阅者的需求和喜好呢？要知道，在新媒体平台上，他们已经不再是接受者，而是跟你处于平等地位的订阅者。所以，放下利己心，舍掉本位思考的习惯，站在读者的角度去思考，就能发现更多需要优化和提升的地方。

工作中需要把自己当作与这个平台、这些内容生产无关的路人，置身事外，以第三方的视角来审视创作的内容。如写完一篇文章，记得问自己几个问题：

- 这个标题吸引自己吗？
- 看完这篇文章需要花几分钟时间？这几分钟花得值吗？
- 为用户节省时间，把可有可无的段落找出来删掉，会不会好一点？
- 这样的排版，是不是便于阅读？
- 我愿意把这篇文章转发到朋友圈吗？

为什么要做到让读者产生共鸣呢？答案很简单，因为对于内容创业者而言，他们在社交媒体、新媒体上不辞辛苦地写作，不是为了孤芳自赏，而是希望有别人看，希望看到阅读量从个位数一级级上升。通俗地讲，内容文案者对内容有预期，希望内容能像商品一样产生价值，进而产生收益，能转化为流通的货币，那种喜悦是无法言传的。

当文字给自己带来额外收益时，就是从量到质的转变，而这一切都源于你的内容是否能与用户产生共鸣。所以，请时刻记住你不是一个信息编辑人员，而是价值的创造者。读者不是为你的幽默文字点赞，而是在赞赏文字所传递出来的产生共鸣的观点。只有你写出让读者产生共鸣的文章，才能引发读者的阅读、转发和讨论。那么如何让内容产生共鸣呢？

1. 富有情感的语言

对于内容运营者而言，的确需要你展示最真实的自己，但这并不意味着你要自我，因为文章是写给别人看的。对于一篇文章，拨动读者情感的琴弦，引起读者的共鸣，其实是最低的要求。此外，你还需要选用富有情感色彩的语言。很多人写的文章也是这样，读不出好，也读不出差，措辞和语调平淡得就像白开水，总觉得少点儿什么。这样的文章怎么能让读者产生阅读兴趣呢？

共鸣是通过文字所引出的情感，没有情感的文字就像说明书。谁会对说明书产生情感交流和互动欲望呢？

2. 情绪

情绪是指一系列主观认识经验的统称，是多种感觉、思维、行为综合产生的心理或生理状态，最普遍的情绪包括喜、怒、哀、惊、恐、爱等。在内容传播过程中，情绪解决了内容首尾问题。何谓首尾？即用户对内容的“打开”和看完后的“转发”。一篇文章如果情绪饱满，那么用户会不由自主地“打开”阅读，然后“转发”，这是情绪唤醒的用户行为。如 2016 年 7 月 12 日，因为中国南海领土问题，引起无数人抗议南海仲裁，人民日报在其微博上发布了一张“中国，一点都不能少”的图片，这张图片立马在那一天“刷屏”微博和微信，大有“不转不是中国人”的味道，这就是通过情绪在传播，光凭口号就把大众的爱国热情给“点”起来了。

内容要想被“打开”和“转发”，就必须重视受众情绪的反应。在众多情绪中，愤怒是最明显的情绪，带有愤怒情绪的内容也是最容易被“打开”和“转发”的。

3. 角色

角色在内容营销和传播过程中解决了两个问题：对谁说和谁来说。“对谁说”是确定内容的目标受众是谁，也就是说谁会对你的内容感兴趣。内容要想做好，就必须确定好自己的角色，也就是内容目标是什么，确定了这一点，你才能清楚地意识到内容将涉及什么范围，你将面对的是什么样的人群。“谁来说”是指通过什么样的角色来对内容进行描述。相信大家在微博、微信及朋友圈中看到不少莫言、马云、柳传志、陈道明、白岩松等名人的言论，这就是写作者在阐释知识的时候对某个名人进行角色扮演。可见，在新媒体内容传播过程中，角色扮演确实是内容创作的一部分。

4. 共鸣的素材

你的文章能否让读者产生共鸣，与你写文章时选择的素材密切相关，文章的好坏，很多都是由素材的好坏决定的。那么什么样的素材是好的素材呢？

答案只有一个：你的内容要与你的用户产生联系。比如我们的父辈，经常会在朋友圈转发一些健康常识、养生段子、人生哲理之类的内容，你可能会反感，也可能会疑惑为什么会有这样的内容，那是因为这些内容与他们的生活有着联系。曾几何时，我也一味地质疑为什么像咪蒙的《我喜欢这“功利”的世界》及李尚龙的《你只是看起来很努力》《你所谓的稳定，只不过是在浪费生命》这类生活类心灵鸡汤或职场类心灵鸡汤书籍如此畅销。

后来想想，其实答案就是两个字：联系。对于我而言，可能并不需要这样的鸡汤来给自己“补钙”，但是对于大学生和刚入职场的年轻人，在人生、职场都没有形成稳定的价值观的时候，这样的鸡汤就太符合他们的需求了。

共鸣素材的选择除了与目标人群的角色相关，还与场景密切相关，如每年的春节，被父母长辈逼婚是未婚年轻人的“必修课”，这种形式遭到很多年轻人的反感。在这样的场景下，咪蒙在 2017 年春节写了一篇《别逼婚了，我觉得没人配得上我》的文章，受到无数未婚年轻人的追捧，让他们一下子仿佛找到了知音。

不要在写文章的时候思考共鸣，而是先有共鸣再思考如何写文章。

5．故事

故事充满力量。故事记载着人类历史上的智慧、知识以及文化，因此是最容易被接受的文本，原因在于：故事相对于观念来说，是一种“情境记忆”，我们容易记住具体发生过的经历，是因为听觉、嗅觉、触觉等感官协同参与构建了记忆。当我们阅读故事时，唤起的是我们对于相似经历的“情境记忆”，更容易让我们产生认同感。如一家中式快餐连锁店，如果你是运营总监，你会采取什么方法来推广它呢？按照传统的广告思路来宣传的话，大致是说明快餐店用的是什么油、是哪里的大米，大厨获得过什么证书，厨房环境是多么的干净卫生等。大部分餐厅都这样宣传，但有一个餐厅是这么宣传的——一个 80 多岁的老奶奶在一家餐厅对服务员说：“孩子，我只有 2 块钱，你给我一碗肉汤，我不要肉。”一会儿服务员把汤端上来，里面还放了个蛋。老奶奶看到后赶紧说：“孩子，我没有那么多钱！”服务员说：“婆婆，这个不要钱，你慢慢吃。”

对比“自卖自夸”的宣传内容，显然后面那个小故事更能冲击消费者内心的心灵，更容易让人记住。

3.3.5　文字技巧的应用

主题是地基，素材是框架，那么文字则是装饰，微信内容虽然没必要像文学作品那样强调妙笔生花，但文字技巧应用得好，绝对能让微信内容文案增添不少光彩。

1. 如何写好微信内容的开头

当读者被标题吸引打开链接开始阅读内容时，能否让读者有兴趣读下去，内容开头部分是非常重要的。调查统计显示，如果你的内容在10秒之内无法吸引消费者阅读，那么消费者就会直接关闭页面。可见，微信内容的开头是非常重要的，它具有以下三种作用。

- 服务标题：当标题已经引起读者好奇时，开头需要解释或延续这种好奇。
- 吸引读者：如果开头内容无聊，读者很可能会选择关闭文章页面。所以，开头必须吸引读者。
- 帮助理解文章：在读者阅读文章时，如果背景知识很重要，在开头就要做简单背景介绍，以便读者了解文章。

微信内容开头三种不同的作用，需要用不同的形式来实现。

第一，服务题目的开头。

这类开头形式与题目密切相关，具体有以下两种形式。

（1）解释题目。当题目是一个问题，或让人捉摸不透时，需要在开头解释题目。如一篇文章《如果你在十八岁的时候认识我就好了》的内容开头这么写道：

昨天的推送里，让我看完最难过的台词是：如果你在十八岁的时候认识我就好了，那时我的头发又黑又长，也很漂亮……

（2）顺着题目往下说。当题目已经足够惹人好奇时，开头接着题目的话头往下说就好了。如一篇微信文章《宇宙到底有多大》的开头这么写道：

宇宙到底有多大？很多人会说，很大，或者说，很大很大……

第二，“吸引读者”的开头。

读者的类型千差万别，不同的读者，会被不同的开头所吸引，所以“吸引读者”的开头，形式最为多样，在这里罗列最为常见的9种“吸引读者”开头的方法。

（1）描绘利益。告诉读者阅读这篇文章会获得什么好处，无利不起早，读者看到这样的开头，自然会看下去。如微信文章《这才是手机的正确拍照方法，以前白玩了!》开头写道：

手机拍照已成为我们生活中必不可少的一部分，但是有些人不一定了解手机拍照技巧。其实不需要用高级拍摄技巧，你也可以把手机的拍照功能发挥得淋漓尽致……

（2）制造悬念。故意不说透，勾起读者的兴趣，让读者想要读下去。如微信文章《工作室日常之一个悲伤的故事》开头写道：

这是一个套路和反套路的故事，一个凌驾于世界所有尴尬之上的故事，一个无论什么时候想起来都恨不得咬舌自尽的故事。总之，这是一个悲伤的故事……

（3）提出问题，回答一半。提出让读者好奇的问题，但不完整回答，读者就会更好奇。如微信文章《SOS！我要离开这个全是折扣套路的城市》开头写道：

嘉宝宝今天又来唱反调了，其实大多数人（包括我自己），今天都中了套路。从购物习惯角度来说，有些促销其实并没有真正的实惠……

开头只是说了“没有真正的实惠”，但没有解释“为什么没有真正的实惠”，这部分内容将在后面内容中描述。

（4）自曝丑事。把自己的丑事说出来，表达坦诚的态度，拉近与读者之间的距离。如微信文章《工作室日常之台历讨论会议》开头写道：

大家好，又到了国民老尴尬老岳父语音投票的环节，老安今天在临走前，跟小编说，帮我编一个理由，填充今天的语音环节……

（5）制造冲突。有了冲突，但结局未知，读者自然想一探究竟。如微信文章《我帮你，没有动机》开头写道：

粉丝七七愤怒地跟未那说：叔，最近有个男人追我……

（6）制造临场感，描述读者可能经历的场景，让读者心里想着“是在说我啊”。如微信文章《花一百块钱买的东西，却要操好几万块钱的心》开头写道：

双十一的东西到了，你后悔吗？从目前双十一某宝退货率来看，剁手族纷纷表示后悔……

（7）聊自己的近况。在讲述正题之前，作者先写写自己的近况，让读者感觉“我和作者过着差不多的生活”，这样在拉近和读者之间的距离之后，读者更容易认同作者写的东西，如微信文章《雾霾天冷窝在家！这些游戏能让熊孩子乖乖玩上一整天》开头写道：

身在帝都的我，可算盼来了暖气……

（8）对比。用与读者生活相关的但对比鲜明的例子，以便突显文章主要内容的特点。如微信文章《特朗普女儿 100 张照片曝光：这是美国三代培养的一个贵族（惊艳到窒息）》开头写道：

中国人是富不过三代，而美国人却可以用三代培养一个贵族。从特朗普的爸爸，到特朗普，再到他女儿，整整经历了三代！这个女孩子，的确值得我们抛开一切政治眼光和国际因素去欣赏……

用中国的“富不过三代”和“美国三代培养一个贵族”做对比，让读者好奇美国如何培养贵族。

（9）类比。当内容对读者太陌生，或者广告痕迹太重时，可以讲述与内容类似的列子，便于读者理解。如微信文章《一万句多喝水，不如一只狐狸杯》开头写道：

上杯盖的小狐狸，是你一辈子的陪伴，“一旦你驯养了什么，你就要对它负责，永远的负责——《小王子》”……

这篇文章是销售小狐狸水杯的软文，但狐狸水杯在日常生活中不多见，读者不熟悉，因此，先以读者熟悉的《小王子》小说中的狐狸作为内容开头，以此减少读者对狐狸水杯的陌生感。

第三，“保证故事完整”的开头。

完整的故事结构会帮助读者更快速地理解文章含义，具体方式就是介绍背景，如微信文章《3 万块的捷达顶了一下 500 万的劳斯莱斯，要赔 60 万！咋整？？》开头写道：

前段时间砖叔看到了这样一个新闻，两辆东莞牌照车辆擦碰，一辆捷达撞上一台劳斯莱斯。而事故的责任清晰，事发地为禁停路段，劳斯莱斯司机人还在车里，虽然是违章停车，但无责任。……

题目中只说捷达撞了劳斯莱斯，但没有介绍事情经过，这容易让读者理解不清，所以在内容开头先介绍了事件背景，方便读者理解。

2. 如何写好微信公众号文章的主题

首先是有鲜度。微信公众号的本质属性是自媒体，既然是媒体，生产的内容就应该像新闻一样有新鲜度。保证内容鲜度、跟热点，掌握第一手资料，是写就“10 万+”阅读量微信文案的重要因素。

其次是有话题度。人们为什么每天主动接收信息，其中有一个重要原因就是满足他们的社交需求。无论是新闻时政，还是娱乐八卦，或是行业最新动态，他们都想及时掌握，以便他们在日常交流的时候能使用得上。因此文章主题最好具有话题度，无数事实证明，抓住最热话题度主题的文章往往容易成为“爆文”。

最后是要有干货。没有人有耐心捧着手机，在小屏幕上读一堆废话。微信文章要想吸引住受众，就别玩虚的，越简单，越干货，越具备广泛传播的基础。

3. 如何布局文章结构

微信文章要想写好，需要掌控三个关键：关键内容、提炼素材、排列组合。其中排列组合就是指文章的布局结构，它直接影响到微信文章的质量。如何设置合理、优美的内容结构呢？

技巧 1：PREP 结构法

PREP 四个英文单词分别代表：Point，观点；Reason，理由；Example，案例；Point，再次讲观点。这样解释，名字看起来很吓人，其实就是最基本的“总分总”结构，是最经典的文章结构，相信大多数人在学生时代都用过这个结构来写作文，堪称万年百搭，当然这也是绝佳的微信文案结构。

值得注意的是，微信文章在使用 PREP 结构的时候，因为篇幅的关系，最好直接上来就抛出观点，不要有半点犹豫，后面的理由也不要罗列太多，有两三个即可。如微信文章《男人要赚多少钱，才能维持一个家庭》采用的就是 PREP 结构。

观点：一个男人需要赚多少钱财才能维持一个家庭。

理由：房贷、车贷、小孩费用、家庭开支、人情来往、孝顺老人、旅游、交通、退休后生活开支等费用庞大。

案例：以在某个城市生活的人的基本情况为例，从 30 岁有妻有房有车开始，到 60 岁退休，需要 540 万元。

再次讲观点：夫妻俩至少每个月有 1.5 万元的收入，才基本够生活，身为男生的你，应该承担更多责任，努力赚钱吧。

技巧 2：金字塔结构

所谓金字塔结构就是我们常常提到的“问题—原因—对策—结果”结构模型，这种模型常用于“破除误解”型主题的撰写，如微信文章《什么？猫猫那么萌，竟然也会放屁？还那么臭？！》就是采取金字塔结构。

问题：萌萌的猫为什么会放屁？

原因：猫科动物每天的膳食会摄入大量蛋白质，蛋白质中含有硫，经过消化系统代谢后会产生含臭味的气体，并且因为猫的肛门不像人类肛门那么紧闭，放屁大多情况下是没有声音的，所以绝大多数人不知道猫会放屁。

对策和结果：你的猫放屁属于正常现象，如果经常放响屁，或放屁频率明显变高，则是不正常的现象，请及时前往宠物医院检查。

技巧 3：黄金圈结构

黄金圈结构最早是由一位叫西蒙斯·涅克（Simon·Sneck）的人提出来的，该结构由三个“圈”组成（见图 3-1），最里面的圈是 Why，即目标、理念、使命或愿景；中间的圈是 How，即具体的操作方法和路径；最外面的是 What，主要说明这件事是什么，有什么具体的特点，或者需要达到的结果。以此从内到外进行阐述，主要使用于“讲解概念”型内容，如在微信文章《明知道对自己好，为什么总做不到？| 关于自律的科学》中，解决的是“自律”这个概念。

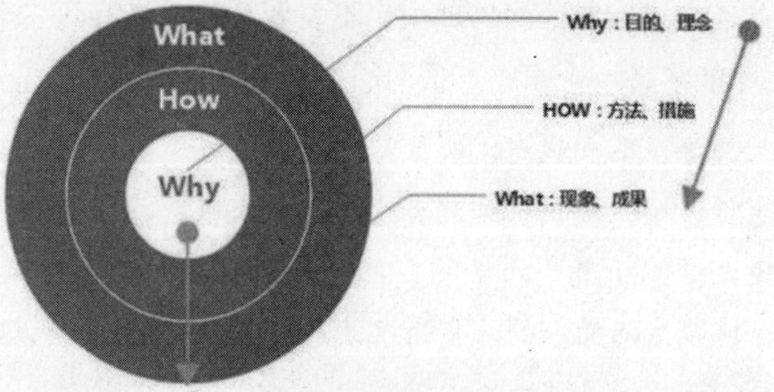

图 3-1 黄金圈结构

首先从黄金圈内圈说起：Why，也就是为什么要自律。理由是明知道要对自己好，却总是做不到；然后是黄金圈的第二圈 How，如何实现自律。内容包括什么是自律，自律的表现形式，是什么让我管不住自己（我们为什么不能自律），如何训练自己自律；最后是黄金圈最外圈 What，自律有利于自我成长，每个人都应该做一个自律的人，严格要求自己。

关于内容结构形式可能还有很多，无论运营哪种结构，都需要注意两点：第一，满足读者的实际需求。大部分作者，之所以阅读理论知识，除了满足好奇心之外，就是希望能解决实际问题。因此，讲完理论知识之后，尽可能延伸到实际问题，提高理论的“附加值”，如在《口臭是会呼吸的痛，除了不出气还有别的办法吗？》文章中，除了讲解口臭形成的原因，还介绍了缓解口臭的方法。第二，尽量简化理论，甚至舍弃理论，很多作者在写专业知识的时候，很容易陷入“纯理论研究”，使用大量专业术语，自己写得很过瘾，但读者看得云里雾里。

4．如何写好微信文章结尾

因为制约文章开头的因素较少，主要来自于标题和内容，所以开头可发挥的空间较大，相比之下，结尾受文章风格、主题内容、写作目的、写作节奏等因素的影响，受到的限制较大，形式会比较有限，这样的结尾更容易写一些。

文章的结尾主要有两种作用：第一，加深读者印象。正文得出结论或态度之后，结尾再次强调，加深印象。第二，引导读者行动。如果正文的目的是引导读者行动，那么在内容结尾加上引导语，引导读者行动。按照文章结尾的不同作用，常见的形式如下。

如果文章结尾的作用是为了“加深读者印象”，可以通过以下四种方式实现。

方式 1：总结全文（或总结感受）。在通篇论证了观点或表达了感情之后，结尾再总结一次，会加深读者的印象，如文章《我那么有趣，还不是因为喜欢你》结尾写道：“……为你变得有趣，为你变得有生气；为你变得有爱，为你长长久久在一起。没什么原因，就是因为真的喜欢你。”整篇文章就讲了一个故事，目的是表达“在喜欢的人面前，我才活泼有趣起来”，最后再强调一次“为你变得有趣……就是因为真的喜欢你。”

方式 2：呼应题目。在读者阅读文章之前，通常是被题目所吸引的，结尾再呼应题目的观点，会加强读者对观点的印象，如文章《最好的关系，是我懂你养娃的不容易》结尾写道：“……最好的关系，是我懂你养娃背后的不容易。”

方式 3：重申观点，即文章的开头就提出观点，结尾再提一遍。如文章《2016 年最火的国产轿车之一，七八万的价格却有十几万的面子！》在开头提出观点："今天我们要说的是卖得最好的国产轿车之一，奇瑞艾瑞泽 5。"文章结尾重申观点："毕竟车无完车，七八万就能买到一部颜值高、空间大、配置高、底子好的车，其他方面也别太苛求了，艾瑞泽 5 还是很值得买的。"

方式 4：调侃。这种方式常用于严肃说理文章的结尾，通过调侃，让读者感觉轻松，如文章《我爱钱，但我不怕穷》结尾写道："……所以我现在虽然穷着却甘之如饴，因为等到以后出了名，我也能像梁龙一样说一句'不要脸'的话：'那些贫穷时体会到的道理，是我一生最可贵的东西。'当然，撇开以上这几点，我还是想做个有钱人的。"

如果你的文章结尾的作用是为了"引导读者行动"，可以通过以下三种方式体现。

方式 1：引导关注或购买。常用于软文结尾，通过找到文章内容与软文对象的共同特点，以此引导读者关注或购买，如文章《这本造价 300 万的日历，内含 380 张美到爆的原创手绘，是 2017 年最正确的打开方式》结尾写道："2017 年，365 天的美好与感动，你值得拥有，倒计时的日子，美啊。干嘛？有钱任性，掌柜，包两本！"

方式 2：引导评论。在正文结束之后，加一句话，引导评论，提高粉丝活跃度，如文章《你永远叫不醒一个装懒的老公/男友？》结尾写道："……以上是今天分享的叫醒秘诀，你们又有什么绝招来叫醒自家男人呢？"

方式 3：呼吁行动。在讲述完观点之后，号召读者在生活中运用，如文章《"大方"的人都长成这样》结尾说："……所以为了更好地占他便宜，请珍惜他，就从请他吃饭开始吧。"

除上述两种结尾方法之外，微信文章的结尾还有一些其他方法，常见的如下所述。

为下一篇文章做准备。这是系列文章常用的结尾方式，吸引读者期待下一篇文章，如文章《不好意思，下周我要消失几天》结尾写道："好了，我要去收拾行李了，越南河粉，我来了！请大家期待嘉宝的邮轮体验吧！"几天之后，作者写了另一篇文章，讲述邮轮体验。

固定结构。无论文章内容是什么，结尾的内容与其排版都不变化，目的是通过长期重复给读者留下独特印象，增加微信公众号平台的可识别度。如在营销人金错刀的公众号中，大部分关于爆品的文章，都以"爆品是一种修行，愿与一群志同道合的人一起同行！"结尾。

3.3.6　绝对原创

原创是优秀的根本，千万不要耍小聪明，通过“伪原创”的方式来瞒天过海，拼凑出来的文章都是有明显痕迹的。不要以为自己已经修改了 50%的内容，别人就看不出来，实际上就算改动了 80%，用户的火眼金睛也能轻而易举地知道你创作的微信文章原出处是哪里。而且一旦他们察觉到你的内容是通过复制的方式呈现出来的，是毫无新意的话，只会增加读者对你的厌恶感。抄袭的案例，在音乐、广告设计等行业时常发生，在内容文案创作领域更是如此。

作为读者，看到原创文章，尤其是能够与之共鸣的文章，他们会特别珍惜这样的平台，这是对原创文章的尊重。如咪蒙的微信公众号，初看并没有什么特别，除了偶然有刺激感官的标题的文章，就是一幅童真或奇异的原创手绘，还有什么？原创！在咪蒙的文章中，找不到任何拼凑的痕迹，就连广告的文案都找不到雷同者，更不会存在将过往的文章稍作“加工”之后再发一遍的痕迹，咪蒙说她只做原创。这样的文章，至少让读者感觉到被尊重，所以很多读者都是咪蒙的忠实粉丝，哪怕咪蒙某一天发的文章与自己的观点不符，也不会取消对它的关注，因为在这个时代，高质量的原创内容真的太难得了。

3.4　掌握内容视觉元素

关于内容视觉要素的重要性，相信平时经常阅读微信文章的人都深有体会。有些微信文章排版给人一种清新脱俗的感觉，非常舒服，而有些微信文章排版让人感觉并不是太舒服。可见，视觉要素在整个内容运营中是非常重要的，其作用主要体现在以下几个方面。

第一，提升用户阅读体验。优秀的内容编辑，让文章结构清晰，逻辑顺畅，用户易理解，便于快速阅读，而且内容文字、图片等视觉效果赏心悦目、优雅美观，让阅读成为享受。

第二，塑造品牌形象。长期坚持高标准的排版，稳定的风格，能无形中提升平台“品味”，自然会影响读者对平台的看法，提升内容平台的品牌形象。

第三，给用户心理暗示。精美的内容排版会给读者心理暗示，是读者判断内容品质高度的重要标准。

第四，便于突出内容观点。内容编排得体的话，能让读者轻而易举地知道内容的重点所在，能较容易抓住内容主题和观点。

内容编辑排版是非常重要的，因为它是将文章打磨成适合读者视觉审美的作品，是用适当的方式将文章呈现给读者。这需要内容文案人有出众的审美和设计感，还需要耗费较长的时间反复修改细节。在这里，以微信公众平台为例，介绍一些内容编辑常用的技巧。

3.4.1 标题排版规范

标题包括内容标题、一级标题、二级标题等各级标题，是表明文章、作品等内容的简短句子，是对内容的总结和概况。常言道：看书先看皮，看报先看题。可见标题在整个文章中的重要性是举足轻重的。那么标题排版有什么技巧呢？

1. 文章标题

文章标题是指整个文章的总标题，对文章标题的设置有以下原则。

（1）为了表达简洁，头条和次头条标题在用户手机屏幕上尽量不要超过一行，如果一行不能达到最佳表达效果，可将标题延长至两行，但不要超过 64 个字节，否则转发朋友圈时将不能完全显示。

（2）标题出现日期时，用阿拉伯数字代替中文数字，如《今年为什么 2 月份没有 29 日？》。

（3）标题中出现引号，建议使用直角引号，如《如何学习「新媒体」》，如果引号中再使用引号，建议使用直角双引号，如《徽少培训课程主题「如何学习『新媒体』」》。

（4）标题的标点符号建议不要超过 2 种。

（5）标题出现以下内容时，请使用全角括号，其作用有下面 6 种。

- 定位人群：指出哪类人群必须读这篇文章。如《企业不再需要职业经理人了（职场人必看）》；
- 加强推荐：重点说明推荐这篇文章的诚意。如《2016 年，杜蕾斯创作的那些很牛的内涵文案（强烈推荐）》；

- 解释说明：希望增强文章标题的说服力。如《一个人的心理成熟的具体表现都有那些？（知乎点赞破万）》；
- 补充亮点：多个亮点很难组成一句逻辑完整的话，且无法同时放进去，就用括号单独列出某一个亮点。如《西单女孩创业身价过亿，要做下一个董明珠！（或今年再登春晚）》；
- 赠送福利：常用字有"附""赠""含"等字，如《3 分钟 56 张图片锤子 T2 发布会全程回顾！（附 2 个必看小视频）》；
- 表示地点：线下活动的通告中，标题含有地点。如《互联网品牌营销和自品牌营销总裁班（北京）第二期》。

（6）多用大众常用字，少用生僻字；多用短句，少用复杂长句；尽量写读者看得懂的标题。

（7）尽量不要让同一个词语在标题中出现两次，如果有，尝试换一种表达方式。

2. 一级标题

一级标题的排版要求包括：

（1）上下行距为一行至两行，字号以 15 号或 16 号为佳；

（2）如果有品牌色，优先使用品牌色并加粗，如果没有，使用#000000 并加粗；

（3）采用居中对齐的方式。

3. 二级标题

二级标题的排版要求包括：

（1）字号以 15 号为佳，或与正文内容字号相同；

（2）颜色可以设置为#2f2f2f，并加粗；

（3）对齐方式为两端对齐。

关于各级标题的设置，对每篇文章来说其设置方式可能会不一样，但整体来说需要遵守两个最基本的原则：第一，字数多少适中，在手机屏幕显示不超过两行；第二，标题之间要有逻辑关系。

3.4.2 内容摘要规范

内容摘要是对整个文章的基本描述，对于公众号文章来说，它是吸引读者打开链接、继续阅读的关键所在。微信公众号平台的内容摘要可以由编辑者自己撰写（字数不超过 120 字），如果编辑者不撰写，系统会自动选择文章开头部分的 54 个字作为内容摘要。因为内容摘要直接决定了文章的打开率，所以内容摘要不但要重新编写，而且要认真编写。根据内容摘要所要表达的几种作用，可以从以下几个方面入手。

（1）读后感、感叹、总结、一个中心观点等。这种方法是对文章标题的一种情感表达，如咪蒙有一篇文章《如何成为下一个咪蒙？》，其摘要为：我又双叒叕成为热点了。

（2）延续标题，加强“勾引”。例如某文章《最最重要的，是用户体验》，其摘要为：其他都是狗屁。

（3）强化、补充标题亮点。例如某文章《终于，我将公司开垮了》，其摘要为：这两年经历的，实在太刺激了。

（4）加强推荐，用各种方式告诉读者，这篇你应该点进来看看。例如某文章《霾困北京时》，其摘要为：一年一度，我们以此文提示，凛冬将至。

（5）明确阅读预期，告诉读者这篇文章的主要内容、讲解方式、评价高低，例如某文章《消费升级，便宜货一定没有机会吗？》，其摘要为：消费升级，卖价格便宜的商品没戏吗？这篇文章，李叫兽教你六个套路。

3.4.3 文字规范

对于文章来说，其内容的大部分是由文字组成的，所以对于一篇文章来说，文字是否规范直接影响到阅读的舒适度。文字规范大致包括以下几个方面。

1．文字颜色

正文和标题文字的颜色最好使用图 3-2 所示的六种颜色进行搭配，且一篇文章中，文字颜色不要超过三种。

图 3-2　推荐使用的六种文字颜色

其中，正文部分的文字颜色建议用#3f3f3f，重点、加粗部分的文字建议用#2f2f2f。如果正文为中文西文搭配，则西文字符颜色使用#888888，如通篇文字为西文，则西文字符颜色使用#3f3f3f（见图 3-3）。

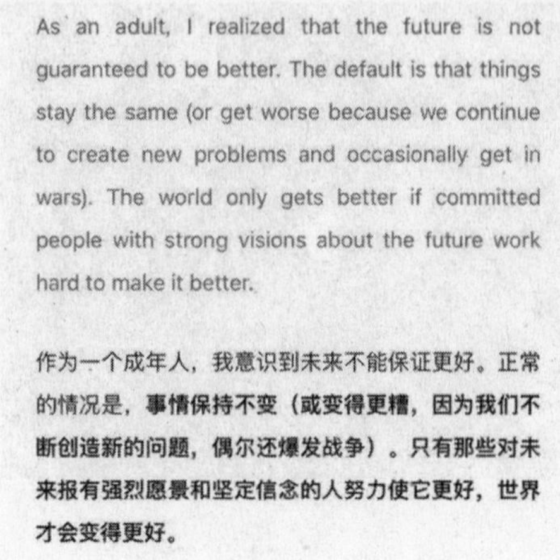

图 3-3　中西文颜色样例

2．字号大小

对比一下 14 号至 16 号字的大小，会发现 14 号是适合作为正文的最小号文字，低于这个字号的文字就不便于阅读了。15 号字很少被人使用，但它兼顾了美观和阅读便利性的优点。16 号字适合于纯文本阅读，比如新闻、娱乐资讯类内容。

3.4.4　段落规范

内容文案者在进行内容编排的时候，需要考虑读者使用手机这一载体进行阅读，因此其段落编排方法也跟传统文章编排方法不一样：

1．段首不建议空两格，顶格写即可；

2．行间距：内容行间距以 1.75 磅为最佳，不要超过 2 磅；

3．段间距：上下段之间建议空一行；

4．在内容不特殊的情况下，最佳对齐方式是两端对齐，如果内容特殊，也可以采取其他对其方式（如居中对齐）；

5．文章整体风格要规范，加粗内容最好不要超过 3 行；

6．对图片、视频等进行注释，注释文字应居中，不要空行，字号大小为 14 号，颜色为#888888（见图 3-4），可以在注释文字开头加上符号表情。

▲最值得用人单位观看的TED视频

图 3-4　视频注释

3.4.5　图片编辑

除了文字之外，图片也是内容编辑中不可或缺的一部分，对于图片的编辑，大致有以下几种情况。

1．封面图

封面图是文章进入读者视野的第一张图，所以在封面图的设计过程中，需要注重以下几个方面：

（1）头条封面图与公众号整体风格要搭配；

（2）头条封面图的尺寸以宽 900、高 500 像素为佳；

（3）次条封面图尺寸以宽 200、高 200 像素为佳；

（4）封面图中不要出现太多文字、数字；

（5）封面图的视觉焦点要在图片中央。

2．文字插图

对于文中的插图，有以下几个方面需要注意：

（1）文中插图在设计时，需要考虑图片风格和配色，图片大小以不小于 50KB、不超过 2MB 为佳；

（2）对于静态图，图片宽高比例需要统一，建议使用 16∶9 和 4∶3（不建议使用竖构图图片），图片的宽度控制在 1000 像素左右；

（3）对于动态图，图片的宽度为 1080 像素，高度根据实际需求调整。

3.5　微信内容推广

标题起好了，内容很不错，视觉也完美了，还差什么？

想一想，一篇完美的内容文案，在阅读量最少的时间段进行推送，结果会怎么样？也许由于优质的内容质量，最终会达到很高的阅读量，但绝对比不上在高峰时间段推送的传播效果。

通常来讲，微信的阅读高峰期在中午和晚上（尤其是晚上 21 点至 22 点），但这也需要公众号根据自身的调性及目标用户的习惯而定。如果你的目标用户大多数是上班族，那就在上下班高峰期推送效果会更好，若你的内容是娱乐八卦、幽默搞笑的段子，那晚上 21 点之后推送的效果会更好。

值得注意的是，有些用户会同时关注几十个甚至上百个微信公众号，他们很难关注到哪个平台发了新内容。当前，订阅的信息量对大众用户来说已经是超饱和状态，这种状态下会催生出很多沉默观望型用户。对于这种用户，你需要不断地重复提示，在其脑海里输入一个时间概念，让他们知道你每天会在什么时间点推文，最好不要选择整点时间，因为它对用户来会说没有什么特征，也没有记忆点。可以选择有记忆点的时间，如每天 20:20 发文，代表“爱你爱你”；每天 11:11 发文，可以解释为婚恋平台关爱单身；17:20 这一时间点，适合推送内容给那些正在打拼的渴望爱情、需要温暖的男女。细心的你会观察到，“罗辑思维”的内容推送时间点是 6:38，“胡辛東”在每天 22:22 推送内容。由此可见，一些成熟的平台在细节上的确有过人之处。

确定时间点是培养用户的习惯，用户一旦记住了这个时间点，就会在心中留下小小的烙印，只要他们感受到了你的坚持和用心，看到了内容品质，一定会逐渐转化为真心交流型用户。下面是一些关于内容发送时间的效果统计：

- 关于汽车领域的文章分享量在周三达到峰值；
- 一般的商业文章在周二的分享量最多；
- 健康行业的文章在周二和周五的分享量达到峰值；
- 与视频相关的文章在周一被分享最多；
- 各个领域的文章在周末的分享量都比较低。

当然，不要被列举“最佳发布时间”的文章给骗了，实际上，最好的发布时间很容易受各种因素的影响，你要做的是找到适合企业和受众的最佳发布时间。因为，运营是个细致活，也是持久战，有时候要求工作的前期找到所有可能会对数据有提升作用的因素，然后在实际工作中逐一尝试，哪些因素使数据有了提升，哪些因素不能，你试了哪条，没有尝试哪条，这些都记录下来，将它们做成运营日记。内容运营日记就是把这一天做过的内容优化策略、运营上做出的改变记录下来，第二天看看这些策略带来的数据效果变化如何（见表 3-1）。

表 3-1　运营日记

日　期	运营策略变更	效　果	原因分析
1 月 5 日	发布时间调整到 6:38		
1 月 10 日	数量从 3 条上升为 4 条		
1 月 18 日	加入时事因素		
1 月 25 日	添加软文广告		

一定要写运营日记，一定要写运营日记，一定要写运营日记，重要的事情说三遍。

附：互联网文案的“十要十不要”

你可以做以下几件事，让你的互联网文案更吸引读者的兴趣：

1．文案直接诉说与读者有关的生活、情感、需求和渴望；

2．在文案里讲故事；

3．文案内容以人为主；

4．用个人的风格来写文案，让它听起来像写给朋友的信，带着温暖、诚恳、热心助人的色彩；

5．利用名人亲身体验的证词；

6．提供免费索取（礼物、产品手册、宣传册或样品）服务；

7．在文案中提到重要情报；

8．文案包含重要人生议题，像美容、健康、亲子、婚姻、住宅、安全、家庭、事业、教育、社会问题等；

9．在文案中回答读者内心已有的重要问题；

10．文案的主题是读者会感兴趣的。

让互联网文案变得无趣的行为：

1．文案内容以广告性为中心，大谈特谈公司背景、经营哲学、丰功伟绩等；

2．文案描述产品的制造过程或产品如何发挥功效，而不是把重点放在产品可以为读者做些什么；

3．文案内容讲的都是读者已经知道的事；

4．文案过于冗长，充斥难字、长句和大段文章；

5．文案中的句子长度都差不多（长短句交错使用，能够让文章读起来抑扬顿挫）；

6．光讲产品特色，却不提顾客使用效果；

7．文案没有重点，缺乏强而有力的销售卖点，或是能凝聚购买欲望的说辞（这类文案仅呈现产品的实际面，却没有让读者看到这些实际面如何满足自己的需求）；

8．内容文案文笔太过于专业、深奥，读者阅读很吃力；

9．版面过于拥挤或视觉效果太差；

10．内容非原创，复制的东西太多。

第 2 部分

引爆传播，在增信赋能中“造钱”

第 4 章

让内容具备分享基因

2005 年，Inbound Marketing（集客营销，是指让顾客找上门的营销策略）概念被提出，但并不为市场所知。2012 年，随着谷歌熊猫算法及内容营销的大行其道，Inbound Marketing 开始为人们所熟知，并在 5 年之后成为 70%以上公司选择的营销方式。对于 Inbound Marketing，著名的市场策略大师 David Merman Scott 曾这样形容："Inbound Marketing 是让用户自主选择营销内容与方法进入自己的大脑，而非付费广告的强行填鸭。"数据显示，58%的人都使用过浏览器之中的广告屏蔽功能，很明显大家开始对这些低价值、高"噪声"的打扰式营销方式产生抵触心理，人们越来越习惯于社交媒体订阅（或关注）式营销。在此前提下，Inbound Marketing 开始成为营销的主力思维，在营销之中融入用户体验的洞察，将主导权交给用户，不仅可以提升营销精准度，更可以降低成交门槛，用有限的预算获得最大化的效果转化。

互联网内容营销也是如此，在这个最好的时代，用户开始根据自己的需求筛选内容信息，这就要求一些优秀的内容创作者并不仅仅创作内容，还需要"找对人""说对话""做对事"。

4.1 内容创作不等于内容营销

作为互联网文案创作人，我们曾兢兢业业地搜集素材，勤勤恳恳地埋头创作，因为我们相信，只要我们努力创作优秀的内容，早晚有一天会被人们有所发现，早晚有一天你会"功成名就"。

现实果真如此吗？写出好的文案，就一定有好的传播和营销效果吗？

当然不是！至少在目前的互联网环境下已经不是，真实的情况可能是，你辛辛苦苦创作的内容只换来了几十个点击。今天的信息通路已经非常拥堵，每秒钟都会产生上万条微博，每天都会诞生数以亿计的内容，如果你的内容没办法迅速抓住用户的眼球，转瞬之间就会"窒息而死"。这并不是危言耸听，而是很多内容创业者的亲身感受，即便你是取得一定成绩的有经验的内容创业者，一定也有同样的感慨！不信的话，你打开微信公众号的"图文分析"，看看阅读人群和传达人群之间的差距，就知道有多少人没有打开和阅读你的内容。

很多时候，你的内容被“窒息而死”，并不是因为你的内容不够精彩，而是很快就被内容大海“淹没”，这是互联网内容“产能过剩”所带来的一种行业状态，我把它称为“内容休克”。

什么是“内容休克”？简单地说，它代表着目前内容营销的普遍难题：人们有太多的内容需要了解，而大家的时间又太少，以至于很难把内容全部消化，所以部分内容（甚至大部分内容）处于低阅读的状态，这就是“内容休克”。 内容休克是一种很正常的现象，存在于各种数字渠道中，有研究结果显示，B2B 公司网站上 70%的内容没人看。

而当互联网内容呈现“内容休克”时，信息过剩就像铁匠手中的锻锤，锻造着我们的营销方案，锻炼出新的创意和战略，淘汰掉陈词滥调。可见，内容创作不等于内容营销，这两者之间至少有如下两个方面的差异。

第一，内容创作只是内容营销中的一个环节，也是最开始的一个环节。除了内容创作之外，内容运营还包括内容的传播、粉丝运营、内容商业变现及内容品牌力塑造等。

第二，内容创作基本上是忽略用户端的，很多时候，内容创作者是完全从自己的角度去理解和表达这个世界的，而用户要想喜欢你、追随你以及进入你的世界，就需要你带他们进入你的情境和世界里去，需要设置角色和情节，需要完整的故事，这就是为什么小说要写这么长，电影要拍这么长。但是今天在互联网上做内容文案，是在内容营销的背景下做的内容创作，这就要求你必须尊重你的用户，因为他们的注意力不集中，他们不愿意在你的内容平台上停留太多时间，哪怕你的内容足够精彩。

内容运营不仅仅是流量争夺战，更是时间争夺战。

4.1.1 创作伟大内容不是终点，而是起点

面对互联网数字信息过剩的趋势，你是坐等内容的海啸把我们吞没，还是乖乖地付钱给各大搜索平台和网站，千辛万苦地让更多的人阅读你的内容？

不，这绝不是绝大多数内容创业者最终的选择，内容营销既包括“内容”，又包括“营销”。营销的目的就是利用现在的规则解锁内容，释放它，引爆它，让它在这个充斥着大量信息的世界里超越其他内容，超越社交媒体，甚至超越搜索引擎优化（如果它能持续存在

的话），进而转化成可量化的商业价值。

1．内容不再是王道

对于今天仍然想在内容营销领域杀出一条成功之路的人来说，有一点是很明显的，即“内容为王”已经不太合适了，甚至内容营销与内容也没有太大的关系。你知道咪蒙在微信公众号上发布一篇文章，实现“10 万+”的时间需要多久吗？答案是只要几分钟，这种效果很显然与她创作的内容质量的高低并没有太大的关系。那些宣称好内容总是能获得好流量的人都已经身居细分领域的高位，对于很多初出茅庐、千辛万苦证明自己的人来说，似乎创造再多的内容、再好的内容也不会有太多的人注意到。相信很多内容创业者都遇到过这样的困惑，甚至在内容运营的开始阶段充满了挫折感，我们非常努力地搜集资料、认真写作，完成了自认为并不比谁差的内容，但它的阅读量就是寥寥无几，无法吸引更多的读者，更谈不上商业机会了，只能静静地、孤独地躺在网络的某个角落，然后随着时间的流逝被人所遗忘。而另外一些人，即便是随随便便写点内容就能获得非常高的阅读量，甚至能像烈火烹油一样引爆网络。他们是怎么做到这一点的？内容营销的成功与他们的内容有什么关系吗？难道他们拥有某种不被人知晓的个人魅力？

答案是内容营销的成功既与内容本身有关，也与他们拥有的某种个人魅力密切相关，即成功的内容文案应该包括两个属性：内容属性和传播属性（见图 4-1）。关于这一点，我们可以从两个层面去理解：一是文案有没有表达清楚品牌或产品的功能和愿望（它能干什么，使用它能带来什么好处和帮助），二是文案有没有传播性（它能否从文山字海中跳出来，跳到需要它的消费者心里）。

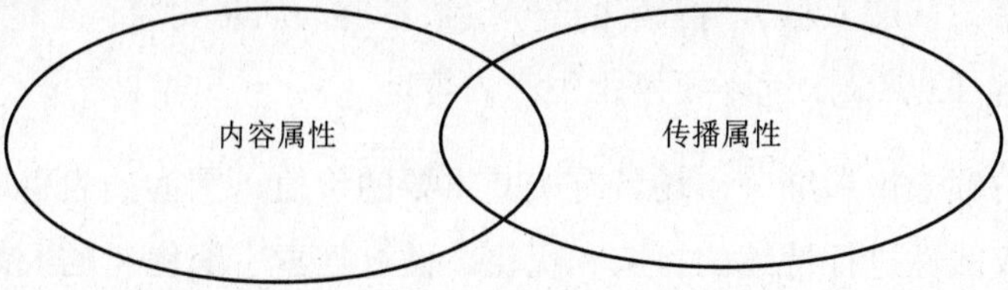

图 4-1　优秀微信内容的属性

所以，要想做好内容营销，除了撰写出好内容之外，还需要我们做好构建社群、开发内容传播战略以及营销推广你所创造的内容。

无论内容质量如何，内容营销的成功必须依靠社群、传播和推广。

---

2. 宁为鸡头不为凤尾

内容消费者的时间是有限的，加上在新媒体平台的内容创作者创造了十倍甚至更多的内容，使得内容消费者有很多的选择，这也意味着自媒体人需要给消费者一个更好的理由，否则，他们就会离你而去。作为内容消费者，不知道你有没有这样的感受，就是很多百万级的新媒体大号，你闻所未闻，这种现象无疑给内容文案者一个启示：隔圈层如隔山。

尽管全世界都面临着内容供应过剩的情况，但这并不代表大家都没有出头的机会。其实在很多行业，供应过剩尚未发生，客户仍然渴望有用的内容。如果你正身处于其中某个市场，就不必担心未来可能爆发的“内容休克”，因为对于中国互联网来说，有两个最大的优势：第一是庞大的人口基数，目前互联网和移动互联网用户超过 7 亿；第二是复杂、多层的市场结构，这是一个个性化消费的时代，每个人的需求都不一样。因此，对于绝大多数内容创作者而言，在内容竞争激烈的大环境下，要想击穿整个市场，除了内容质量的驱动之外，在很大程度上还取决于是否具备积极多样的运营能力，是否能对复杂的用户行为进行响应和引导。

在这些运营策略中，唯一可持续的内容策略就是找到未饱和的细分市场，然后通过大量的内容占领互联网，让搜索引擎只为你的信息服务。最后你将成功排挤竞争对手，制造“内容休克”。这个策略总结起来非常简单：

- 找到未饱和的细分市场；
- 针对相关客户（或人群），持续生产一定数量的高质量内容；
- 制造“内容休克”，永远不要停止生产内容。

在早期阶段占领未饱和细分市场具有极其重要的价值，因为搜索引擎会对网站长期以来在业内树立的权威性进行持续的抓取和优化。做过搜索引擎优化的人都知道，一旦你的内容占领某一领域较长一段时间，就很可能在未来数年内都能排在大多数搜索结果的前面，即便后来你再也没有认真地做过内容优化。

（1）什么是内容饱和指数

互联网颠覆了很多行业，也颠覆了很多理念，例如著名的“长尾理论”，又叫二八法则，说的是 20%的人掌控社会 80%的财富，20%的员工完成了企业 80%的业绩等。但在互联网时代，长尾理论已经渐渐不被认可，大家开始信奉“头部法则”，也就是说，仅仅打入前 20%是远远不够的，你需要进入前 10%甚至前 1%，才有可能成功。

新媒体人关于一个行业或某个细分领域写的内容越多，那么你的内容平台从中取得突破就越难，更别提获得成功了，而如果大众在网上很难找到某个行业的内容，那么关于这个行业的平台就很容易脱颖而出。那么，什么样才算“饱和”呢？

按照前面的逻辑：一个细分市场中的信息密度越大，人们就越难创作出那些无须推销、无须推送、无须做广告就能脱颖而出的内容；细分市场密度越小，你的内容就越容易脱颖而出。这一特性跟网站 SEO 优化（搜索引擎优化）“热门关键词”有着异曲同工之妙，我们在判定细分市场时可以用“搜索结果”作为内容饱和度参照指数：

- 如果反馈的搜索结果不超过 1 万条，那么就可以说这个内容饱和密度很低，你的机会来了。
- 如果搜索结果在 1 万到 10 万条之间，那么你可能会面临一些阻力，但是通过微小的投资、出色的内容运营，你就可以克服这些阻力。
- 如果搜索结果在 10 万到 100 万条之间，这个阻力就比较大了，只通过创作内容来参与竞争几乎没有胜算，这需要你应用一些内容推广方法和技巧来突出重围。
- 如果搜索结果超过 100 万条，那么这个细分市场就已经完全饱和了，除非你的内容可以通过大量投入变成产品，否则内容休克可能会让你所有的努力付之东流。

掌握细分市场的内容饱和度，对于内容创业者进行内容运营至关重要，如果已经有人在细分市场上占据了主导地位，那么即使你付出很大努力，也很难顶替他在行业中的领导地位。而如果你幸运地抢占了一个内容尚未饱和的细分市场，或者内容竞争相对不那么激烈，那就好好看看本书，它能够给你带来帮助。

（2）成功应对信息过剩

在互联网时代，活跃着的都是头部几个甚至一两个品类，而剩余大量品牌鲜有人问津，或者仅能争夺小部分市场。打不进头部，做不出爆款，在互联网时代会死得很惨，而不打入头部、不做爆款会死得更惨。因为在一个内容高度饱和的行业，在内容信息传播方面，一个占据领导地位的竞争者几乎已经占领了每个平台、每个主题甚至每种形式，你要想从中获得竞争资格，简直是天方夜谭，唯一的办法只能是在市场中寻找未饱和的市场。

这种“品类占有”方法在市场营销中早已被广泛应用。常见方法有以下几种。

① 关注次类别

竞争对手忽视了那些即将进入市场，并迫切需要此类产品的全新人群。竞争对手并没有针对这类人群，而我们准备提供专门针对他们的新内容，以占领缺乏服务的领域。如在早年间，在大家都在研究营销的时候，有一个年轻人在北京从事营销工作，屡屡失意，因为跟其他的营销人相比，他在营销行业的资历和见解都比不过别人。后来在机缘巧合下，他找到了一个次级类别市场——女性营销，专注于研究女性消费者，主要为女性（或女性购买为主）的产品厂商服务，很快他就成为女性营销领域中最成功的营销人，被称为“最懂女人的男人”。“营销”范围很广，非常抽象，内容已经高度饱和，我们可以在此基础上去寻找具象的次级类别，如女性营销、儿童营销、年轻人营销、老年人营销等。

内容创作也是如此，需要我们不断地细分，不断地具象化。

② 探索不同种类的内容

即便是同一细分市场，也可以根据内容的种类不同而进行细分，如早期我在做“凤经纬”佛珠的内容文案时，就根据内容种类不同做了三个不同定位的平台。

- 日常型内容：这类内容主要针对日常问题，如佛珠如何串连、如何佩戴、如何保养等，受众可以通过这些内容了解佛珠的基本常识，并且在他们需要的时候主动联系你。日常型内容是一种专业且简短的内容，内容多以“如何……”的形式出现。
- 深度型内容：日常型内容可以帮你吸引受众，而深度型内容则被用于维护这些受众。这类内容是一系列深度话题的文章，能让受众产生欲望，进而留住他们。如可以根据佛珠的材质撰写内容，例如金刚菩提、星月菩提、沉香等原材料的相关知识介绍。
- 文化型内容：将产品内容演变成一种文化，如阐述佛教文化、禅理思想等。

由此可见，即便是同一类型的细分，我们依旧可以根据内容的不同抢占未饱和市场，这也是一种抢占立足之地的方法。

③ 关注社交传播

很多内容创作团队经常会犯一个错，他们往往会仔细地检查填满内容的“爆竹”，却忘了引爆它。在社交传播过程中，如果你的内容静止不动的话，是不会起到作用的，人们必须看到它，关注它，分享它，否则你就是在浪费时间。不要只是单纯地创造更多的内容，你应该把重点放在如何让内容凸显出来，只有这样，你才能在信息过剩时代制造出强大的营销力量。

4.1.2　内容传播的三种媒体形式

上面的阐述让我们明白一点：在内容营销这场比赛中，起跑线是“你要做好的内容”，但好的内容并不能确保成功，还需要将其推广出去，让内容在传播过程中实现真正的价值。因此，好的内容营销应该有两个方向：一是创作好的内容；二是让内容广泛传播，进而实现商业价值（见图 4-2）。

图 4-2　内容运营的两个方向

“内容生产”前面已经重点介绍了，现在说说内容传播。在学习和掌握内容传播之前，先来说说互联网内容文案传播的媒介有哪些。具体的媒介载体形式有很多，但总的来说，可以分为“POE 传播”三大类。

P，Pay Media，付费媒体，是指需要花钱才能进行内容推广的媒体，如百度竞价、网络广告、节目赞助等。

O，Owned Media，自有媒体，即内容运营者自己所运营的媒体，除了微博、微信、微信公众号、今日头条、博客、空间、论坛、社区等新媒体之外，企业网站（或个人网站）也属于自有媒体。

E，Earned Media，赢得媒体。赢得媒体并不是某种具体的媒介载体，而是一种内容传播方式，即你的内容获得别人转发、转载、评论。

其中，付费媒体非常直接，从内容的商业目的及目标人群的信息接收形式等角度考虑，通过付费在合适的时间、选择合适的媒体进行“广告”推广，具体操作方法可以从广告媒体投放的角度去考虑。在本书中，我们着重阐述两种“免费”的媒体传播形式：自有媒体和赢得媒体。

4.2 分享心理学

下面是几条重要的内容营销原则：

- 创作内容绝不是内容营销的终点，而是内容营销的起点；
- 不是所有内容都能创造商业成功，被传播的内容才行；
- 现在的竞争越发激烈，即便你的内容很不错，也不能保证你的内容能被人关注；
- 信息爆炸使很多传统营销策略效果越来越差，保持竞争优势的成本持续上升；
- 以低成本的方式让你的内容突出重围是未来内容营销的核心所在。

“分享基因”的概念是建立在上述重要内容营销原则上的。在新媒体环境下，要想让内容得以传播，甚至引爆，首先要做的就是内容能自发地被用户所转发、分享，甚至实现病毒式传播。要想实现这一点，首要的就是在内容中嵌入“分享基因”，它为你的内容引爆创造可能。

在阐述这个观点之前，先说两个“坏”消息。

第一个“坏”消息：一般情况下，人们不愿意分享你的内容。研究表明，大部分人都是消极的信息消费者，他们一般不会分享在网上读到的内容，即便内容“很不错”。试想一下，我们每天都消费了成百上千条信息，真正被我们转发分享的内容又有多少呢？消费我们内容的人成百上千，但将内容分享出去的人又有多少呢？相关统计数据显示，会分享内容的人可能只占1%，甚至更低。

第二个“坏”消息是关于内容传播的，美国沃顿商学院市场营销学教授、《传播：流行何以产生》一书的作者乔纳·博格发现一个有趣的现象：在网络及社交媒体上，被阅读次数最多的内容（包括文章、图片和视频）和被分享次数最多的内容是不同的。也就是说，吸引阅读和引发分享，是两件不同的事，甚至分享和“点赞”“打赏”“评论”都不同。分享追求的是传播内容、创造口碑、形成蜂鸣效应。一般情况下，大多数被分享的内容会有很多人点赞、评论，但还有很多内容常有人点赞，却几乎无人分享。造成后者情况的主要原因，可能是因为读者支持某一观点而点赞，但内容与消费者之间存在某种“障碍”导致很难被分享。

可见，成为一位优秀的内容文案人是非常难的事情，他不仅需要创作优秀的内容，培养活跃用户群以提高内容 “一次传播”阅读，还需要运用各种策略，克服受众消极接受信息的心态，让他们点击“转发”，将你的内容分享出去。内容“一次传播”阅读与内容主题、内容标题、新媒体平台等因素密切相关，前面已经重点阐述过了，那么怎样才能让受众愿意分享传播这则文案呢？关于这一点，早就有很多天花乱坠的言论。其中，乔纳·博格和他的学生一起对“分享”这个问题进行了研究，最终总结出的实现病毒式传播的六个法则最为客观（如图 4-3 所示）。

图 4-3 病毒式传播六法则

- 社交货币（social currency）——人们为了提升自己的好形象（而非坏形象）而分享。例如，人们在现实生活中表达的负面情绪比在社交网络上表达的更多一些，也就是说，人们在社交网络上更倾向于表达正面情绪。实际上，这是“社交货币”在作祟，表达积极正面的情绪，更容易获得实惠和认同，所以人们都会不自觉地在社交网络上表现得更积极向上。
- 促因（trigger）——人们通常会分享的事物总是脑袋里最先想到的，或者那些与当下、与我们自身有关的话题。
- 情感倾向（ease for emotion）——当我们关心某一事物的时候，我们就会分享它。越关心一件事物，或者越有共鸣，就越有可能分享该内容。
- 公众（public）——当多数人都在“分享”某一热点时，我们也更倾向于分享。
- 实用价值（practical value）——人们愿意分享实用信息帮助他人。你翻开自己最近在社交媒体上分享的内容，或者最近发给朋友、推荐给朋友的文章，会发现它们基本上符合这几项条件：这段内容可信、有意义；这段内容吸引我、感动我；这段内容有道理、讲得通。

- 故事（story）——人们喜欢分享隐含在故事中的事物。同样的道理，表达正面情绪、传达积极情感的故事文案，更容易被人分享。

针对乔纳·博格所总结的病毒传播六法则，回想一下你最近分享的内容，你为什么要分享它？是不是出于以下这些原因？

- 它让你看起来更酷、更智慧、更风趣或更重要，能让你在心理上获得满足；
- 这个内容能引起情感上的强烈共鸣，它能让你笑，让你哭，或让你觉得寓意深刻，值得与他人分享；
- 它很实用或是来得很及时，分享它会让你的朋友也受益；
- 你发现了一个新点子，迫不及待要第一个分享它；
- 作者所阐述的观点就是你的观点，你要通过分享来表达自己的观点；
- 它代表一种成就，可能内容中提及到你或你的公司，转发这种内容让你感觉良好，因为它彰显你的个人地位；
- 好有意思的故事（或段子）哦，我要将它分享给我的朋友。

4.3 嵌入“分享基因”

掌握了用户内容分享心理，了解了人们为什么会分享内容之后，接下来需要做的就是在内容创作的时候进行策略调整，将“分享基因”嵌入正在创作的内容当中，使内容的竞争优势得到提升。关于内容的“分享基因”，在前面 2.2 节“如何创作优秀的互联网文案”中有所涉及，但在那里只是从提升内容质量角度出发，而在这里则是从刺激内容传播角度考虑，这两者之间并不完全等同。无数案例证明，网络上流传的内容可能与内容质量无关。

4.3.1 情绪

会传染的不仅仅是细菌，在现实生活中，我们经常遇到这样的情况，当看到别人打哈欠的时候，你是不是也想打哈欠？当看到一群人痛苦的时候，即使不知道发生了什么事情，你是不是也眉头一紧？当看到别人微笑，你是不是心情也非常舒畅？要知道这些都是很微妙的身体反应，有时候可能需要特别留意才能察觉，但是它们始终存在。著名的心理学家艾利斯曾说："人的情绪不是由事件本身引起的，而是由你对事情的看法和观念产生的。"人的情绪会彼此影响。

1. 情绪的高传播性

近两年出现了一个现象，就是现在越来越多的具有影响力的网络事件均来自社交网络（比如知乎和微博）上的人群，其间夹杂着大量网民的个人情绪化表达和传播，比如让百度焦头烂额的"魏则西"事件，陌陌的"少年不可欺"事件。在这个过程中，社交媒体的作用更加类似于聚集了很多普通人发表和发泄信息的大广场。你会发现，几乎所有的流行文章都透露着情绪，而借用情绪，信息内容被越来越多的人所认同并传播出去。如广为转发的情感类文章，大多数都具有极大的情绪煽动性，从而引起大量读者的共鸣和转发。仔细解读之下你会发现，很多你转发的文章其实内容质量已经不再重要，它之所以被人转发，是因为这篇文章所表达出来的情绪。

在渐进式的增长态势下，社交网络的群体传播使得个人喜、怒、哀、乐等多种情绪出现社区化聚合，继而成为多人的一种共同情绪，也由此形成一种社会情绪。值得注意的是，此种社会情绪借助移动互联网终端呈现逐渐上升的态势，这主要是因为，在新媒体环境下，当社交媒体广泛使用时，这种新型网络群体传播日渐活跃，从而容易造成"群体选择替代媒体选择，碎片化传播代替完整传播，多向传播代替单向传播，反向社会情绪在传播过程中更容易出现并扩散，从而最终导致互联网上很多内容'弱信息、强情绪'的现象。"

社交网络加剧了这种人与人之间的情绪传染，而在情绪之外，各种信息实际上也依托情绪完成了传播。

弱信息、强情绪，是社交网络时代网上流传信息的一大特征，人们会传递相同的情绪，如当自己喜欢的球星退役时，大量的人怀着混杂的哀伤、怀旧、惋惜的感情去转载他的退役文章，"泪奔"、"致敬"这些词会频繁涌上。想想看，当看到 37 岁的前 NBA 巨星科比的谢幕赛时，你是否在朋友圈中默默地转发了关于致敬科比的文章，用以怀念自己的青春时代？而一觉醒来，你发现文章被很多同龄人转发，并获得无数个赞。

2．愤怒往往更容易传播

情绪根据激烈程度不同，会使人做出不同的行为反应。整体来说，网络上的情绪对读者的两种行为产生了深远的影响：

- 决定是否阅读这条新闻
- 是否向他人分享这条新闻

也就是说，在内容传播过程中，情绪解决了内容首尾问题，何为首尾，即用户对内容的“打开”和看完后的“转发”。一篇内容如果情绪饱满，那么用户会不由自主地“打开”阅读，然后“转发”，这是情绪唤醒的用户行为。内容要想被“打开”和“转发”，就必须重视受众情绪的反应。在众多情绪中，愤怒情绪是最明显的情绪，带有愤怒情绪的内容也是最容易被“打开”和“转发”的，如“救人牺牲反被打捞公司捞尸要价”这样的新闻，很容易让网民抑制不住愤怒，并且对这条新闻点评然后转发。

当然，积极的情绪也具有高唤醒性，如军官孟祥斌勇救落水女子牺牲的壮举曾经引起一座城市举行纪念活动，这个信息并不能引起愤怒情绪，而是敬畏之情产生的情感共鸣，也会形成大量的传播。

然而，并不是所有的情绪都容易产生共鸣（见表 4-1），有些情绪甚至会与共鸣发生一定的反作用，比如悲伤与抑郁的情绪。朋友圈里的鸡汤文总是教育我们，要远离那些负能量的家伙，因此，如果是悲伤或抑郁情绪的文章，它们可能触发了我们内心的某种警报机制，每个人都会潜意识地远离负能量的信息。

表 4-1　不同情绪对传播行为的影响

	易引起传播	不易引起传播
积极	敬佩、兴奋、幽默	心满意足
消极	愤怒、担忧、恐惧	抑郁、悲伤

一旦了解到情绪唤醒的作用，那么就会更容易理解一些事件为什么能引起公众情绪的共鸣，如作为积极情绪的敬佩可以增进分享行为，作为消极情绪的愤怒也可以增进分享行为，幽默有趣的内容可以使人兴奋，也可以促进分享行为，而抑郁和悲伤是阻碍分享的大

敌……结合这些观点，我们可以分析一些各种情绪引发的共鸣举动。

（1）愤怒情绪引发的共鸣

愤怒情绪是网络传播中最为常见的情绪，极易引发传播队形的行为唤醒，并且非常容易在传播过程中产生争议，继而引发更深一层的传播。

愤怒情绪类型：社会矛盾、不道德行为。

代表事件："呼吁枪毙拐卖儿童的人贩"的朋友圈文章、"救人牺牲反被打捞公司挟尸要价"事件。

（2）敬佩情绪引发的共鸣

敬佩情绪源于我们内心深处对英雄的崇拜情节，非常容易在社会中产生积极的情绪传染。

敬佩情绪类型：舍己为人、草根英雄、励志人物。

代表事件：勇救落水女子牺牲的军人、褚时健的褚橙等。

（3）兴奋情绪引发的共鸣

兴奋情绪的传播与共鸣，往往和让人觉得幽默的内容有关，当人们看到令人兴奋的内容时，会不自觉地向他人进行传播。

兴奋情绪类型：搞笑图片、创意广告。

代表事件：表情包、网络流行语。

4.3.2　标签

互联网技术改变了我们制造、接收和传播信息的习惯，让普通人越来越依靠通过诸如文字标题、关键词或头部媒体去关注和筛选他们感兴趣的信息。无形之中，互联网其实把深度信息和长篇内容都压缩了，成为了更容易被人关注的各类"标签"。很多时候，人们通过一个标签，就能快速决定是否需要关注或传播一条信息，这也是很多媒体热衷于做"标题党"的原因，因为大家都喜欢泛泛而读的东西。

1. “标签”成为传播的通行证

这是一个注意力缺失的时代，对于国内网民来说，在互联网上每分每秒都在接收海量的信息，我们的大脑每天都在对这些文字信息做出判断和筛选。如我们打开我们的朋友圈，你会看到很多朋友转发的朋友圈文章，我们会从中挑选自己感兴趣的内容快速阅读，而那些被我们关注、感兴趣、挑选的内容，恰恰是因为标题中包含了最容易产生联想、让我们浮想联翩的关键词。这些关键词也许是某个头条事件，也许是某个耸人听闻的标题，而点开它们，才会继续浏览后面的一连串内容。

可以说，所有的热门事件都是由“标签”传播出来的，文字主导的各类“标签”组成了网络上的头部媒体，而互联网更是把很多大型的、复杂的、连串的内容“压缩”成为文字组成的“标签”，供我们进行梳理和筛选。

2. 标题党的黑与白

如果你从事内容创作，或参加过内容创作方面的培训，你一定会纠结一件事情：一方面要求摒除“标题党”现象，必须以内容制胜，切记本末倒置；另一方面，我们绞尽脑汁地干着“标题党”的工作，每写完一篇内容都要绞尽脑汁地想一个吸引人的标题。所以关于“标题党”的黑与白、是与非很难做出一个明确判断，这是因为我们在阅读内容时最先关注的就是标题。甚至很多时候，在新媒体，如朋友圈，我们似乎只要看到标题就能“洞察一切”，越来越多的新媒体也都因此采取这种标题党的形式，总之是怎么夸张怎么搞，怎么吸睛怎么来。

对于标题党，有人深恶痛绝，认为他们罔顾事实，误导舆论，应该坚决抵制“标题党”；也有人认为“标题党”充满营销创意，只要不造谣、不传谣，多一些“标题党”并无不可。其实移动互联网的飞速发展，给人们的思维带来巨大的变化，人们的阅读习惯逐渐转变为碎片化阅读，人们的目的性更强不再有耐心整篇阅读，而是把思维聚焦在关注、感兴趣的内容上，对于第一时间无法引起阅读兴趣的标题人们会果断忽略。而在这种情况下，对于标题党的争论，就已经不再是“做一个标题党好不好”了，而应该是“如何好好做一个标题党”。

关于标题的撰写，在前面做过重点介绍，但阅读内容和分享内容的动机是不一样的，在这里从分享内容的角度出发，总结五种最为常见的标题形式。

（1）勾起读者天然的好奇心

悬念是吸引点击的第一把钥匙，一篇文章是否能引起大面积的传播，可以说，首先要做的功课就是准备一条能引发悬念的标题，目前市面上最常见的是“话说一半”的标题，如《连马云都佩服的人居然是他……》。

（2）打破读者固有的思维定式

无数案例告诉我们，颠覆传统的小众文化是最容易流行起来的，而且随着时间流逝，小众文化会变成大众文化，并很快又被其他小众文化所替代，如摇滚音乐曾在民俗主流音乐的大众环境下诞生和流行，但当其成为主流文化之后，又逐渐被其他类型的音乐所取代。因此，要想让你的内容得以传播，就要采取逆向思维的方式，打破传统思维定式，让读者产生疑虑，从而吸引他点击阅读。如《手机电量不能低于30%！否则……》否则会怎么样？爆炸吗？问题是我们不可能避免手机电脑低于30%的情况。

（3）符合读者想要的实用性

消费者在阅读完内容之后为什么会转发，其中有一个重要的因素就是实用价值。我们打开朋友圈，会发现很多人愿意分享一些对我们生活或工作提供建议的实用性文章，如《鼻炎又犯了，怎么办？小偏方一招解决!》《员工凭什么忠诚？（太透彻）》等。

（4）携带情绪，产生共鸣

前面说了，愤怒的情绪最容易在互联网上传播，那么将情绪“标签”到文章当中，也最能引发读者共鸣，一旦达成连接，不想转发都难。如《今夜，我们都是XX人》，这样的标题，一般都是针对网民对于某些事物的普遍性的同情，利用强烈的“同情心”引起共鸣，进而转发。

3．头条事件的“标签化”

网络传播的内容能够被环境精简到什么程度呢？

前面所说的移动互联网对内容的压缩，让人很难对标题背后的内容深入关注，很多时候，读者甚至仅仅根据一个标题，就对整个事件定性了，这也是现在很多头条事件会在广泛传播之后，突然被辟谣，被反转的原因。为什么不全面的信息会优先于真相先行被人知晓？原因在于，在移动互联网时代，内容传播的包装物是“关键词”、“标题”、“标签”这些东西。如你回顾一下这几年的舆论热点，里面有很多事件呈现出来一个特征，那就是当有一个非常具体的关键词时才传播得非常远，如“某某门”“38 元天价大虾”“凡客体”“freestyle”等。可是你问每一个知道这个词的人，这条新闻具体是什么，是什么时候发生的，当事人是谁，到底发生了什么细节，大部分人并不会去关心。所以实际上，我们在网络上的各种公关战、传播战、营销战的战场变成了一个个具体的“标签”关键词。

4. “标签化”有利于二次搜索大战

对于互联网内容而言，除了通过平台发布、转发等主动传播方式之外，还有一种方式也是不能忽视的，那就是用户搜索“关键词”，整个过程大致如下：

需求确认——信息搜索——选择阅读——读后行为

这本质上就是搜索引擎，我们用一个很普遍的案例来进行说明，如你是一个电商公司的文案策划，双十一马上就要来了，公司安排你写一个关于双十一的促销文案，虽然你对促销文案有了熟练的掌握，但为了更好地完成任务，你还是会在新媒体平台上搜一下“双十一文案”，了解其他商家的文案是如何表现的，而你输入的“双十一文案”就是标签化的文字应用。

4.3.3 角色

2017 年 10 月的一天，我和大学关系最好的五个好友在微信上组群，当年我们因为都喜欢电影，跟每一个爱好电影并有着影视梦想的艺术类学生一样，最常做的事情就是一起去电影院看电影、评论电影、编写剧本、讨论剧本，然后拿着 DV 拍摄视频短片（大学期间拍了三部视频短片）。这是毕业近十年之后的再次“聚集”，看着他们在群里讨论最近看过的好莱坞大片，我几乎插不上什么话。大学毕业之后，因为工作性质的关系，很多兴趣都逐渐淡化，不再热心于看电影、看电视剧、看 NBA，关注更多的是营销、广告、文案、互联网品牌、商业动态等。

也正是在那一刻，我发现困惑我很久的问题突然有了答案：电影、电视剧、NBA 依然存在，也还是“我的生活”的一部分，只是当我不需要的时候，便不注意它们的存在，而当有需要的时候，便突然觉得它们的重要。于是，我们进入了一个“因果的世界”，一切以自己眼前这点利益为标准，以自己有限空间的存在为前提，“有用即为存在，无用即为不存在”。互联网内容文案不就是这样吗？你的内容一直存在，而为什么会被一部分人搜索、阅读、分享、传播，被另一部分人忽视，最根本的原因，就是因为对于前者，你是“有用的”，对于后者，你是“没用的”。

1. 角色扮演

在美国作家 Malcolm Gladwell（马尔科姆 · 格拉德维尔）那本著名的《引爆点》一书中提出流行事物的三个法则：一是个别人法则，二是附着力法则，三是环境威力法则。内容要想被分享，也离不开这三个法则。

先说说第一点，个别人法则。既然内容的“存在”与否是因为角色因果论，这就要求我们在内容传播过程中对人群进行细分，然后进行角色扮演。角色扮演可包括三种人：一是内行，二是联系员，三是推销员。其中内行是指那些精通于某个领域的人，他们掌握该领域的大量信息，并且对该领域的动态信息有着很高的主动收集精神，对该领域的细节以及一举一动都了然于胸；联系员是那些把内行和普通小白串起来的人，他们热衷于四处传播消息，具有很强的交际能力，交际圈很广；推销员是那些基于将自己认同的事物向周围散播的人。这三者并没有严格区分，很多人兼具这三种属性，他们即是内行，也是联系员和推销员。如小米在最开始的时候，将目标人群聚集在热衷于数码手机的玩家，也就是在智能手机早期被称之为“刷机党”的人，并邀请他们成为小米手机性能实验员，他们会将小米功能测试结果在社区里发布，这群人即是内行，同时也是联络员和推销员。

当然，个别人法则更多的是指内行，如“发烧”这个词，作为一种身体状态之外的意义，最早是拿来称呼一些音响爱好者的。这个群体是音响界很有话语权的一个群体，他们最大的特征是要探索和探究硬件数据的最佳性价比，而非像土豪一样只买最贵的。

想想看，当年玩音响的那些真正不差钱的人，根本不需要发烧，只需要在最好的店里对店员说：给我最贵的配置。当然这种人并不是发烧友，他们并不真正了解自己所买的音响的具体功能。而真正的发烧友，他们追求的不是“最贵”配置，而是“最好”的体验，有时候甚至因为经济紧张，只好去探索以尽可能低的成本达到尽可能高的品质。在这个过程中，这群人互相交流、定位、探索，找到整套音响器材的瓶颈，也就是最薄弱点，从这个点开始改善、改进、升级器材，对于一些贵重的部件，他们会寻找最合适的替代品，有点“不疯魔不成活”的味道。

这群人就是内行，他们在音响领域的影响力很大，可以说是权威，他们的每一个意见都会被音响爱好者或潜在的音响购买者作为标准。“内行”是内容文案者经常扮演的角色，他们一边努力让自己成为某个领域的权威，一边扮演着某领域的权威角色发布信息。

2．价值观塑造

流行事物法则第二点，附着力法则。什么是附着力法则？其实就是价值观的塑造。小米的价值观是“为发烧友而生”，苹果的价值观是“think different”，网易的价值观是“有态度”……产品如此，媒体平台如此，内容也如此。你的内容要想被别人分享，就必须有鲜明的价值观，如果这个价值观让读者产生共鸣，那么恭喜你，它将会像病毒一样广泛传播。

3．设计场景

流行事物法则第三点，环境威力法则，用中国人的老话说，就是天时地利。内容传播同样也需要天时地利。如 2017 年 10 月 25 日，党的十九届一中全会选举出来的政治局常委举行了中外记者见面会，新一届常委相关的资料在微博和朋友圈中被广泛转发。

对于内容文案者而言，要想让内容具有“分享基因”，要想更清晰地阐述价值观，就必须将其设置在某个场景中。

4．褚橙为什么这么火

2013 年，褚橙火了，可以说在国内互联网上达到无人不知、无人不晓的地步，在这之前，这款被称之为“褚橙”的云冠橙只是比较小众的橙子品种，之所以流行，靠的是媒体人策划内容的病毒式传播。

（1）角色扮演

褚橙是在名人、企业家的微博等自媒体的口碑传播下形成口碑效应的，并迅速引爆市场。在那段时间里，经常会看到一些微博大 V，如韩寒、王石等，收到褚橙之后在微博上高调出镜。比如送给韩寒的褚橙盒子上就印着“复杂的时间里，一个就够”。刻意的广告也好，友情宣传也罢，一时间，公众人物、网络大 V、新媒体、传统报纸杂志等都以收到、宣传褚橙为荣。

这些人虽然不是内行，但他们是最优秀的联络员和推销员。

（2）价值观塑造和场景设置

褚橙的火爆，是与褚时健这个人分不开的，更准确地说是与褚时健所体现出来的“励志”这一价值观分不开的，从“红塔山”到“褚橙”，作为罕见的、身陷囹圄之后还能以古稀之年东山再起的企业家，褚时健身上透露出最显著的价值观：励志。褚时健跌宕起伏的人生将褚橙变成最佳心灵鸡汤，在各大媒体上疯传。

4.3.4 联系

相信每一个人一定在自己的微博、微信朋友圈等平台上转发过别人的内容，但是你们是否想过，在你产生“转发”动作的背后的动机是什么？不可能没有原因吧。想想看，是不是来自于以下三个方面：

- 利益驱动。转发某篇内容，当达到一定的效果时，会从商家处得到某种“好处”，如集多少赞免费得到小礼品等；
- 情绪驱动。内容刺激到你的某种情绪了，包括敬佩、幽默、愤怒等，如你觉得这篇文章很有意思、很有趣，或者文章中所阐述的某件事让你感觉很愤怒；
- 价值驱动。即内容“与我有关”，如这篇文章是我朋友（或我偶像）所写的，这篇文章是关于我公司（或我学校）的，这篇文章的价值观正好是我自己想要表达的价值观等。

可见，价值驱动是内容分享的一个重要“基因”。 如我们每天都在接触海量的信息，大脑会自发地形成对应的筛选和屏蔽机制，你会发现你第一优先阅读的，是不是那些和你需求相关的？如果内容跟你的相关性非常高的话，你是不是会选择收藏、评论和转发？

1. “与我相关”的内容更容易被分享

几年前，有一篇《这十年，多少人从周杰伦到陈奕迅》的文章在人人网被转载了数百万次，并且从人人网上扩散出来，在其他的社交平台上又引起了持续转发。这是一篇比较真诚的文章，内容主要是诉说了自己是一名从学生时代就一直喜欢听周杰伦唱歌的歌迷，在 20 多岁毕业后开始逐渐喜欢陈奕迅的歌曲，并且较为深刻地介绍了一个流行音乐听众的心理历程。这篇文章之所以火爆，是因为周杰伦和陈奕迅的歌曲记录了一个时代（80 后）人群的心路历程，如周杰伦给他们的感觉是来自年少时的校园青春，那里有篮球、动感地带、单车、初恋，而陈奕迅却成为初入社会的年青一代的代言人，因为他的歌曲里有失恋、有郁郁不得志、有怀念，有“十年之前，我不认识你，你不属于我”，这是我们每个人一路走来内心所要走过的必然过程。

更准确地说，这篇文章之所以广泛转发，连知乎上都有数个关于这篇文章的提问，文章的火爆是因为文章中有许多“与我有关“的内容，用心理学知识解释，就是这篇文章产生了“共情”，是一种双向的由相同认知产生的感情共鸣。

2．受众才是内容转发的主角

为什么我们会乐于转发一篇文章？也许是因为它有趣，也许是因为它有用……分享转发的理由有很多，但背后的原因只有一个，它帮助我们进行了“自我补完”，所谓“自我补完”指的是内容与我们的观念、认识、态度等基本一致，帮助我们强化和完善自己固有的信念，并被我们认可和接纳，成为自我信念的一部分。简单地说，我们的分享转发行为，与认同、评价、属于是不同的，后三者属于自己，但分享转发一方面是认同，另一方面也是表达啊，它涉及到自我形象管理，很多时候我们分享转发一样东西，其实是被以下两种目的所主导：

- 我希望（或潜意识里希望）向受众表达我的爱好、兴趣和价值观
- 我希望借此转发的内容表达我的见解、认识和立场

可见，我们之所以分享转发某篇内容，是因为它说出了自己一直以来所想的东西，它帮助自己解决了一直以来的困惑和问题；它传达的观点被自己接受，并乐于向他人传播。换句话说，我们之所以分享转发这篇内容，是因为它与我（受众）有着紧密的联系。这就要求我们在内容运营和传播过程当中需要注意，内容的读者才是主角，他们肩负了内容传播的重任，你的内容必须给予他们很多东西（建立联系），如指导、信息和工具，只有将内容和受众最关心的事物相联系，他们才会考虑是否传播你的内容、接受你的观点，甚至成为你的拥趸。

3．从重叠处建立联系

要想让内容变成“与我有关”，我们需要做的就是找“故事中叙述的主角”和“台下真正的主角”直接的重叠之处，并在这些重叠之处，将我们的内容和读者最关心的事物想联

系，做到这一点，读者才会认为内容“与我有关”，才会对我们的内容产生兴趣。如我们在微信朋友圈里经常会看到一些关于互联网大佬的传说，在这些传说中，其中以《马云 96 年跑业务被拒视频，送给每个正在拼搏的人》《京东差点失败，刘强东一夜白头》等这类文章最能给人带来心理冲击，因为这些文章中包含如今成功人士曾经也有未发迹的时候，也有叫天天不应、叫地地步不灵的艰苦岁月，如同现在自己的境况一样，甚至让读者会有“或许我也有可能取得他们的成就”这样的想法。

因此，能让人产生共鸣的好文章，往往有一个共同点，即内容中有重叠处。关于重叠处如何寻找，就需要我们去跟那些可能会替你进行传播的人详细聊聊，了解他们和你之间的共同点，并用故事进行协调，这就是你在创作之前需要做的工作了。

4．从“与我有关”到“与我们有关”

除了制造与受众有联系的内容，我们还需要研究“联系”如何能更好地引发一个人的传播行为。这时我们就发现，内容要引起一个人的关注，往往与这个“个人”产生了联系，但内容如果要引起一个人的传播，往往需要帮助“个人”与“群体”产生联系。

读者为什么要分享你的内容，显然这并不是无理由的，也并不是“无偿”的，是因为内容除了对读者有用，还对读者所处的社交群体也有用，即与读者所处的社交“圈子“产生联系，如我们会与朋友分享新购买的衣服，我们会与朋友分享附近哪一家餐厅现在正在促销……从互动的本质上来说，在朋友圈中，人们一方面每隔几分钟甚至更短的时间去刷新一下看看大家都在说什么（或转发什么），另一方面也非常愿意通过朋友圈将从外界收集到的与朋友“联系”的内容分享到朋友圈，以加强个体与自己所处群体之间的“联系”。如 2015 年 5 月，“反手摸肚脐证明好身材”火了起来（见图 4-4），这种天然带有参与感的内容就是典型的从“与我有关”到“与我们有关”。

最后，用一个“吴晓波频道”读者的留言做总结：“吴晓波频道已经成为我每天早上必看的内容，我吃着早餐，看着你的最新内容，开启一天的生活，你的内容我几乎篇篇分享，因为我觉得我们思路相通。你的观点和我价值观完全契合，我觉得分享你的想法能给身边的人带来好处。”这段话虽短，但内涵丰富：

- 吴晓波频道的内容与他产生了情感上的联系，已经成为他生活的一部分，即“与我有关”；

- 尽管这个读者跟吴晓波相互不认识，但通过内容实现了“价值观的契合”，他们已经建立了一种精神上的亲密关系；

图 4-4　反手摸肚脐证明好身材

分享内容给他的朋友带来价值，是因为吴晓波的价值观反映出他的价值观，这是一种自我形象的建立，同时他觉得内容对他的朋友也有帮助，即“与我们相关”。

“联系”是读者主动分享的动机之一，相关调查研究发现，85%的参与者表示，阅读他人分享的内容有助于自己理解、处理信息；49%的参与者表示，分享内容能够将自己关心的产品告知给他人，并有可能改变他人的观点或是鼓励他人进行消费。

4.3.5 对抗

在传播内容中设置对抗性技巧，让受众参与到这种对抗中，从而引发情感上的共鸣和传播。内容要想更多地引起消费者反响，顺应受众的思维和潮流很显然太过于大众化，这样很显然是无法做到的，只有从对抗、逆向的角度去分析才能获得反响。以马云为例，央视曾经拍过一个纪录片，记录了年轻的马云在北京创业的情景，在这个纪录片里，马云是一个业务员，到处向别人介绍电子商务，那个年代很多人都觉得马云是骗子。其实当时马云推荐的不仅仅是电子商务，还是新旧商业模式的一种对抗模式。同样在那个时期，世界首富比尔·盖茨曾说过“21 世纪，要么电子商务，要么无商可务”，这句话现在看起来再平常不过了，但在那个时候，还是引起了很大的反响和张力，其原因就是它在与旧的商业模式进行对抗。

1．利用弱势引发观众共鸣

无数案例告诉我们，在弱小一方与强敌对抗的故事模式中，普通人非常容易把自己代入到弱小的一方当中，并希望他们能够获胜，而如果弱小的一方失败，作为代入方的观众也会失去与之相对应的安全感。2016 年春节，周星驰的电影《美人鱼》在上映的时候，很多网友甚至自发地发起“还星爷一张电影票”的活动，为什么会有这样的活动？

那是因为周星驰的电影伴随一代年轻人的成长，但早年出演的电影不是在电影院看的，而是看的盗版碟，并没有对票房做出多大的贡献，所以才有“还电影票”这一情怀。这是一种补偿的情怀，很多人一听到这句话，就会想起周星驰曾给自己带来那么多欢乐，但之前自己不花钱看盗版电影，内心一激动，就去为电影贡献票房了。

此外，在加多宝和王老吉产权纠纷过程中，加多宝也多次利用弱势进行社交传播，如加多宝在与王老吉争夺品牌使用权败诉后，在微博平台上，用自嘲的口吻配以幼儿哭泣的图片推出了一系列“对不起”文案，反而占据了新媒体民意的上风。这种做法不仅赢得了广大消费者的同情心，促使其大量转发，还借助这组文案为品牌更名这一事件做了一场高效的传播，2013 年加多宝凭借此文案获得了很多营销大奖（见图 4-5）。

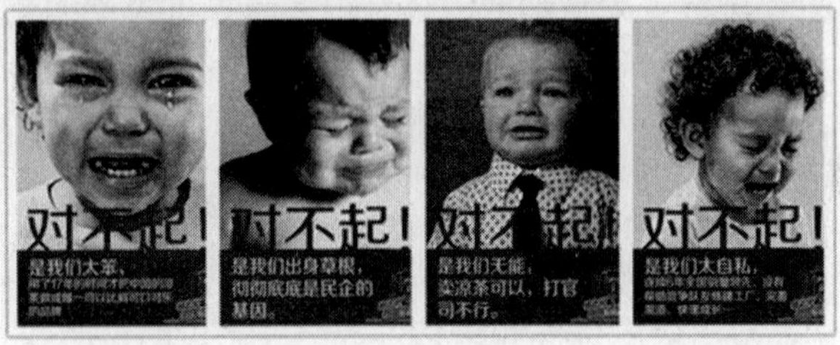

图 4-5　加多宝推出的一系列“对不起”文案

2．人们爱看“逆境中的坚持者”

2016 年 3 月，在大洋的彼岸，22 年来一直冲击奥斯卡的莱奥纳多，终于凭借《荒野猎人》里的“自虐式”表演拿到了他梦寐以求的小金人，这一消息很快成为社交媒体的头条，为什么会这样？那必须说说莱奥纳多这个人。

莱昂纳多（国内影迷一般叫他小李子）作为一个童星出道的演员，在美国演过电视系列剧《成长的烦恼》，是一位伴随观众一起成长的演员，尤其是后来因出演电影《泰坦尼克号》而被国内观众所喜爱，毫不夸张地说，我们大多数人对小李子的喜爱，始于当年那部电影《泰坦尼克号》，小李子其他作品的中国观众总和，恐怕都不及《泰坦尼克号》这一部多。22 年来，莱昂纳多一直致力于冲击奥斯卡，甚至为了迎合奥斯卡评委的“口味”，从 2004 年拍摄电影《飞行家》时就开始改变偶像派形象，但即使摆出这样牺牲的姿态，他依然得不到奥斯卡评委们的青睐。每次莱昂纳多面临的情况是，一边是得奖呼声越来越高，作为当事人的他也确实做出了巨大的努力和牺牲；另一边，则是奥斯卡哪些学院派的老学究评委们对他的作品冷眼相对。

这种巨大的落差，让每次莱昂纳多入选奥斯卡的事件，都成为一个社交象征，人们带着或是遗憾或是不平的情绪，不断地讨论他拿不到奥斯卡奖这件事。所以多年之后，小李子的屡战屡败引起了广大网友的强烈讨论，之前就诞生了一个热门话题#小李子不哭#。后来，2014 年奥斯卡颁奖典礼结束后，莱昂纳多再次落选，粉丝们大呼#可怜的小李子#（Poor Leo），仅仅 12 个小时，#可怜的小李子#的话题就被疯狂提及几十万次，这让非常感性的新闻工作者都看不下去了，所以 2016 年奥斯卡颁奖前夜，你会观察到，几乎所有的媒体都在为小李子呐喊，并最终在莱昂纳多上台拿到奖杯的那一刻，迎来了一次完全的释放。在小李子得奖之后，新媒体、营销号和段子手全体出动，为这一事件而疯狂。

关于逆境中的坚持者，除了莱昂纳多，还有很多，如大家熟悉的褚时健，永远上不了头条的汪峰。

3. 人性欲望的按钮

我先和你分享一个很直接、赤裸裸的观点，人类几乎所有强烈欲望只源于两件事：生存和繁殖，更准确地说，是更好的生存和繁殖。这是进化论的核心观点，“更好的生存和繁殖”就意味着人类一直在对抗着某种“压力”。在古老时代，面对基本的生产危险，人类发明了工具，发明了火种，学会了建造房子、织衣服；面对疾病的痛苦，人类在医学上不断探索和前进。在和平时代，我们努力地工作，就是为了积累更多的财富，财富意味着你能面对疾病、饥荒的时候更从容地活下来，意味着你能给家人更舒服的生活。

关于人类的欲望，哈佛大学知名心理学教授斯蒂芬·平克（Steven Pinker）总结出人类 5 种强大的“生存”欲望：

- 避免劳累，享受舒服的生活
- 长寿不老，保持健康活力

- 享受美食和饮料
- 避免肉体痛苦、心理恐惧和生命危险
- 获得社会大众的认可和喜欢，避免当众被羞耻或被淘汰

还有 2 种强烈欲望与“繁殖”有关：

- 充满魅力，获得美妙的伴侣
- 稳妥照顾和保护自己的爱人、小孩、父母

除了这 7 种强烈的欲望之外，还有 6 种次要欲望，分别是：

- 上进学习，让自己更强
- 好奇某件事，想要知道
- 保持身体和环境整洁、干净
- 希望产品质量好、耐用
- 希望产品美观漂亮
- 追求实惠省钱

如果在你的文案中包括了其中一种或者几种欲望，那这则文案将触动读者的心灵，被人所喜欢、所追捧。如百雀羚早期有一个广告在朋友圈刷屏，仅公众号“4A 广告门”的阅读量就超过“10 万+”，点赞数超过 3 万，无疑成为广告营销案例的翘楚。这则广告是由一部民国时期的谍战片开启，最后的主题竟然是“我的任务就是与时间作对”（见图 4-6）。是啊，人类不是一直都在想方设法与时间、与衰老等自然现象进行对抗吗？

图 4-6　百雀羚广告

在这些人类的欲望中，“避免劳累，享受舒服的生活”经常被人忽视，但常常被内容文案人使用，这个欲望说得更直白一点就是两个字：偷懒。偷懒是人类的刚需，如《7 天搞定 Office 办公软件》《30 天学会演讲技巧》《3 天学会如何与人沟通》……看到这样的文案，估计你很愿意将其收藏并分享它。

4.3.6 情结

在中国流传下来的诗词歌赋中，很多被广泛传颂和知晓的原因是因为它里面包含着创作者的某种情结，如《离骚》作者屈原 “长太息以掩涕兮，哀民生之多艰”的忧国忧民，《岳阳楼记》作者范仲淹的“先天下之忧而忧，后天下之乐而乐”的家国天下，《过零丁洋》作者文天祥的“人生自古谁无死，留取丹心照汗青”自杀成仁的正气，《满江红》作者岳飞的“三十功名尘与土，八千里路云和月”的精忠报国情怀……

其实在互联网内容传播和分享过程中，不难发现，很多分享行为的直接动机并不是因为内容有多精彩，而在于受众对某个人（或某件事）的个人情结。如 2016 年（猴年）央视春晚，此前备受关注的六小龄童和郭富城搭档的双美猴王闹春晚节目确定被毙，于是网络舆论一夜爆发，成为新浪微博热门头条（见图 4-7），网友疯狂吐槽春晚导演组，强烈支持六小龄童上春晚。为什么人们会出现如此大的反应，其根本原因在于人们的“怀旧”情节。

图 4-7　新浪微博热门话题榜

所谓“情结”是一心理学术语，指的是一群重要的无意识组合，或是一种藏在一个人神秘的心理状态中强烈而无意识的冲动。在传播过程中，情结无时无刻不在影响着人类的认识和行为，只不过我们对此毫无察觉。

1. 情结产生的原因

情结深深地扎根在我们的潜意识中，一定程度上影响了我们对事物的正确认识，那么情结是如何产生的呢？

其一，对旧有观念的依赖导致了情结的产生。人们形成认识是一个复杂的过程，认识的本质就是把握对象信息，由于人们在生活中反复接触身边的事物，在这一无形的过程中不断在脑海中形成对事物的认识，并且把这些认识存储在大脑中，从而形成情结，如红脸的关公、黑脸的张飞、铁面无私的包青天，说到义结金兰，自然会想到桃园结义，说到鲁莽大汉，就会想起张飞、李逵。

其二，“先入为主”导致的情结的产生。人们在认识活动中总是希望能够明确事物内部的各种关系和属性，以达到对认识对象的“终极认识”。但是，所谓的终极认识是不可能做到的，这种认识更多时候是建立在外部信息与原有文化体系中某些相似信息的基础之上的，在这些相似信息的影响下，人们在对这些外部信息做出判断时，经常在自己的判断中掺杂了原有的“先入为主”的倾向性偏见，他们在对认识对象做出判断时，会依据旧有的印象，做出倾向性的判断，如一说到潘金莲，大家都觉得是水性杨花的女子，而真实历史上确有此人，并且是一个跟丈夫相濡以沫的大家闺秀，之所以造成这种“误会”，是因为人们被《水浒传》等小说作品产生的“刻板印象”先入为主了。

2. 如何利用情结引发共鸣

有些人总纠结于如何改变人们内心已有的标签，我建议不要如此，原因在于，注意力经济时代，注意力成为稀缺资源，对于内容传播来说，传播新的形象（真实的你）来给人们留下印象变得越来越困难，而加深既有情节（别人眼中的你）倒变成一件划算的事情，比如让陕北演员头戴白毛巾，腰挂红腰带去唱信天游，远远比西装革履地唱信天游要打动人一些，西装革履地唱信天游并不是观众的“固有印象”，尽管这形象是“真实的你”。那么如何在内容中通过情结的掌控来调动受众的共鸣呢？

（1）利用大众对事物的情结看法。人们对于很多事物（尤其是热门事件）是有明确看法的，如果你能够顺应这些事物的看法，那么你的内容将得到大家的认可并广泛传播。还是以上面的六小龄童春晚节目被毙为例，百事可乐借此邀请六小龄童，并根据六小龄童的经历拍摄一则《把乐带回家之猴王世家》的广告，大打情感牌，在网络上深受好评并广泛传播（见图 4-8）。

图 4-8　百事可乐广告

（2）迎合常规情结。三观一致不管在什么时候都是能得到大家的认可，并产生共鸣的，无论是“凡客体”还是“陈欧体”，它们之所以被广为传播，是因为它们迎合了人们的某种情结。

（3）打造领袖情结。领袖往往意味着在某个方面非常权威，并且德高望重，深受大家的认同，如李嘉诚、马云、乔布斯、比尔・盖茨，他们的很多话语都被人们广泛传播，这就是领袖情结。内容创造者也可以将自己塑造成某个方面的“领袖”，如财经学家吴晓波，他的很多观点被大家深信不疑。

4.3.7　落差

所有人都不会被平庸的内容所打动，所有好故事往往需要在适当的时机超出平庸，与平凡的世界拉开距离，这种差距有可能是戏剧化的理想世界，也有可能是超出一般人生活习惯的内容，是某种不平凡的事。这些信息都有共同的特点，即超出了一般人对普通生活的认知，让他们产生某种强烈的“不可思议”的感受，而这种感受，我们称之为落差。

1. 信息爆炸时代，仅有事实是不够的

随着信息爆炸时代的到来，每时每刻到处都充斥着源源不断的信息流。这是一个内容泛滥的时代，一则信息推出，如果不是特别吸引人，根本无法抓住受众眼球，更谈不上留下深刻印象和引发广泛传播。在这样的背景下，人们往往不能接受平庸和含糊的内容，但是却会被极端的观点所吸引，因为记忆天然会排斥平庸，每个人都生活在平凡的世界中，但这并不妨碍人们去关注、相信那些与现实差异巨大的各种奇闻异事。事实上，现实越是平庸，人们越渴望在生活中能够见证各种各样的传奇，类似的情景在内容分享行为中经常上演，如果你的内容包含很多不符合认知习惯的事情，那么这样的内容更容易被煽动和传播。比如：

- 十一点到凌晨一点是肝脏造血时间，晚上要早点休息
- 听说最近有很多病死猪肉上市，猪肉不能吃了
- 某快餐品牌的鸡是“变异”鸡，有四只鸡腿六只鸡翅膀

毫无疑问，这都是一些夸大了的信息，有些与我们的生活方式以及习惯认知相悖，有些甚至是与我们生活息息相关的网络谣言，无论信息被夸大，还是网络谣言，人们都会不自觉地分享这些内容，很多一部分原因在于，这些内容刺激了他们原本的生活认知，让他们产生“意料之外”的发现。

2. 如何产生落差感

一个话题能否让人感兴趣并广泛传播，很大程度上取决于话题是否带有人们已有认识的落差感，对新信息的好奇是人类的本能，所以不妨在进行互联网内容创作的时候，可以制造你所希望表达的信息与原有受众方认识的落差。落差感的产生大致有以下几种方法：

（1）夸张。高尔基说过：“夸张是内容创作的基本原则。”互联网内容创作更是如此，通过夸张的手法能更鲜明地强调和揭示事物的实质，加强作品的艺术效果。在营销界，借助想象，对广告或者文案作品所宣传的对象的品质或特性的某个方面进行相当明显的过分夸大，以加深或夸大这些特征，早已是运营多年并证明行之有效的手段。内容创作也是如此，你会发现，有些信息越是夸张，越是让人觉得出乎意料，就越容易被传播，很多人为

了制造夸张的效果，在标题中使用了“震惊”“史上最牛”等字眼。

（2）打破常规。学新闻的都知道，狗咬人不是新闻，人咬狗才是新闻，为什么会这样？其原因就是它打破了普通受众的生活认识，制造了对方意料之外的内容。一个具有落差感的内容往往是从标题开始的，越是颠覆常理的标题，越能吸引人关注，如《这个时代“寒门再难出贵子”》曾是网络媒体上广为传播的一篇文章，原因在于它否定“寒门出贵子” 这一期望，以及努力就能成功的常识。此外，“伏牛堂”的北大硕士张天一创业之后对媒体强调自己是“卖米粉的”，但同时，他也会强调自己北大硕士的学历和身份，结果显而易见，很多媒体把他作为一个“高学历低姿态”的创业典型进行报道。想想看，北大硕士，人们往往会觉得符合这个身份的一定是更为光鲜的职场定位，但没想到却是和小贩一样在卖米粉。

（3）增强对比。要想让人感知到落差有多大，当然是需要对比了。一直以来，对比都是一种最突出的表现手法，如去年一篇《月薪 3000 的文案和月薪 30000 的文案》的内容被广泛转载，其原因就是通过对比来塑造落差感。

4.3.8 内容发酵剂

与前面所说的情绪、标签、联系、压力、落差等因素不一样，它们只是解决了内容被分享的动机，而内容发酵是内容信息在互联网上不断被扩散和不断被传播的过程，它不仅仅是“二次传播”，有可能是“三次”“四次”“N 次”传播；它不仅仅是社交媒体平台上的传播，有可能会引爆门户网站、报纸、电视等其他媒体的传播（这部分内容我们将在第 6 章“启动内容引爆策略”中介绍）。为什么叫内容发酵剂，发酵剂就是那些能够让人们持续产生话题的小细节，在一定的环境下只要往内容里加一点这个因素，内容就能持续被扩散和持续继续下去。那么，如何在内容中设置这种“发酵剂”呢？

1. 在内容中加入悬念

如何让人关注一条信息呢？对内容的关注需要持续集中注意力，比如阅读，若非阅读本身提供“奖赏”体验，则需要读者持续耗费意志力（尤其是阅读未知领域专业书籍），而提供阅读“奖赏”最有效的办法，就是不断设置悬念，诱发读者的兴趣。如很多小说迷会每天盯着网络小说作者的更新，原因就在于小说作者在小说中不断设置悬念，使得小说迷们产生持续渴望。因此，由悬念推动的结果，是持续让人欲罢不能的最简单手段。

追逐悬念，是人类的本能，人们无法忍受未知的东西，害怕结果的确实。所以在内容中制造悬念，一个解决之后立刻抛出下一个，可以最大化地吸引注意力，让读者一直关注下去。用悬念产生话题发酵最大的秘诀就是“不要一次把话说完”，结尾适当地留白产生的悬念很容易让人产生意犹未尽的感觉，这样往往容易产生话题，引起人们讨论，从而在新媒体端引起更大的效果。

2. 保持话题的争议性

悬念不仅能完成阅读诱导，也可以激活讨论，但如果要让内容中的话题持续发酵，还需要足够的争议性，争议性可能是最好的内容发酵剂，因为很多事情其实是没有明确答案的，往往呈现出一种“两边看上去都有理”的状态，注意，这种状态，只要一方坚持自己的观点，话题就能一直发酵下去。想象一下，假如一对夫妻开始吵架，除非一方开始沉默，否则他们能一直吵下去。所以，相对于别的办法，加入争议性作为发酵剂的内容往往威力巨大，并且拥有相当长的生命力。

要想让争议性把内容发酵得更厉害，通常是让一个事件与社会现象想牵扯，如触及到公共利益、传统道德、伦理抑或社会的基本价值观和行为准则，甚至是触及法律、法规等隐性本质；同时，对这些背后触及的东西的本质的解读、认知，是多元化的，是没有“标准答案”的，这是争议性新闻事件广泛传播的根源，只有满足这些条件，才能“愈争议愈传播，愈传播愈争议”地持续发酵下去。

3. 场景，增加发酵效果的蒸笼

如同发酵面点需要一个蒸笼一样，发酵话题也需要特定的场景。不管是利用悬念，还是争议，作为一种刺激内容传播的手段，它们无法摆脱环境的影响，多种多样的环境因素会影响传播效果，很重要的一点就是这条内容在传播时受众的处境。如在 2016 年春节期间，一个“上海逃饭女”话题在互联网上广泛传播，这个轩然大波的情况是这样的：一位上海中低收入家庭出身的女孩，春节前往男友位于山西山区的家，去了之后，对于整个环境不是很适应，尤其是看到晚餐之后，整个人都崩溃了，于是去上海本地论坛求助，最后死活离开了男友家连夜返回上海。

这个事件之所以能引起广泛关注，是因为背后的争议，是关于“城乡差距”的争议，是关于“红雀女与凤凰男”的争议。一方面很多人谴责女孩“嫌平爱富”“歧视农民”，另一方面是许多上海市民和女性声援女孩“门当户对很重要”“凤凰男骗婚”。除了争议之外，这个时间能够让人持续讨论的原因之一，可能就是大家被忽略的场景，在中国，春节返乡是一个非常单一的媒体传播场景，大部分媒体正在放假，行业内春节期间也没有什么大事发生，各路媒体和新媒体除了吐槽春晚，也没什么新鲜话题了，这时候，“上海逃饭女”事件在这样的场景下被人制造出来，并迅速占领了各大网络媒体平台。

第 5 章

构建活跃用户群

可能各位读者身边，喜欢 TFBOYS 等“小鲜肉”的人并不是太多，但你知道吗？如果 TFBOYS 在某个地方举办一场演唱会，一万张门票多长时间能销售完？答案是十分钟之内就会全部销售完；可能各位读者身边，关注咪蒙的人并不是太多，但你知道吗？咪蒙在其公众平台上发表一篇文章，阅读量多长时间能达到“10 万+”？答案是十分钟之内就会超过十万阅读量；可能对于很多人来说，并不知道“李叫兽”这个名字，也不知道他是做什么的，但你知道吗？李叫兽在 2016 年 9 月份进行的“14 天改变计划，现在开始报名”为标题的文案培训课程，不一会功夫，500 个名额就抢购一空，每人的费用为 799 元，仅报名费李叫兽就入账近 40 万元，还不包括打赏的钱……这样的例子在我们身边太多了，它告诉我们一个道理：对于内容创业者最为关注的阅读量和转化率，对于这些人来说轻而易举就能做到。

为什么会这样？原因是他们的背后拥有一群活跃的受众群。

5.1 社交运营模式下的三大流量红利

2017 年跨年的一段时间，关于微信公众号刷流量事件被讨论得不亦乐乎，许多微信公众号凭借刷流量工具成为各个领域的新宠，并从中获得巨大的广告收益，然后这个事件的背后也反映出内容创作者面临的矛盾问题：一方面，在内容创业红利期渐行渐远时，自己的微信公众号如何通过真实的内容生产获得较好的流量？如何让内容获得较高的传播量？另一方面，如果不能通过自己的能力脱颖而出，那么又如何获取利益？是否靠走捷径就能获取？

对于第一个方面的问题，的确是一个大问题，内容获取巨大传播力或者短时间成为媒体上头条热文是所有内容创业者的理想，然而实现总是残酷的，不是所有的人都有这种能力，甚至可以说绝大多数人都不具备这种能力，即便你是优秀的内容创作写手。于是，许多内容公众号在自己能力达不到却禁不住诱惑时，便会难以抑制冲动选择其他途径获取利益（如刷流量）。

为什么优秀的内容创作写手也无法获得较好的流量？原因在于社交媒体的三大主要流量方式。

1. 一次流量，来自于单客重复“消费”

在营销学中，有一个道理大家都知道，那就是老客户所创造的价值是非常大的，原因在于老客户的重复消费和多次消费。同样的道理，这个时代最大的流量红利，来自于老客户的重复“消费”，这里的老客户是指你的“粉丝”、你平台的订阅和关注者。为什么咪蒙在微信公众号中推送一篇内容，只需要几分钟就能阅读量“10 万+”？其原因并不在于这篇内容写得多好，价值有多高，更多的是因为咪蒙的微信公众号平台聚集了数百万的粉丝，他们每天都密切关注着咪蒙的动态，不断地“消费”着咪蒙的内容。

2. 二次流量，来自“泛中心化”的社群

今天的电商以阿里、京东和唯品会为主，如 2014 年，电商一共是 2.8 万亿元的市场，其中阿里是 2 万亿元，京东是 3000 亿元。但未来的大趋势是中心化的流量越来越少，越来越分散，形成很多中小型的“泛中心”，但加在一起，就会变成主流。甚至有人预测，在未来，电商趋向于三大巨头的可能只有 50%，其他的流量将会变得更长尾。

为什么会这样？

阿里是中心化的逻辑，所有的流量本质上都是阿里的，每一个客户本质上也是阿里的，商家只是商品的提供者，并不真正拥有客户，所以永远需要花钱购买流量，这导致淘宝大量的商家是亏损的。而微信建立的新生态是“泛中心化”的，泛中心化是由很多很多小中心组成的，如罗辑思维是一个小中心，吴晓波频道是一个小中心，凯叔讲故事是一个小中心……这种以某个目的（比如兴趣、背景、目标）而聚集在一起的形态，我们将其称之为“社群”。

社群有很多组织形态，大到一个垂直社交软件，如微信、陌陌；或者中等到一个有个性的微信公众号，比如吴晓波频道、咪蒙；再或者只是微信里的一个群，豆瓣上的一个组，百度上的一个贴吧。这些集结而成的社群越来越成为企业获取客户的重要渠道，也就是二次流量的稳定入口。

如果你的社群中现在有 400 万人了，那么就可以影响 7 亿到 8 亿人这么一个庞大的系统，能让你的内容在最短的时间内引爆。

3．三次流量，来自口碑传播

互联网的社交媒体平台，是口口相传的扩大器和加速器。口碑化是在互联网上进行的一种合法、高效的“口碑经济”。什么是口碑传播？说得简单一点，就是内容消费者对你的内容进行不断地转发和分享给他人，以实现内容病毒化传播的过程。

5.2 优质粉丝画像

社群就像集市，存在一个慢慢聚集人气的过程，不会一下子热闹起来。所以，在从无到有、从小到大的过程中，社群运营的节奏是非常重要的。一般来说，社群运营的节奏是先小范围探索模式和建设氛围，再复制并提升用户规模。具体来说，社群运营应该分三步走（如图 5-1 所示）。

图 5-1　社群运营三步走

其中每一步都可以延伸出一个完整的话题，本部分先说说冷启动的第一步：建立种子用户。这是一个独立的项目，有完整和系统的方法。建立种子用户的详细分析流程步骤如下。

1．明确产品定位

产品定位，就是用什么形式满足什么用户在什么场景下的什么需求，可以拆分为以下四点：

- 什么形式——产品形态
- 什么用户——目标用户
- 什么场景——需求场景

- 什么需求——用户需求

将这四点套用在不同的产品上，就可以得出产品的定位，以作业帮平台为例：

- 什么形式——用手机拍照请教作业
- 什么用户——K12（即基础教育）学生
- 什么场景——学生写作业时，身边无人可请教
- 什么需求——难题不会解答

所以，作业帮的定位是：以手机拍照提问的形式，满足 K12 学生用户在学习时解答难题的需求。

2．根据定位圈定受众人群

上一步已经提到了受众人群，社交平台上有很多潜在的目标人群，并不是每个目标人群都是你的目标受众，即便是你的目标受众也有轻重之分。而评判目标受众轻重的标准是信任和需求，即他们是否完全信任你，他们对你的需求欲望是否非常强烈。因此，这一步需要我们对目标受众给出具体的范畴和定义，即对优质粉丝进行“画像”，可以按显性和隐形划分，其中：

- 显性是用户的客观标签，是用户资料，如年龄、性别、所在地、单身与否、收入、行业、兴趣爱好等；
- 隐形是能将用户划分至某个人群的标签，体现群体属性，如两岁孩子的全职妈妈、经常登录知乎阅读、华为手机用户、每周去电影院看两场电影、女权主义者等。

这些元素可以拼成一个完整的用户画像，代表着一类人。

3．分析目标人群的需求

列出目标人群的需求，此时需要注意两点：第一，用户的需求有很多个，但核心需求只有一个，我们需要根据自己的内容角度去寻找用户的核心需求；第二，分辨需求是否是真正的用户需求。

4．选择种子用户

在选择种子用户之前，先要明确这些用户应该发挥的作用。一般情况下，种子用户的

作用是：带动社区活跃、贡献内容、对外传播和组织活动。针对这三点，种子用户需要具备五点素质：贡献能力强、活跃度高、对你产生信任、传播能力强、有领导力。至于如何寻找，相信你稍加用心，就能从你的粉丝中乃至你的竞争对手的粉丝中挖掘出来。

5.3 通过用户参与打造优质社群

关于构建社群部落的载体有很多，如微信群、微信朋友圈、微信公众平台、QQ、QQ群、QQ 空间、论坛社区、博客、微博、官方网站甚至是线下俱乐部，都是不错的社群平台，也是最常见的培养粉丝的平台。当我们选择好平台之后，除了需要考虑给社群进行定位，筛选出志同道合的目标受众，一个优秀的社群还要包括以下六个方面的运营。

1. 人

这个社会是由人组成的，社群也是由人组成的，只不过这群“人”相比于游离的人来说，他们因为某个共性吸引在一起，当然社区部落里的“人”更多的是指目标客户群体，所以我们在运营社群部落的时候，首先需要解决的就是：你是为谁服务的，即谁是你的目标客户群体。

我们除了清楚地知道谁是你的目标受众，还需要对目标受众进行划分，以确定谁是社群里的组织者、思考者、清淡者、求救者、围观者、挑战者以及不活跃分子等。

- 组织者，负责群的日常管理和维护，也是群的活跃分子，犹如班级里的“生活委员”；
- 思考者，社群里的灵魂人物，在圈子里拥有威信和影响力的人；
- 清淡者，能够轻松自如接受大家的调戏，让群变得活跃和有气氛的人，这些人相比于组织者而言，他们一般不会主动开启话题，但积极参与话题讨论；
- 求救者，在群里提出自己的各种困惑希望得到帮助的人，他们中绝大多数是初学者，加入社群的目的无外乎就是希望别人能帮他们解决他们所遇到的问题；
- 围观者，围观者就是加入了社群，但积极性不高、习惯性潜水的人群，可能会偶尔说一句话，但很快又消失了；
- 挑战者，就是那些加入一个群之后往往会对群的管理方式或交流内容公开提出不满的人，这样的人在不少群里都存在。

2. 命

社群是由一群具备某个共性的群体所组成的，这个共性就是社群的“使命”，可以是共同的爱好、需求、价值观和目标。“命”是社群构建的原则，它决定了社群的价值。

对于社群来说，没有足够价值的社群迟早会成为“鸡肋”，群主和成员迟早会解散群或退群，也有一些人会再去加入一个新的“好”群或选择创建一个新群。即便是他们选择继续留在群里，也不会太活跃。因此，好的社群一定有某种强烈的共同使命，正是因为这种使命的存在，让社群从群主到成员都能提供相应服务、全员开花，才能让成员产生归属感，以确保社群的凝聚力。

3. 器

“器”是指实现使命的器具和载体，是对某种事物的共同认可或行为，它是社群成立的发端，根据“器”的不同，目前的社群大致可以分为：

- 产品类社群，是基于某一个产品的社群，如苹果手机、小米手机、奔驰车；
- 兴趣类社群，是基于某一种行为的社群，如爱旅游的旅游群、爱阅读的读书分享会；
- 知识类社群，是基于某一类三观的社群，如“有种、有趣、有料”的罗辑思维、“每天进步一点点”的亲友团；
- 圈子类社群，是基于某一种标签的社群，如某明星粉丝会、星座研究群；
- 地域类社群，是基于同一地域的社群，如老乡会、浙商、校友会、某生活小区业主群。
- 活动类社群，是基于某一次活动的社群，如刘徽互联网营销培训班第 20 期微信群、化学工业出版社 2016 年广州作者见面交流群。

4. 仪

无规矩不成方圆，尽管现在的社群不需要像线下参加某个社团一样，需要举办各种仪式，但并不代表社群部落没有仪式，恰恰相反，优质社群有一套属于自己的非常严格的社群仪式，它包括：

- 社群规则——包括入群门槛设定、社群文化衫、社群特殊身份标志、社群名称和头衔、发言内容的禁忌及规范设定、社群线上线下活动时间设定、社群分工及荣誉设定、社群奖励机制设定、社群惩罚机制设定、社群活动内容规划等。

- 社群分工——即对社群成员进行分工安排，如社群管理员、社群小秘书、社群活跃分子、社群监督体系人员、社群内容编辑人员等。

很多社群为什么很快走向沉默，就是因为最初没有对社群规则、社群分工进行有效的规范，人越多就越必须管理，否则整个社群会出现灌水或广告满天飞而让很多人选择屏蔽。所以，在社群运营中，一是要设立管理员，二是要不断完善群规。

5. 场

“场”是社群人员沟通聚会的平台场所，目前的社群平台大致分为：

- 微博平台；
- 微信平台，包括微信朋友圈、微信公众号、微信群；
- QQ 平台，包括 QQ、QQ 空间、QQ 群；
- 兴趣部落，主要是百度贴吧和社区平台；
- 社群 App；
- 其他平台，如线下俱乐部。

不同社群平台其功能和作用不一样，如微博平台是明星聚集粉丝不错的平台。相对而言，微信平台具有一定的限制，主要以圈子类、产品类和内容类见长。

6. 领

有什么样的社群领袖，就有什么样的社群成员。

优秀的、具有团结力的社群是需要有意见领袖或者精神领袖的，他是整个社群的精神代表，也是产品的最佳发言人，是整个社群的象征物。每一个卓越的企业都有一个非常伟大的企业家领袖，如海尔的张瑞敏、华为的任正非、阿里巴巴的马云、腾讯的马化腾、小米的雷军、百度的李彦宏、格力的董明珠等，这些人就是一个企业社群的领袖。在互联网社群中，也需要这样的领袖，如罗辑思维的罗振宇、吴晓波频道的吴晓波、阿芙精油的雕爷等。这些人是社群部落的象征物，是灵魂所在。那么，什么样的人能成为社群领袖呢？

第一，具有一定的社会影响力。

任何一个人，都具有“英雄崇拜”的心理，在社群中，社群领袖就是粉丝心中的英雄影像折射。要想成为社群精神领袖，首先需要具有一定的影响力，在某个行业中具备一定人气和知名度，只有这样，他的观点才能让人信服，行为方式才能被人认可。其次是专业，只有专业，其自身才能聚集一定的粉丝，这些粉丝在社群中将化身为社群的活跃分子和积极力量，不断地增加社群活跃性。

第二，具备足够强的思维能力。

社群精神领袖即便是“花瓶”，也不是纯粹的“花瓶”，而是能够带给社群粉丝一定影响力的人，所以，社群领袖还需要具备独立思考的能力，并且一定要高人一等，可以在社群成员广泛讨论时，为社群成员带来积极的引导；或当社群出现严重问题时，能够力挽狂澜。因此，我们在选择社群领袖的时候，一定要去衡量社群领袖的思维能力和掌控大局能力。

第三，与社群成员的广泛互动能力。

社群领袖不是摆姿势、为品牌站台的“品牌形象代言人”，他需要真正地走到社群之中，与社群成员进行互动、交流，这就要求社群领袖除了具备很高的知识修养之外，还需要具备一定的互动能力，从罗振宇、罗永浩、吴晓波、雷军等社群领袖可以看出来，他们具备非常优秀的沟通能力和演讲能力。而且纵观整个优秀社群行业，很难发现有性格内向的人成为社群精神领袖的，性格内向的人可以成为“技术红人”，但他很难承担起影响社群、促进社群信仰的职责。这也是为什么在前面强调我们在进行自品牌塑造的时候，需要加强自身口才技能的提升。

第四，能力精英化。

人与人的冗合度为零是互联网进行自品牌运营的重要特征，即在互联网上，两个相同的人，必有一个淘汰，要生存，那就需要你将才能发挥到极致，这样才可能吸引追随者，从而形成组织的社群化。为什么我们愿意去优秀的公司工作？原因很简单，除了丰厚的报酬，更重要的还是那里聚集了一群顶尖的人才。所以我们一直坚信，优秀的公司只需要几个甚至一个顶尖的人才即可，因为一个顶尖的人才，会吸引一群水平相当的人。乔布斯对此也做过相应的评价：高科技企业最重要的是人才，尤其是顶尖级人才，一个公司如果拥有 5 个顶尖级人才的话，那么他们很快就会吸引更多的优秀人才来到公司。

对于社群也一样，优秀的社群肯定是因为它拥有优秀的社群领袖，优秀的社群领袖身边自然会汇聚一群庞大的粉丝群。

5.4 铁杆粉丝升级策略

可以想象，对任何行业来说，打造超级社群都是一件很重要的事。在有关粉丝忠诚度的研究中，研究人员发现，粉丝根据热情可以分为四种：非粉、轻粉、中粉、铁粉。铁粉也就是幼稚粉丝，通过买票和购买相关衍生品为社群贡献了 80%的收益，但其人数还不到粉丝总人数的 20%。

研究指出，针对这四类粉丝需要采取不同的营销策略，力求将粉丝转化升级为铁粉，该模式强调在推动粉丝转化的过程中，需要注重满足不同群体的不同需求。

针对非粉的策略是，通过宣传来提升他们的品牌意识。你怎样才能让人发现内容呢？对他们来说尝试这个有什么价值呢？

5.4.1 互动是建立情感的基础

通过上述案例，我们可以总结出从“互动”到“传播”的形成机理。这包括三个方面的要素：

- 有吸引力的话题；
- 人机互动；
- 人人互动。

要想形成人与人之间的快速传播，在设计“公众号”的“传播机制“时，一定要像设计“在线游戏”一样，同时考虑到上面三个要素。

第一，有吸引力的话题。

是指你要求网友来互动，主题是什么。如果你是卖童装的，可以考虑的互动主题是“输入你家宝宝名字，预测出宝宝的天才领域……”或者“输入宝宝年龄，提示宝宝身体发育注意事项……”。

你所涉及的主题，必须是网友非常关心，而且在其他渠道不容易得到的信息，这样才能快速吸引网友关注你的公众号，并形成互动黏性。

第二，人机互动。

“人机互动”是指你一定要简化互动的流程，千万不要太复杂，应该让每个网友都容易理解，很容易输入。

第三，人人互动。

你所“预测”或“解析“的内容，必须不涉及太多的网友“隐私”，这样网友才容易分享。如果你所“分析”的内容，根本就是“朋友之间”的信息，那就最好了，因为这样的信息，网友最乐于分享，也就自然而然地促进了你的“信息转发”与“粉丝增长”。

5.4.2 情感可以黏住人性

情感营销就是通过情感这个媒介，拉近与粉丝的关系，从而实现销售产品的目的。任何销售的产生，都不是无缘无故的，消费者购买任何产品都是为了解决某方面的问题和满足某种需求。怎样促使有需求的人成为你的粉丝？下面我们以自媒体名人鬼脚七的公众平台为例进行讲解。

对于鬼脚七这个人，我相信玩电商的人应该都知道他，可以说是互联网界里大名鼎鼎的人物了，而且现在他玩自媒体也做得很好，至少我每天都要关注一下他的微信自媒体平台，一方面是因为他的文章内容有“质量”，另一方面，是他的自媒体平台重视情感，所以能如此黏住人心。

对于人类社交的心理需求，我把它分为三个层次：

- 身的需求。朋友信息——最低层的社交需求，也是最核心的社交需求，是粉丝选择你的根本，如鬼脚七公众平台中的营销类文章信息；
- 心的需求。感情交流——中间层级的社交需求，想得到爱、关怀、关注的需求，如鬼脚七公众平台中的各个情感互动环节；
- 灵的需求。精神激励——高层级的社交需求，精神追求与信仰追求，如鬼脚七个人的成就和心得以及其在粉丝心目中的地位就属于灵的需求。

“身”的需求让别人了解你的现状，“心”的需求让你打动别人的内心，“灵”的需求激发朋友对你的理想以及公司品牌的信任。因此，一旦你组织起这些信息，那么很快你的粉丝朋友就会相信你、了解你，变成你的亲密战友，成为你的推销员，源源不断地有新的粉丝加入，并且只要他们有需求，他们首先就会找你，这就是“圈子营销”形成的关键过程。

5.4.3 价值是社群形象的核心

“互动”是“微沟通”引发兴趣的基础，“情感”是建立信赖感的关键，而“价值”是打造形象的核心。

“互动”好比是一座桥，“情感”是送货的车，而“价值”就是车上的“货物”。如果桥很结实，车很好开，结果“货”有问题，那么，整个系统也是错的。

所以，“价值”是核心，只有持续提供有价值的资讯，才能让你的公司形象真真正正地在客户心目中建立起来，并最终形成购买。

而“价值”又源于客户的需求，因此，了解“价值”之前，还要了解人的基本需求。

关于人类的基本需求，美国著名的社会心理学专家马斯洛于 1943 年在《人类动机的理论》一书中，提出了享誉世界的“人类需求五层次理论”，也就是后面我们常说的“马斯洛需求理论”（如图 5-2 所示）：

- 生理需求，是个人生存的基本需求，如吃、喝、住处；
- 安全需求，包括心理上和物质上的安全保障，如预防危险事故，职业有保障等；
- 社交需求，人是社会的一员，需要友谊和群体的归宿感，人机交往需要彼此同情、互助和赞许；
- 尊重需求，包括要求受别人的尊重和自己具有内在的自尊心；
- 自我实现需求，指通过自己的努力，实现自己对生活的期望，从而对生活工作真正感动有意义。

产品是为了满足消费者的需求而存在的，平台同样也是如此，而“微沟通”中最后一个环节“价值”的沟通，主要体现在商家通过微信平台与消费者沟通的过程中，满足了消费者哪几个方面的需求，很显然这是很关键的。

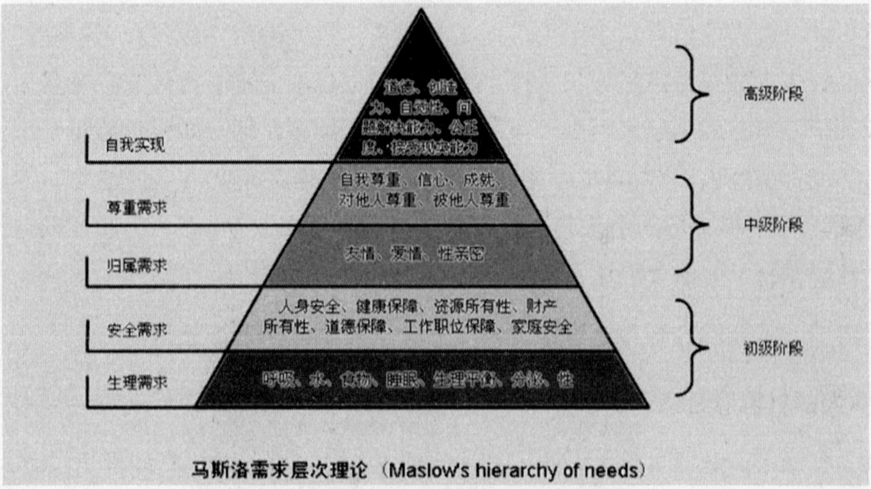

图 5-2　马斯洛需求五层次理论

5.5　社群复制，打造社群矩阵

没有一个产品能满足所有用户的需求，也没有一个社群能满足所有用户的需求，在互联网社群中，没有人能成为“皇帝”，但每个成员都可以成为“明星”。对于自品牌人来说，我们需要积极发动粉丝，让他们成为“明星”，将自己的“节点”不断衍生，这就意味着，自品牌人在运营社群的时候，要实现中心化和多中心化并存，只有社群裂变了，你的社群才会不断壮大。这一垂直结构的社群组合我们称之为“社群矩阵”。

5.5.1　如何进行分社群裂变

由于社群的核心是情感归宿和价值认同，所以社群越大，情感分裂的可能性就越大，社群里的成员可能会根据自身的资源和优势分裂出来，成立属于自己的社群。一个社群如果能够分裂出多个平行社群，那么会形成巨大的规模，这也是自品牌人所希望的。

1．社群为什么要裂变

经常玩微信朋友圈的人应该都有这样的体验，当你的好友增加到两三百人之后，遭遇的刷屏体验比微博更糟，这种情况在群里表现更突出。比如一个群的人数可能不多，正是因为成员不多，群内的信息量也不大，但凝聚力强、氛围融洽，成员具有很高的参与度，质量也不低。当人数一旦迅猛增长，每个人说一句你也不一定看得过来，并且由于大量刷屏，体验下降，参与的人越来越少，屏蔽群的人越来越多，这个时候信息量是大了，但凝聚力和活跃度都呈现出下滑。同时，社交平台类似 QQ 群支持 2000 人的上限，个人微信支持 5000 人的上限，微信群的上限是 500 人，这对于拥有几十万、几百万粉丝的自品牌人来说，一个社群平台是无法容纳这么多粉丝的。

综上考虑，从社群容纳和社群管理角度考虑，社群必须进行分裂。

2. 多大的社群算合适

著名人类学家，英国牛津大学的罗宾·邓巴（Robin Dunbar）教授提出过“150 定律”（见图 5-3），即著名的“邓巴数字”，邓巴根据猿猴的智力与社交网络推断出：人类智力允许人类拥有稳定社交网络的人数是 148 人，四舍五入大约是 150 人，其中精确、深入跟踪的人数为 20 人左右，这是由人类大脑新皮层的应对能力决定的。这个定律对社群运营具有很大的启示，若社群是 50 人以下的规模，社群内部交互是非常深度的，即使没有活动刺激，成员通过兴趣话题也能自发互动，此时的社群是半熟人社交模式。而当社群超过 50 人规模之后，则需要强有力的规则引导及活动刺激，否则群的凝聚力将会大大消退，没有熟悉的感觉，彼此沟通效率将降低，此时的社群是半陌生人分享模式。

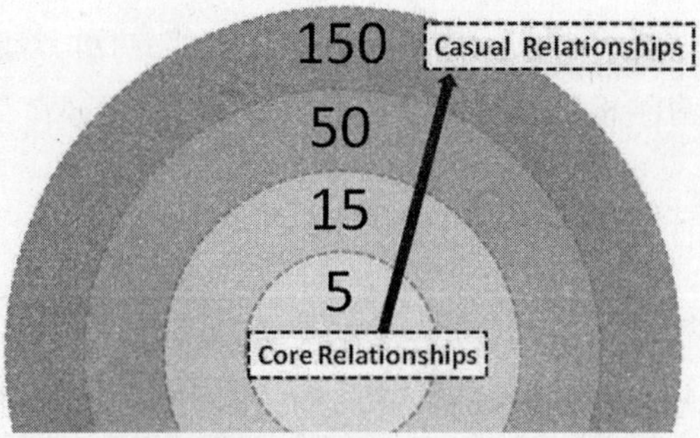

图 5-3 邓巴定律

尽管理论上社群多大规模都可以，但在运营社群的时候，还是需要控制社群的规模的。控制社群规模主要看社群的成长周期，一个社群是有一定的成长周期的，若不控制规模的话，那么在信息过滤上拥有不小的难题，可能永远讨论的是一些初级的问题，如果不加以引导的话，社群极有可能被沦陷为一个聊天灌水群。

3. 什么情况可以进行社群裂变

社群分裂并不是越多越好，如果条件不成熟的话，过多的分裂只会让社群失去控制，呈现出规模巨大但情感不同。所以在社群分裂之前，需要回答三个问题：

- 是否已经构建好自组织？如是否具备充足的人力、财力、物力？不能过于围绕中心展开，但也不能完全缺乏组织；
- 是否已经建立核心群？要有自己一定量的核心小伙伴，他们可以作为社群的种子用户加入，引导社群往良性的方向发展；
- 是否已经形成亚文化？要形成有利于社群共同的亚文化，比如有严格的社群规范，这是社群生命力的核心。

4. 选择什么样的粉丝群领袖

2016 年，罗辑思维粉丝数超过 600 万，按“邓巴定律”建立社群的话，那么罗辑思维将拥有 4 万个社群，这意味着罗辑思维团队需要管理 4 万名群主。管理学也告诉我们，对于一个松散型组织，26~36 人是一个小型组织形态的最佳规模。传统管理理论建议一个人直接管理的人数最好是 7 个，不超过 9 个，最多一个小团队不要超过 36 人。可见，对于拥有大规模粉丝的自品牌人来说，社群分群主管理模式并不是平行模式，而是金字塔模式（见图 5-4）。

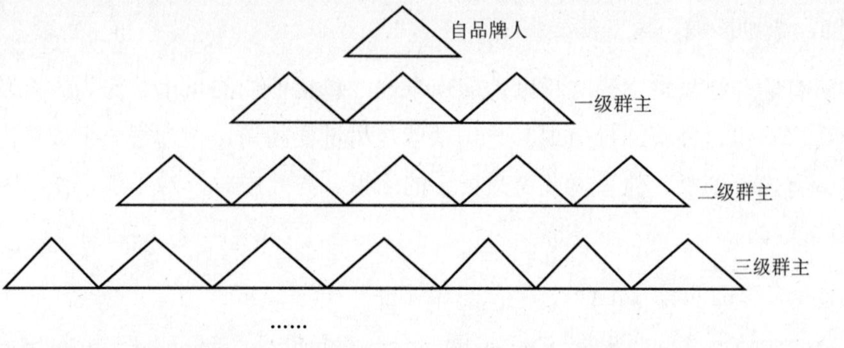

图 5-4 社群矩阵“金字塔”管理模型

运营者在针对不同层级的社群主时，对不同层级的社群的要求各不相同，当然赋予各层级的社群主的权利不一样，层级越高的群主，赋予其的权利就越大，如享受更多的干货权利，层级越低的社群主，赋予其的权利就越小。至于如何去选择人做各社群领袖，社群运营者应该有非常完善的社群选人制度，衡量指标大致有：个人在社群中的影响力，个人对大咖原创内容的分享、转发和配合程度，个人所建社群的规模，个人发展的下级社群数量等。

5．如何管理和激励粉丝群领袖

分社群的管理跟自由型社会组织管理形式差不多，每个组织的管理和激励方式各有不同，整体来说，社群管理遵循以下四个原则。

原则 1：及时奖励，即时反馈

社群管理者在每个群里都出没，当任何一个成员做出创新行为，或者做出一些对于整个团队有贡献的行为后，团队负责人及时出现，给予鼓励，并记录下来作为以后“群主升级”的依据。当团队成员出现疑虑、出现困难的时候，管理者也能够在群里即时出现，帮他进行解答。

原则 2：公开展示，跨群分享

当下级社群管理者或社群人员做出创新和贡献之后，觉得这个行为可以让所有人学习时，要将其成绩分享给其他社群，让其他社群成员也承受一定的压力，刺激他们努力。

原则 3：鼓励高调，树立榜样

鼓励所有的分社群群主最大程度地展现自己，包括他们的付出、努力、成功、优点，通过各种会议宣传这种新的价值观，一句话就是尽量要高调，因为每一个成员高调了，他的工作被所有人看到了，他才能获得最公正的回报。与此同时，对于那些做得好的成员树立成模范或榜样。

原则 4：有明确的晋升路径

对于分社群成员来说，每个人都希望成为更高级别的社群管理者，获得更多的权利，因此运营者必须给他们设置一条明确的“晋升”路径，当他们达到某个层级社群管理者条件的时候，就可以上升。当然，如果该社群管理成员“绩效”出现明显下降，那也可以对他进行“降职”处理。

5.5.2　如何引爆社群矩阵

在互联网时代，社群运营能力成为核心能力，公司的 CEO 已经成为首席社群运营官，如赫畅经常玩手机，他的手机对他太重要了，整个黄太吉的宣传团队就是他一个人，或者说他就是黄太吉的首席运营官。除了赫畅，雷军和周鸿祎等人时不时也在微博里跟粉丝互动。那么，当你获得产品型社群之后，尤其是获得社群矩阵之后，如何引爆社群呢？

1．设定社群领袖的精神统领

社群精神领袖的重要性毋庸置疑，尤其是对大型社群而言，没有精神领袖，社群成员只会各自为战，犹如一滩散沙难以集中。社群精神领袖在单个社群中如此，在社群矩阵里更重要，因为在社群矩阵中，各个社群形式不一样，有来自微信、微博、QQ 群、论坛的，也有来自线下俱乐部的，即便是同一社群形式，在地域上也可以划分为北京、上海、广州、深圳、杭州等社群，这些社群相对独立，但不能完全零散，彼此之间要相互连接。要想做到这一点，就必须由一个人出来统领，社群精神领袖就是那个最合适的人。

当然，这也是社群精神领袖的价值所在，它可以将各社群、各社群里的成员牢牢聚在一起，并不断制造话题。因为社群精神领袖的存在，社群凝聚力就得到了显著的提高。对于粉丝来说，社群精神领袖就是他们的“神”，苹果之所以能够成为粉丝黏合度最高的品牌，很大程度上就在于乔布斯这个“大神”的存在，他的追求极致的个性，他不时地站出来曝光自己，发表自己的各种见解，尤其是具有深度、话题性的见解，会让粉丝产生强烈的敬意。

显然，在社群中的粉丝需要这样的“神”存在，也需要这样的榜样，而这个榜样也是维系各社群的纽带。

2．坚定的社群文化

所谓社群，是指在合适的场景下，针对特定的人群，通过有传播力的内容，结合网络结构进行人与人之间的连接，以快速实现信息的扩散与传播，最终获得有效的商业传播及价值。即社群在传播的过程中，社群部落与社群部落直接的连接其本质就是人与人之间的连接，对于松散型组织的社群成员来说，除了为社群创造话题，引导社群形成信仰，文化也是社群管理中最有效的办法。

对于社群文化的建立，“罗辑思维”提出了一个概念：被连接的价值。在罗振宇看来，每个人都想建立连接，特别是想和行业牛人建立连接，比如经常有人在微博上向罗振宇表忠心，誓死追随。从这个角度来看，在社群运营过程中，社群精神领袖的终极目标，还是希望形成强大的社群品牌。借助社群精神领袖的影响力，努力形成固定的社群文化形象，这个时候个人在社群中的品牌价值就会凸现出来，最终创造出属于自己的社群文化。

3. 有效的引导，精准筛选

在社群运营过程中，培养社群活跃度和归属感是社群运营者最核心的工作任务。要想实现这目标，除了精神领袖、社群文化、社群规则，社群在运营过程中还需要做到以下两点：

第一，有效的引导。首先，如果没有有效的引导，你很难想象一群完全不认识的陌生人聚在一起会干什么？估计最多的可能性是发广告了，那很显然远离社群运营的初衷；其次，如果没有有效的引导，可能一开始还能红红火火地热闹几天，估计没过几天就冷清了，逐渐成为死群。常见的社群引导需要明确告诉成员：

- 目标——这个社群是做什么的？
- 方法——怎么去实现目标？
- 参与规则——成员如何去配合？
- 满足所需——成员将获得什么？

第二，精准筛选。社群是否强大，成员多少只是其中的一个衡量指标，很多时候，并不是成员越多越好，而是活跃性越强越好。例如美国汉堡王粉丝群有 35000 人，但群的活跃性并不高，于是汉堡王做了一个活动，如果粉丝从群里退出去，就送他一个汉堡，本来就很难买，退出群还给一个汉堡，粉丝纷纷退群，最后只剩下 8000 人。这 8000 人是送他汉堡也不退的人，是汉堡王的“脑残粉”，结果汉堡王的社群活跃度增加了 5 倍。

4. 要做社群媒体，不做社群营销

“社群是渠道、社群是媒介”这个观点是正确的，但很多人在进行社群营销的时候，将注意力重点放在“营销”两个字上，他们因为自身的需求，极尽所能地通过社群介绍产品、销售产品，把社群直接当作一种渠道，这就有点本末倒置了。

在笔者看来，社群媒体才是最适合社群的营销方式，所谓社群媒体是指为社群生产内容，以及通过社群来生产内容的媒体。在社群形成过程中，粉丝之所以聚集在一起，是因为某种知识的传递，特别是专业知识的传递，所以社群运营的核心应该是教育属性，要形成知识落差，才能吸引目标人群。例如我们为什么关注李叫兽、吴晓波、罗振宇等人，最主要的是我们想从他们身上学到某种专业知识。

第 6 章

启动内容引爆策略

在所有的社交媒体平台中，规模最大的当属新浪微博和微信，而新浪微博成为名人传话筒，一个草根要想从零开始把微博运营到有一定的影响力已经非常困难。不是不可能，但大多数商家和个人只能望其项背。

6.1　冰桶挑战引爆传播背后的思考

2014 年 7 月 4 日，新西兰一个癌症协会率先针对 ALS（渐冻症）发起了“冰桶挑战”的活动，该游戏规则是要求参与者在网上发布自己被浇冰水的视频，再点名其他人参与，被邀请者需要在 24 小时内接受挑战，否则需要选择是否捐出 100 美元用于公益。这么简单的活动最开始并没有太大的影响力，只是在小范围内传播，直到 2014 年 7 月 15 日，美国职业高尔夫运动员 Chris Kennedy 接受冰桶挑战，并且指定他的表姐借力，Chris Kennedy 表姐的丈夫患 ALS 已经 11 年了。之后，捐款或是浇冰水的“冰桶挑战”游戏开始在美国体育界传递下去，出现了活动的第一个小高潮。

之后不久，第一个超级传播者出现，原波士顿学院棒球队的明星队长 Pete Frates，几年前他被查出患有 ALS，之后丧失自理能力，作为第一个“超级传播者”，2014 年 7 月 29 日，他接受了美国 ALS 协会的要求，挑战冰桶。随后，他的父母召集 200 个波士顿人，在广场上进行一次集体冰桶挑战，该事件成为当地及美国的热点新闻。随后数周内，各路名人纷纷参与，媒体开始对冰桶挑战的意义大肆渲染，活动开始在美国各地产生裂变式的传播。

但这些传播者依然缺乏社交网上跨越海洋的号召力，事件大爆发的重要节点出现在美国西部，尤其是硅谷。硅谷科技大佬在“冰桶挑战”走红过程中发挥了巨大作用，微软创始人比尔 · 盖茨、Facebook 掌门人马克 · 扎克伯格、苹果 CEO 蒂姆 · 库克等人接受并完成挑战不仅吸引了人们的眼球，而且还将这一挑战延伸到其他国家。如在中国的第一个超级传播者是小米手机 CEO 雷军，他就是收到硅谷友人的点名接受挑战的，并且在挑战接受后圈上了刘德华，又把中国娱乐界扯进来，而另一位超级传播者周鸿祎更是在被点名之后，一口气圈上六名业内人士。

自此，“冰桶挑战”席卷全球，成为 2014 年最为典型的病毒性传播事件。有人要问，为什么这个活动可以火成这样？从“冰桶挑战”病毒式传播中，我们可以看出在社交网络与人际网络中，引爆传播的几个关键点。

1. 具备分享基因，给传播者一个理由

“冰桶挑战”本身就是一项关注罕见病的微公益活动，如果积极参与这个活动，会赢得“热心公益”的美名，赢得关注者的好感，更重要的是，这一标签还具有一定的威胁性，因为冰桶挑战使用的是冰水，如果不接受挑战，关注者可能会对受挑战者产生“怕冷”“不够勇敢”“不敢接受挑战”“不热衷公益”的标签。而从一些名人的角度来看，面子和个人形象都是非常重要的。这样的标签加上一些乐于助人的天性，才会有那么多人义无反顾地参加，活动也变得越来越流行。

2. 名人参与，成为超级传播者

“冰桶挑战”之所以能广泛传播，成为全球最热的公益社交活动，离不开那些具有影响力的名人团队。在社交平台上，每个名人都拥有大量的粉丝，都具有很强的新闻制造力，他们的“冰水湿身秀”本身就是一个极具引爆点的话题。作为超级传播者，各路名人的积极参与起到了活动的带头作用，并刺激各方力量踊跃参与最终形成一股全面公益潮，而这个过程与社交网络中的名人效应息息相关。

但在这群大佬名人背后，真正沉静在这次带有公益名义“社交狂欢”活动中的，却是社交网络中的普通网民。

3. 社交平台，传播得以扩散的基础

“冰桶挑战”的火爆传播与“点名”规则密不可分，而正是Facebook、微博等平台的社交属性让活动的“点名”规则成功运行，成为事件传播的主要渠道。造成这种现象的原因与微博的自身属性是分不开的，但也有人奇怪，为什么引发“冰桶挑战”的是微博而不是社交圈子更为稳固的微信？

从传播学角度来看，微信的传播以点对点的人际传播为主，微信传播的内容具有个人私密性和准实名制的特征，大众传播能力弱，传播范围主要在自己的微信朋友圈之间，传播的内容也只有好友能看见，陌生人看不见。而微博用户作为一个个节点共同组成了“冰桶挑战”，形成了由点到面、辐射四方的传播系统，任何一个节点发出的信息都有机会传递

给其他任意节点。

4．持续发酵，“点名”让更多的角色参与

“冰桶挑战”病毒裂变式的迅速传播，真正的原因是该活动参与者在接受挑战之后，至少点名 3 个人，将这个活动传递下去，每个人点名 3 个人都是“1 变 3”的裂变传播，如果从视觉角度上看，由 1 个点衍生出 3 个点，类似于蜂窝状的覆盖，而非传统的线型传播，这样可以在很短的时间内覆盖传播到更多人，并且 Facebook、微博等社交平台对传播没有空间限制，在美国还没有完全铺展开时，就有节点落到了中国，并在中国开始裂变，同样还可以在英国、日本、韩国、引导等国家落点并传播，“多点开花”的形式，造就了它在全世界同步流行。

6.2　分享基因

无论是从营销的角度，还是从社交媒体传播的角度，“冰桶挑战”都是通过社交平台引爆公益的成功案例，正如前面所述，引爆这个活动的关键因素有四个：分享基因、超级传播者、社交平台、发酵剂。不仅是“冰桶挑战”等事件活动，所有的内容要想得以引爆，同样必须根据这四个要素进行部署。因此，在本章中，我们对这四个要素一一进行说明。

首先，内容必须具备“分享基因”，关于这一点，在第 4 章“让内容具备分享基因”中已经做了重点阐述，在这里就不再重复，内容的“分享基因”大致有以下 7 种：

- 情绪
- 标签
- 角色
- 联系
- 压力
- 情结
- 落差

6.3 超级传播者

互联网上每一分钟都诞生无数内容，要想让内容广泛分享和传播，除了与内容本身有关，也与内容传播者密切相关，就如“冰桶挑战”事件之所以能延伸至全球，离不开比尔·盖茨、马克·扎克伯格、科比、姚明、雷军、周鸿祎、刘德华等各界大佬名流的推波助澜，要想引爆内容同样也离不开超级传播者。

6.3.1 信用借贷

在启动内容引爆策略中，超级传播者的作用是非常显著的。在了解超级传播者之前，我们先要解决一个更重要的问题，即如果你想要迅速获得市场营销的推动力，却有没有时间培养自己的优质粉丝群，那么能否借用他人的呢？

答案是肯定的！“冰桶挑战”事件的发起者是新西兰的一个癌症协会，它并不是一个超级传播者，而真正传播这一事件的是各界名流。影响力营销（如受粉丝信任的网络名人和专家为你的内容做宣传）在内容引爆策略中非常实际，而且非常重要，随着影响普通大众的传统营销手段日渐式微，或者行业竞争越发紧张激烈，“借用”粉丝成为内容运营的主流策略。对于内容运营者来说，这种策略非常奇妙且鼓舞人心，它可以让你摆脱短时间没有影响力和权威性的负担，通过自己的独特亮点在网络上树立真正的影响力。

1. 如何找到超级传播者

我们在探讨社交营销可收获利益之前，首先要明确，并不是所有的意见领袖的效果是一样的，而且并不是每个意见领袖都适合所有的商业状况，人们很容易把影响力笼统地归为一大类，而实际上，他们还是有细微区别的。在这里，我们将超级传播者分为三类：

（1）名人。是指具有广泛知名度和影响力的人物，他们经常会出现在各大传统媒体报道中，拥有庞大的粉丝人群，但粉丝人群对他们纯属喜欢，并没有明确的细分，也没有明确的需求，名人的常见类型包括娱乐明星、体育明星、政治人物等。

（2）专业领域的意见领袖。当前，最受各公司和市场营销人追捧的网络明星就是专业领域的意见领袖，他们都是业界的领袖级人物，他们不断创造内容、树立权威、展现特长，这些人中大部分之所以出名是因为他们的事业（如马云、刘强东），或是他们的内容（如李叫兽、吴晓波）。这类人拥有庞大的粉丝，但与名人不同的是，他们的粉丝很多都具有明显的特征和明显的需求。比如李叫兽的粉丝都有营销的需求，吴晓波的粉丝都有对财经知识了解的需求。

（3）真正的支持者。也就是铁杆粉丝，这部分人群如果从营销力的角度来收，可能他们很多都称不上是超级传播者，但他们有一个最大的优势，就是不需要你去说服或哄骗，他们是真的爱你，并极力地向周边的人传播你的内容，并且无论你做什么，他们都求知若渴。这部分优秀的粉丝是非常重要的，如果你能找到他们并且聚集他们，他们会产生强大的推动力。

2. 超级传播者的信任是可以借用的

对当今很多公司来说，通过制定计划联络超级传播者来引爆内容是必须的，这是一项能够提供快速、可复制、可持续收益的策略，通过与超级传播者联系在一起可以获得以下好处：

- 可靠的支持。如果你能与意见领袖建立长期联系，形成牢固关系，这将为你的内容引爆得到有效的支持。如娱乐明星经常这样做，当其中一个明星有新的产品（如新电影、电视剧）要推出的时候，其他娱乐明星会通过微博来帮忙推广，以获得注意力、流量和口碑。
- 快速推动。打造优质粉丝通常是需要很长一段时间的，如果你的起点很低，又没影时间，那么让新来的意见领袖发布你的信息，则能让你的内容得到很快推广。
- 社会认同。将你的内容与意见领袖联系在一起，如果他们的社会形象是受人信赖的，那么你也就是可信赖的，这将有助于你迅速提高声誉。明星代言产品提升品牌社会形象就是这个原理。
- 知名度。超级传播者本身就具备一定的新闻影响力和传播力，如果你能与他们建立联系，那么这将有助于提升你的知名度，比如“冰桶挑战”事件为什么成为社交狂欢就是因为各界大佬积极参与。
- 接触新的渠道。每个超级传播者都有属于自己的粉丝，都有自己的粉丝社群部落，它们是一个个封闭式的部落。可见每个超级传播者都是一个新的渠道，而且这个渠道是封闭式的渠道，一般人很难进入，只有超级传播者等少数几个人才能进入。

3．如何借用超级传播者信用

虽然影响力营销有很多潜在好处，但是它需要战略性的、系统性的实际操作，决不能靠瞎猫碰上死耗子式的运气。大致流程如下。

（1）罗列一份超级传播者名单

虽然每个超级传播者都会对你的内容引爆起到推动力作用，但不同的超级传播者效果是不一样的。因此，我们必须对超级传播者进行筛选和罗列，考虑因素包括三个部分：

- 知名度和影响力
- 他们的粉丝与你的目标受众是否相吻合
- 他们是否愿意成为你的超级传播者

（2）请求信用借用

要想让超级传播者转发你的内容，是有一定难度的，这需要技巧，总的来说，主要包括下面四个方面的技巧：

第一，打造关系。很多超级传播者就在我们的身边，如你的铁杆粉丝、你参与某次活动时遇到的行业精英等，如果你能与他们建立直接联系，那么将来在你需要借用他们的信用时，自然会容易得多。

第二，恩惠。即当别人转发传播你的内容的时候，给予别人适当恩惠。

第三，兴趣。如果你的内容能引起超级传播者的兴趣，那么恭喜你，你已经成功一半了。

第四，价值观。超级传播者认同你的内容的社会价值观，那么恭喜你，你已经成功剩下的一半了。

（3）结果

每次借用超级传播者信用之后，都要对其效果进行评估。

6.3.2　打造个人自品牌

借用超级传播者信用只能解决一时之需，要想让你的内容得以持续传播，打铁还需身板硬，作为内容创作者的你必须加强自身品牌塑造，将自己打造成一个自带流量的超级 IP，让自己的品牌名声来做信用背书。那么如何打造个人自品牌呢？

1. 什么是自品牌

要想了解如何打造个人自品牌，先得了解什么是品牌。对于品牌的概念，每个人都有自己的解释，有的人说品牌就是一个符号，有的人说品牌就是商品的无形资产，有的人说品牌是消费者对产品的认识程度……每个人对品牌都有自己独特的见解，笔者对品牌的个人解读是：品牌是人们对一个企业（产品或个人）综合性的评价和认识，是一种信任。从这个方面考虑的话，品牌至少包括三个要素：一是产品功能要素，品牌是一个系统，在这个系统中最重要的是产品的功能要素，而功能要素包括用途、品质、价格、包装等，这些要素构成了最基本的品牌基础；二是产品形象要素，形象要素包括品牌的图案、颜色、广告、产品诉求表达以及生产产品的企业形象等；三是消费者情感要素，即消费者对你企业（产品或个人）的认知、感受、态度和体验等，品牌必须是消费者内心所喜欢和追捧的。

产品功能要素、产品形象要素和消费者情感要素这三者构成了基本的“品牌网”，个人要想打造属于自己的“品牌网”，这三个要素缺一不可。例如足球界有一个非常受大家喜欢的足球明星贝克汉姆（见图 6-1），他就是自品牌（超级 IP），那他是如何构建自己的“品牌网”的呢？首先是产品功能要素，作为足球运动员，贝克汉姆虽说不上是世界上最好的足球运动员，但水平至少也名列前茅，1999 年和 2001 年两次获得世界足球先生银球奖，1999 年当选欧洲足球最佳球员，2001 年被评为英国最佳运动员，也就是说贝克汉姆的“产品功能要素”至少不太差；其次是产品形象要素，相比于贝克汉姆的球技，其被称之为“万人迷”最大的原因就在于贝克汉姆的个人形象，贝克汉姆除了拥有一张帅气、俊朗、男人味十足的脸之外，其身材也堪称模特身材。此外，在时尚设计师妻子维多利亚的帮助下，贝克汉姆的穿衣品味大幅度提升，并拥有自己的时尚风格，从 20 世纪 90 年代穿过的“围裙”到现在充满男人味的大胡子，每一个造型都是争相模仿的对象，与妻子维多利亚组成“绝代双骄”叱咤时尚圈，可见贝克汉姆的“产品形象要素”为他加了太多的分数；当然贝克汉姆在打造消费者心理要素上也是成功的，先是他与拥有无数粉丝的英国流行辣妹合唱团成员之一维多利亚结婚，并生有四个小孩，成为娱乐圈人士，"强强联合"让贝克汉姆成为聚光灯下的超级明星。当然贝克汉姆也非常注重自身形象的维护，在大部分媒体报道中，经常会看到贝克汉姆一手抱着小孩一手拉着另一小孩走在前面，而妻子则贵妇般地在后面跟随，这种"帅气""时尚""多金""好丈夫""好父亲"的形象在贝克汉姆身上展露无遗，这么完美的男人又怎么不被人们所喜欢和追捧呢？

图 6-1 贝克汉姆

目前关于自品牌，行业还没有一个准确的定义，每个人都有自己的理解，结合上述观点，笔者对自品牌的理解如下：

自品牌是满足目标受众心理预期、强化个人在目标受众心里的投射、创建心理依赖，以实现商业价值的个人品牌形象。例如吴晓波，就是自品牌的典型代表，他在财经领域有非常深入的研究和独到的见解，并且与目标受众建立了一定的信任，形成了品牌 IP 势能，甚至可以说，吴晓波直接代理了对财经感兴趣人的心智和生活方式，其粉丝对吴晓波具有极强的心理依赖感，吴晓波所阐述的每一个观点都会影响他们对财经的看法，当然吴晓波也因为这种信任代理获得了实现了相应的个人品牌商业价值。

2. 如何打造自品牌

早在 2012 年，在正和岛开岛仪式上，面对刘强东、俞敏洪、柳传志、牛根生、潘石屹、吴敬琏、张维迎等众多商界和财经界大佬，当时的主持人看到这种景象很有感触地说："未来带有魅力的人群会是商业的主流"。回去之后他自己也做了一个自媒体平台和一个社群部落，靠着一个人一张嘴，以每天 60 秒的时间坚持着，如今已经成为最有钱的自媒体人了，这个人大家都知道，他叫罗振宇。

罗振宇用自身的经历证明了未来的商业模式必将属于那些自带魅力的人群，那么如何建立自品牌呢？可以从以下三个方面入手。

（1）形象

跟品牌运营一样，个人要想塑造自品牌，首先就要从形象开始，形象是对自品牌进行区分的标志，有了形象的树立，在自品牌运营的路上，你的品牌只属于你自己，你会成为独一无二的你。形象包括外貌特征、职业技能甚至是一举一动，是消费者对个人的整体印象，也是消费者对自品牌形成快速记忆的符号，通过这种符号，人们可以对某个自品牌进行快速记忆及做出反应。个人形象的塑造可以从四个方面入手。

- 自然形象，是指个人的外貌特征，这是消费者对自品牌建立快速记忆最有效的方法，当然为了让消费者产生更深刻的记忆，可以适当通过附加物进行强调，如王家卫的墨镜、孟非的光头、夜猫子的帽子等。
- 社会形象，是指人们对你的社会属性的一种看法，与家庭、籍贯、教育水平、职位、工作特性、技能等有关，如说到 IT 男就会联想到格子衬衣牛仔裤，配上运动鞋、双肩电脑包、黑框眼镜，说到马云就会想到是阿里巴巴董事会主席。
- 行为形象，个人的行为形象由行为举止、服装、招牌动作、品牌势能、才华、气质等构成，如马云的演讲和刘强东的演讲行为形象截然不同，前者大局观更强、较为温和，后者直指观点、更加犀利。
- 意识形象，意识形象是人们对某个人的整体综合评价，是自然形象、社会形象和行为形象的综合反映，是个人对形象内在价值的追求。例如说到吴晓波，就会想到一个戴眼镜的儒雅才子，他对财经观察有着深厚的知识储备，说到华少，我们可能会想到他的快舌头，还有周星驰的无厘头，王菲的高冷……这些都是意识形象。

（2）建立信任机制

所谓信任机制，是解决别人为什么相信你的问题。对于内容运营者来说，你要想成为超级传播者，首先就是你的粉丝要相信你，如果他们不相信你，那么你的传播则是“无效”的传播。如何建立信任机制呢？

首先，做好定位。个人无论是职业还是自品牌运营，都需要对自己进行定位，自品牌定位就是你希望未来你成为什么样的人，从事什么样的工作，取得什么样的成就。人一生在事业上的成就离不开你的努力奋斗，更与你的选择密不可分，选择什么样的大学、什么样的专业，毕业之后选择什么样的工作、什么样的公司，选择在什么领域摸索，这一切都是构建自品牌成功的因素。

关于自品牌定位的重要性，对职场规划有过了解的人应该都有认识，这里不做更多阐述，对于自品牌定位我想说两点：一、定位与你大学所学的专业并没有太大关系，而与你的学习有关，如笔者大学就读的是文化产业方面的专业，但毕业后，班级里同学从事各个行业的都有，唯独从事文化艺术方面的人就一个；二、定位讲究专注，少就是多，如今的社会是一个不断细分化的社会，每个领域也在不断地进行细分，你要想获得成功，就必须专注于某个细分领域，实现“品类占有”，毕竟没有任何一个产品能够满足所有人，也没有任何一个产品能满足某个人的所有需求。品类占有无外乎给你一个专属定位，可以帮助你在目标受众中形成一个深化的记号，如：

- 咪蒙——一位精英阶层里能说会道的高知女性；
- 罗辑思维——一位勤劳的伴读书童，知识大管家；
- papi 酱——一位集美貌和才华于一身的女子；
- 毒舌电影——一位眼光挑剔的电影爱好者；
- 胡辛束——一位贩卖少女心的女青年；
- 一条——手工匠的记录者，都市精致生活的传播人。

新媒体人如果有了一个明确的身份，人格化了，就会显得更加形象，当然也会方便人们与之互动，常见的实用性比较强的定位有：

- 行业专家。是指在某个行业或领域，通过自己的专业能力或经验，成为本行业的专家，这需要在某个行业或领域有比较丰富的经验沉淀和积累。
- 意见领袖。是指通过自己独特的观点去影响别人，继而成为行业领袖，他们有独特的思想和观点，并且擅于将其表现出来，如微博中的公知就属于这种类型。

- 创业先锋。是指通过自己的创业经历或成绩去影响别人，继而成为品牌。主要适合于创业路上有一定成绩或代表性的人，如马云、刘强东、王石、雷军、乔布斯等。
- 励志人物。是指通过自己的故事去感染别人，继而成为品牌，此定位适合于有故事、有精力且具有感染力和代表性的人，如褚时健、史玉柱、霍金等。
- 圈子达人。是指在某个圈子中成为热点人物，这个圈子可以是某个行业、某个领域、某个组织或某个地区，圈子达人是需要一定的时间和精力的积累，并且擅长社交、擅长经营圈子的人，如时尚买手、美容教主、美食达人等。

其次，塑造信任。定位只是确定了“你希望你成为什么样的人”，这只是运营的一部分，还有一部分是“大家认为你是什么样的人”，即塑造信任，这是自品牌运营中最关键的部分。信任的塑造可以从以下几个部分入手：

- 知识与技能。知识与技能是塑造你的功能属性最关键、核心的部分，贝克汉姆之所以被大家所喜欢，首先是建立在他是一个优秀的足球运动员身上的，内容运营更是如此，我们之所以关注某人，是因为他在某方面有独特的见解。
- 个人经历。如电商高手鬼脚七是前大淘宝搜索负责人，淘宝搜索专家，负责淘宝搜搜的产品和技术。
- 品格。一个人要想建立起自己的自品牌，就必须拥有自己的粉丝群，并且让自己的粉丝群对自己持续关在、产生黏性心理，这一切都是建立在个人的品格之上的。
- 个性。芸芸众生中，只有具有鲜明个性和价值主张的人才更容易被人发现、被人追捧。以唱歌为例，唱歌好听的人应该很多，但真正要想成为大咖，就必须有鲜明的个性，如杨坤、张宇、周杰伦、周华健、费玉清、刀郎、阿杜等，他们的个性鲜明，辨识度非常强，一听就知道是谁，这样的人群很容易聚集粉丝。

（3）成为粉丝心目中的英雄

品牌除了外在形象因素和功能因素之外，还有最重要的一部分，那就是消费者的情感因素，情感因素直接决定了粉丝与你的黏性，是决定粉丝选择你而不选择别人的直接原因。那么如何塑造情感因素呢？对于内容运营者来说，最直接的办法就是将自己塑造成粉丝心中的“英雄”。对于内容运营者来说，你能否成为自品牌的关键在于你是否是精英，不管你认可与否，这个社会一定是被精英所驱动的，不是小人物驱动的。例如我们研究历史，更多的是大人物的故事，很少有涉及小人物的故事。即便是媒体如此发达的当代，社会的进步依旧是由精英驱动的，而非小人物。

6.4 平台建设

做好内容并没有错，但只关注内容是不对的，渠道也至关重要，如果内容是 1，渠道就是后面的 0。同样，一篇文章只有在正确的渠道下，才能快速传播到它的目标用户人群中。对你而言，你有了用户，对用户而言，他们收获了有价值的内容。本书和大家讨论的是互联网内容文案创作，主要是基于主流新媒体平台来说的。那么常见的新媒体平台有哪些呢？

6.4.1 微博

关于微博，现在主要是指新浪微博，这是一款极具中国特色的社交产品，曾经一度成为“全民记者”新闻的第一阵地，后来因为微信的发展，使得非常热门的传播方式方法成为过去，但相比微信的强关系和“封闭性”而言，微博作为媒体属性极强的产品，变身为一款几乎纯为营销而生的工具。

一直以来，微博都是一种最有效的社交媒体营销，只是需要我们换一种思维和角度去利用它，寻找微博自身的价值。微博的使用方式有两个：一对多，或者多对一。我发布微博（这是一），粉丝看（这是多）；我关注的人发布微博（这是多），我看（这是一）。此外，与博客相比，微博在文字约束上有更多的自由，尽管目前微博在字数上并没有限制，但字数的可多可少使得微博更容易写作、容易发布，而微博的开放性，使其传播范围和影响力更广，使得微博成为一个拥有“秒杀”这样强大功能的自媒体平台。从郭美美炫富“秒杀”红十字会，到陕西质量监督局长“一笑下马”的“表叔事件”，到方舟子指责韩寒代笔的方韩之战，再到小米没花一分钱做电视广告仅靠微博与网络营销就做到几百亿元……你会发现，原来微博具有这么强大的威力。

创作要领：

- 内容要简短，尽管微博已经取消了 140 字的内容限制，但微博依旧是互联网快读模式，一定要简短，字数最好不要超过 140 字。

- 抓住社会热点，及时制造话题。
- 多撰写一些让用户互动的内容。
- 塑造意见领袖形象，网络无权威，但是有意见领袖。
- 选择一些关注的人，尤其是超级传播者，这样让你觉得很亲民。
- 选择性地回复网友评论。
- 适时转发用户的精彩评论。

6.4.2　微信公众号

与微博一样，微信（尤其是微信公众平台）是进行内容推广、粉丝积累的另一个重要平台。相比于微博的弱关系性而言，微信具有很强的关系性，因为绝大多数微信公众平台受众都是粉丝，是微信公众平台内容传播的需求者。微信公众号是新媒体人再熟悉不过的平台，无须做太多说明。

创作要领：

- 不要把自己当做一个写稿人，你是扎根在一个行业，做符合商业逻辑的、对用户有价值的内容传播。
- 至少提前一周做好选题，提前一天准备好稿子，时刻保证明天的稿子已经编排完成，就等着时间按下群发按钮了。
- 提起笔写就对了，请别在开篇时浪费大量的时间，不要在最后的时候才交稿，给自己多留一点点时间修改。

6.4.3　今日头条

头条号是今日头条旗下的新媒体内容平台，在今日头条上用户关心的是当天的新闻。

在今日头条这类开放性的资讯平台上，用户会把更多的注意力放在内容筛选上，而不会去关心这些内容是哪位作者提供的，就像你看报纸很少关注作者一栏一样，在今日头条上很难形成用户沉淀，也许十几万阅读量才带来百十来个关注者。

头条号内容的阅读量一般不是由粉丝数决定的，而是取决于内容被推荐的次数，如果你希望通过软性广告提高产品曝光量，那就选择头条号。

创作要领：

- 带着娱乐心态生产内容，这里的读者阅读注意力相对较低。
- 避开专业技能方面的选题，用户在今日头条的阅读环境中，很难静下心来和读者沟通需要思考的内容，并且这样的选题也不会被平台广泛推荐。
- 能用图片的地方，不要用文字解释，增加配图，删减文字。
- 在需要插入视频的情况下，不要插入网络视频，因为在用户点击“播放”按钮后，会跳转到视频播放页面，所以要尽量上传本地视频，这样能带来额外的视频播放量和广告收益。
- 进入头条能解决信息曝光量问题，但很难形成用户沉淀，在不触犯平台规则的前提下，把读者引流到你的核心内容平台。

6.4.4 其他长尾号

1. 知乎

知乎是一个被大众忽略了的优质新媒体内容创作平台，在这个开放的内容平台中，读者阅读时的注意力不低于封闭的微信公众平台，这是足以令人惊讶的地方。

知乎为优秀内容创作者提供了充分发挥才能的空间，它的一个非常人性化之处是所有答案的排名并不是死板地按赞数从高到低排列。我在做知乎答题测试时，写下的一个答案在知乎收获 3650 多个赞，最初能排前三位，但后来只能排到手机第二屏，排在我前面的答案普遍只有 300~800 个赞，知乎答案的排名是在赞数的基础上，按答案活跃度列出的动态排名。如果你的答案在知乎中能保持在手机第一、第二屏，就相当于你在此用知识买了一个长期的广告位。作为新媒体人，如果你不知道从哪里开始做选题、练笔，那就从知乎开始写起吧，一个好的问题就是一个好的选题方向，回答知乎上的问题可以大大提高新人锻炼破题和说故事的能力。

创作要领：

- 知乎答案就是一场知识投资，不要浪费时间回答半年以上关注度仍低于 100 的问题。
- 尽量以第一人称视角创作，不用改变你的口语化表达习惯，展现亲身经历的内容，阅历范围以内的东西更可信。

- 围绕你的兴趣爱好找问题，不要回答自己不擅长的问题，一旦选定了，请认真回答，一旦认真回答，记得找几十个朋友帮你点赞，以保持答案活跃度，只要答案进入大众视野，剩下的就交给网友去评判优劣。
- 在答案没有提升到前排之前，请不要在答案结尾植入广告内容，那样会大大降低人们的点赞积极性。
- 无论是公司行为还是个人行为，尽量不要为了保证多平台的一致性而以行业属性太强、人格化特征不明显的公众号昵称注册知乎，比如“广告常识”“睡前读故事”这些都不适合做知乎昵称，“胡辛束”这个名字则很合适，毕竟知乎是人与人的深度交流平台，人们更喜欢看到个人真实经历中的所思所想，对于不适合以公众号平台注册的，可以将公众号的长期作者作为知乎名字。

2. 朋友圈

可以说朋友圈的存在完美地帮助微信用户和内容生产者形成了紧密联系的闭环，在订阅号信息已经消费过剩的情况下，朋友圈成为用户重要的阅读内容的来源之一。

创作要领：

- 不要觉得自己在写广告宣传文案，而要当作在给朋友写信，很口语化的那种信。
- 朋友圈推荐内容的内在逻辑应该是以身说教，比如你做了很好的一次尝试，带来了哪些改变，然后再推荐给身边的伙伴。
- 请记着把真诚放在第一位，你的文字只是持续说服对你有信任感的人，永远不要在朋友圈为了利益而去推荐没有验证过的内容，这样做会透支别人对你的信任。
- 把事情摆出来给他们看，能用图片、视频为证，就不要打一串文字。

3. 兴趣部落

网络社区平台是早期自品牌人的主要传播阵地，相对于其他平台而言，社区平台最大的特点就是它是一个信息交互、信息双向交流的地方。

创作要领：

- 制造信息源，在网络传播推广过程中，必须有一个可靠的、有价值的信息源。

- 发帖、回帖与炒作。

6.5 分发、推广和发酵

6.5.1 内容分发与推广

分发是内容运营中最容易被忽视的部分，但它却极具潜力。在内容创作者创作出高质量的内容后，为了获得新的粉丝，最常采取的方式就是在其他平台运作，这样就可以找到新的受众。我们把这种分发手段分解成为如下一些可以操作的方法。

1. 多渠道内容计划

首先，为你的内容梳理目标，定位目标受众，寻找可能对受众有吸引力的话题，找到受众在网络上的位置，确定他们在寻找类似内容和新闻的时候，所使用的网站和社交媒体渠道。

2. 建立一套分发程序

你的团队应该定期对潜在的、新的、可用于进行内容分发的网站进行研究，并评估所有内容的分发潜力。

3. 发现并精通新平台

新平台往往都是竞争没那么激烈的分散选择，并且是未来流量的主要入口。

6.5.2 内容发酵

发酵决定了一条信息在网上传播能否被扩散下去和持续下去，当你运用前面的要素解决了如何让用户打开一条信息的问题之后，你还需要做好最后一步，就是如何让你的内容极具话题性和传播性，如何实现内容的“二次”传播，甚至“三次”“四次”“*N* 次”传播，最终演变成一个社会话题，进而引起门户网站、电视、报纸等媒体的报道，这个过程叫作“内容发酵”。

1. 媒体炒作链，如何让内容发酵扩散下去

要想从众多互联网内容中脱颖而出，获取宝贵的点击量，你想要什么样的技巧？要想突破受众的消极消费困境，让他们主动分享转发你的内容，你想要什么样的技巧？这两个问题的答案在前面阐述过了，但你的内容仅让受众点击和受众转发，还不足以引爆内容，还不足以让所有的人群产生共鸣、形成话题，还需要内容继续发酵。而要想知道其中的答案，就必须掌握媒体炒作链。

美国共和党议员达雷尔·伊萨的前任新闻发言人库尔特•巴德拉曾说过："在我看来，报社里有些人简直是懒到了极点。通常情况下，我挖掘一则新闻，他们就一哄而上跟着照抄。这是一种什么样的悲哀？！"

这种懒到极点的照抄行为，对新闻创作者和挖掘者来说，的确是一种悲哀，但对内容运营者来说，这是一个再好不过的"机遇"，正是因为媒体人（尤其是网络媒体人）懒到极点的照抄行为，使得我们这些自媒体人有了更多的炒作机会。而这种伎俩，我们称之为"炒作链"。

深思一下，我们不难发现，"炒作链"其实是一种层层递进的环节，进而达到"操控"媒体这一目的。举一个例子，大家一定非常熟悉《江南 Style》这首歌，这首风靡全球的歌曲，最开始发布在一个门槛比较低的视频网站平台（YouTube）上，大的网络媒体平台常常会以之为线索撰写报道，接着有更大的媒体（电视、报纸等）就会转载该报道，这种"不断自我升级的新闻浪潮"便是"炒作链"。

（1）新闻是这样制造出来的

要想了解媒体"炒作链"，就必须了解新闻制造的流程：

首先，对于成千上万的网络媒体新闻撰写人员（或网络新闻记者）来说，他们的工作职责就是每天写几篇文章发布到网站媒体上。为了搜集到更多的、热门的素材，他们经常会去社交网站、网上评论、新闻发布会、竞争对手的网站以及其他网络资源中搜搜写作的素材，寻找写作的灵感。

居于网络媒体新闻撰写人之上的，是大型网站媒体、报纸、杂志、电视台等媒体的记者或编辑，他们也要到处搜寻报道素材，一般会到平时最常关注的几个重要的小型媒体平台中去寻找新闻线索。

居于记者或编辑之上的是国家主流媒体，包括网站、报纸出版物和电视台等，他们也从下一层级平台中寻找素材，截取导语，把话题炒成全国性议题，这一层级云集了众多极具影响力的媒体，其覆盖范围很广。

最后，散布在这些层级中间的便是我们这些读者或观众，我们浏览网页，看新闻、视频，发表评论，与朋友或跟帖人分享体会感想。

上述这种媒体格局并非我理性的想象，而是一个事实，一位在某大型媒体从事网络记者职业的朋友跟我说，在他撰写的所有网站媒体新闻中，有 70%是利用网络媒体挖掘报道的，其中近一半的信息来源于微博、微信和竞争对手媒体。

（2）利用小媒体实现大突破

当我们了解了新闻是怎么制造出来的之后，发现“利用杠杆撬动地球”的事情是可以发生的，现实中也确实发生过，如吴晓波 2015 年 1 月 25 日发表了一篇《去日本买只马桶盖》的文章，一天的阅读量超过 60 万，一石激起千层浪，该篇文章很快被广泛转发，引发了一场中日产品品质战争，中国制造业各位大佬纷纷发表意见，各大媒体报道不断追踪报道（见图 6-2），这个热门事件甚至纳入两会讨论议题。

图 6-2　文章《去日本买只马桶盖》引发的中日产品品质战争

通过这个事件可以发现，小媒体内容也是可以产生“蝴蝶效应”的。让大型媒体报道，甚至成为大家关注的热点，关键在于内容是否有爆炸性，也就是信息内容是否有噱头。那么如何制造噱头呢？

第一，做一只媒体的“领头羊”。

成功实现逐渐炒作的关键在于找准“领头羊”，领头羊这个概念是由危机公关专家迈克尔·斯特里克提出的。每当要为特别不受欢迎或极富争议的客户扭转乾坤时，斯特里克常说：“我们要找到一只‘领头羊’。”与很多动物一样，媒体也具有从众倾向，喜欢跟风往一块儿凑。所以只要有了第一个吃螃蟹的人，其他人随后便会蜂拥而至。在互联网内容传播中，内容创作者本人承担着“领头羊”的作用，如“中日马桶盖争端”是知名财经学家吴晓波的一篇文章，如果换成一个普通人，未必能产生效果。

第二，塑造新闻的价值性。

如果你认真观察，就会发现在媒体圈内部，经常会有一些信息会彼此碰撞掀起一场宣传大战，尤其是在相互依赖的网络信息时代，即使没有人推波助澜，信息也会以“病毒式“的速度进行暴涨和传播。如 2014 年 3 月 8 日凌晨 2 点 40 分，马来西亚航空公司称一架载有 239 人的波音 777-200 飞机与管制中心失去联系，该飞机航班号为 MH370，原定由吉隆坡飞往北京，应于北京时间 2014 年 3 月 8 日 6:30 抵达北京，马航已经启动救援和联络机制寻找该飞机。这个消息一经报道，立马在互联网上广为传播，随后引起所有媒体密切关注，最后引起全球媒体、全世界的人都密切关注这件事情。

“马航事件”从某种意义上告诉我们，什么样的新闻才是最具有价值性的新闻。简单来说，就是受众想知道的、好奇的信息都有新闻价值性。主要可以从以下几个角度入手思考。

时新性：新闻的首要特点就在于“新”，这个“新”包括两层含义。其一、客观事物发生的新近性，即最近发生的新闻，没有人对十年前发生的新闻感兴趣；其二、内容的新鲜性，即新闻要有与众不同之处，狗咬人不是新闻，人咬狗才是新闻。

重要性：一则新闻的价值性体现在它能否被广泛传播，能否被更多的人吸引和关注，而决定这些的一个关键因素就是新闻内容的重要性。绝大多数受众都是具有社会属性的人，他们最关注的还是与人们利益密切相关的信息。如生活在广州的人，很少去关注北京的天气，买北京的地方报纸。

显著性：在前面说过，对媒体来说，追求的是点击量。很显然，不同的新闻所产生的点击量是不同的。在每一天产生的新闻中，总是有一些新闻被很多人关注，另外更多的新闻则显得默默无闻，这种情况的出现与新闻内容的“显著性”有关。显著性是考察新闻本身知名度的重要因素，我们可以从以下 3 个方面来提高新闻的显著性。其一、人的显著性。

新闻的诞生其实很简单，“名人做普通的事情”就会成为新闻，因为他本身就是受众关注的焦点，自然他的任何行为都能吸引点击量；其二、事情本身的显著性。新闻诞生的另外一种办法就是“普通人做不普通的事情”也会成为新闻。

第三，争议才是提高点击率的法宝。

争议性可能从新闻的专业角度来说并不是好的因素，但对于新闻的传播和影响力的提升太重要了。关于这一点，在前面进“内容发酵剂”时说过，争议不止，传播不止。从某种意义上来说，每一件事情只有出现两个派别，事情才会往更深的层次发展，如果人们对某个新闻一味地赞美或一味地批评，那么这样的新闻其生命周期和传播力度都是非常小的。比如“中日马桶盖争端”之所以能扩散传播，就是关于中日产品品质的争议。2016 年，曹德旺在美国投资几十亿元，引发“曹德旺跑了”事件，背后其实是关于中美投资环境的争议……甚至可以说，一切引发社会热议的话题，都具备极强的争议性。

（3）媒体操控术

既然小媒体也能实现大传播，一篇微信公众号的内容也能成为两会热门议题，并被央视等主流媒体报道，这说明了媒体是可以被操控的。当然，要想拥有这项技能，是比较困难的。常见的方法有以下几种。

媒体操控秘诀 1：为媒体辟财路

要想请媒体帮忙，最好的办法就是“付费”给媒体，这一条法则已经在信息传播中再正常不过了，有直接支付给媒体费用的（如软文营销就是这样的），也有不直接支付媒体软文广告费用，而是按一定的逻辑和标准评测那些受聘的博主们（或专栏专家们），然后进行间接“付费”的。

媒体操控秘诀 2：提供信息爆点

对于媒体来说，他们是通过广告赚钱的，广告能否卖出高价钱主要看它是否能够吸引大众的注意力。报纸追求发行量，电视追求收视率，网站追求流量……注意力就是金钱，而信息爆点就是流量。常见的内容爆点有两种，一是内容争议性，前面已经说过，“中日马桶盖争端”就是典型例子；二是独家内幕，美国名人信息网（TMZ）是“美国在线服务”于 2005 年设立的下属网站，其自成立之后，很快就创下了年利润两亿美元的奇迹，这为它制作如今十分著名的电视节目筹备了充足的资金。TMZ 之所以能创造巨额利润，全都依仗其挖掘独家内幕的能力，如：

- 他们在梅尔·吉布森酒驾入狱期间，挖掘了他有反犹太主义倾向的内幕消息；
- 他们曝光了喜剧演员迈克尔·查理兹因种族主义言论而被轰下台的视频；
- 他们发布了女歌手蕾安娜遭殴打而满身瘀伤的照片；
- 他们还第一时间报道了迈克尔·杰克逊的死讯。

TMZ 首发的这 4 则重磅新闻，使其流量瞬间飙升。时至今日，一谈到名人的八卦消息，人们立刻就会想到 TMZ 网，这一切都是因为 TMZ 满足了读者对独家内幕的无止境需求。当然这也给网站运营商提了一个醒：独家内幕就是注意力！

媒体操控秘诀 3：信息无论好坏，只要传播快

如果你研究过网络媒体平台，就不难发现一条规律：他们根本不会建议帖子的内容是否准确、是否重要、是否对大家有帮助，他们希望他们的内容能被更多的人所关注，而要想被人关注，最简单的一种办法就是“极端化”，如果你撰写的故事挑战了人们的行为和信念，并且威胁到了其财产，那这则消息必定会想病毒一样迅速传播，自然也会引起人们的关注。至于作品是否拥有优质的内容，对于网站媒体平台来说并不重要。例如，2014 年 7 月 16 日，微博上的热门话题排在前四的分别为“中国麻将队惨败”“凤凰古城被淹”“公车改革”以及“广州公交爆炸”，对于这四条信息，要么挑战了人们的信念（如“中国麻将队惨败”和“公车改革”），要么威胁到财产安全（如“凤凰古城被淹”和“广州公交爆炸”）（见图 6-3）。

图 6-3　微博热门话题榜

通过上述案例，我们不能发现：不论话题是什么，只要能激起读者正面或负面情绪的消息，就会变得热门，情绪越极端，传播效果就好。

媒体操控秘诀 4：敢做出头“人”

枪打出头鸟，这是古人教育我们要谦虚的一句话，但在自媒体的世界里，要想让所有的人关注你，所有的媒体都报道你，那你就不能太谦虚，有必要的话你就必须做出头“人”，敢于直面别人不敢说的事情。在这方面，脱口秀主持人金星可以说在这几年大出风头，时不时就成为各大媒体娱乐版块的头条，究其原因就是一个字：敢。在她的节目《金星脱口秀》中，每一期都会针对社会现象、时下热门话题进行点评，不管对方是否是同行、是不是圈子里的人，她都敢赤裸裸地“撕”。

2. 如何让内容发酵持续下去

如何让内容发酵持续下去？为了更好地阐述这一问题，笔者以“4 小时逃离北上广”为案例，看看它是如何做到持续传播两周的。

“今天，我要做一件事：就是现在，我准备好了机票，只要你来，就让你走。现在是早上 8 点，从现在开始倒计时，只要你在 4 个小时内赶到北京、上海、广州 3 个城市的机场，我准备了 30 张往返机票，马上起飞，去一个未知但美好的目的地。现在你也许正在地铁上、出租车上、办公室里、杂乱的卧室中。你会问：我可以吗？一瞬间决定的事，才是真的自己。”

2016 年 7 月 8 日，微信公众号“新世相”联合“航班管家”策划的“逃离北上广”事件引爆，活动一经推出瞬间在各社交媒体刷屏，一时间朋友圈、公众号、知乎、微博全是关于是否要逃离北上广的话题，对于新世相来说，毫无疑问这是一次成功的全方位营销，从新世相在新媒体中预告这次活动开始，到人们针对是否要“逃离北上广”展开讨论，整个活动内容传播跨度相当长，达到半个月之久，“4 小时逃离北上广”具有让人惊讶的话题发酵能力。

那么整个事件是如何做到持续发酵的呢？又是如何在不同阶段设置发酵节点的呢？

（1）活动预告

预告发布在活动正式开始前 10 小时（2016 年 7 月 7 日晚），打破了新世相一贯的发布时间，就是为了能够做到更好的预热，同时在微博上也做了预告（见图 6-4）。

图 6-4　活动预告

（2）二次传播

接下来是二次传播的控制，当天中午 13 点左右就开始复盘整个活动的策划方案，知乎上有长文详细介绍策划者的构思，有预谋、有计划的可能性非常大，在这个过程中，新世相利用知乎问答、微信跟风造就了持续话题（见图 6-5）。

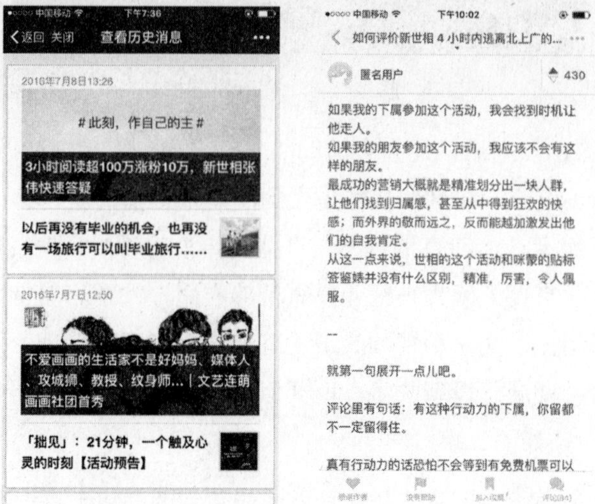

图 6-5　二次传播

很快，各个渠道都出现了对此事的探讨：压力很大的北上广是否真的能够逃离？北上广对我们的吸引力是什么？参与这次逃离活动的人是否会被开除或拉黑？这是否是不负责任的放飞自我？与此同时，整个活动产生的巨大争议，这些争议和讨论，相当程度放大和延长了这次活动的传播效果。

（3）多次传播

新世相的张伟在策划“4 小时逃离北上广”之前，就没有想过这会是一个一次性事件，而是把它作为一个长期的、连续性事件。因此，除了关于活动主题和价值观的争议，在二次传播的细节中也下了一番功夫，如机票奖券上任务的设置和符合文艺青年品味的设定，形成第三次传播。比如，在每张机票奖券上印着不同的内容（见图 6-6）：喝一瓶崂山白花蛇草水后再喝一瓶崂山可乐；捡一段长白山小树枝；去香港找黄大仙算命；在三亚把一封信装进漂流瓶……

图 6-6　机票奖券上印着不同的任务

并且在这 30 个人出发之后，还会有活动的跟踪报道，有后续的游记、心得、照片等，如活动参与者之一的孙纪元，接到的任务是飞到漠河，直播清晨的第一缕阳光。2016 年 7 月 9 日凌晨 3 点，孙纪元在漠河直播日出，直播到一半的时候，他发现身边的女游客是新世相的读者，知道这次事件。因为孙纪元没有带够衣服，女游客坚持要把自己的衣服给他取暖。这一切都被孙纪元以文字和视频的形式直播出来。毫无疑问，观众更关注的是孙纪元与女游客后续是否会发展一段新故事。而类似的故事还有很多，据说活动当天结束后，后台收到 3000 多个非常棒的故事。

按常理来说，这是一场基于微信公众号设计的营销活动，全程没有明星宣传、KOL 引领，几乎是很难达到现有的事件营销传播效果的。但是，新世相是如何把握话题发酵的秘诀和节奏呢？

第一，有悬念。首先，在活动预热上采取了相当诱人的悬念。2016 年 7 月 7 日，新世相在微博上进行了活动预热，“周五早上 8 点，我会在‘新世相’发起一个行动：#4 小时逃离北上广#，规则暂时保密，保证让你心动，抛弃所有借口，追不敢追的东西，去去不了的地方，这是我们花了很长时间跟航班管家和一直播准备的一件大事。”7 月 8 日早上 7 点 59 分，活动规则公开，在飞机票上设置任务。参与者会想，我会拿到哪一张去哪里的机票？去一个未知但美好的目的地会见到什么样的人？会经历什么样的事情？这是在活动中产生的第二个悬念。

第二，有争议。争议来自两个部分：一是“逃离北上广”话题的争议。北上广是很多人心中永远的梦和心结，年轻人曾经怀揣梦想，背起行囊，义无反顾地投入到光芒万丈的大都市，却无奈而又痛楚地选择离开，回到二三线城市打拼，而中小城市资源分配相对失衡，已然无法安放自己的青春，又不得不重回北上广。可见“逃离北上广”的话题是有广泛群众基础的；二是“逃离北上广”活动的争议。有人表示，新世相活动虽然成功，但实质却是在消费文艺青年，他们认为：文艺和商业当然是能够并行的，你可以有情怀地赚钱，但不可以为了钱出卖情怀，甚至有人质疑这次活动是媒体人的自嗨。

第 3 部分

引爆营销，让内容“赚钱”

第 7 章

互联网内容文案背后的商业价值

前面说过，对于互联网内容文案的运营应该从两个方面来考虑。一方面，需要我们做出优秀的互联网内容文案，这是赋予产品“值钱”的含义；另一方面，还需要我们将优秀的内容传递出去，即实现“赚钱”的目的。那么当我们完成这两部分之后，扪心自问，这是互联网内容文案运营的全部吗？

答案显然不是。其实，每个互联网内容文案从业者，在入职之前都应该认清一个问题：“互联网文案运营的天职是什么？”接下来你得到的回答，绝不是写写内容文案和传播内容文案那么简单，它还包括利用内容来实现某种商业目的，即利用内容来实现“赚钱”。

7.1　互联网内容文案引发的超强营销力

在过去，无论是传统营销，还是保守的网络营销，企业往往有这样的苦衷：肆意的优惠、降价、特价卖、送红包，到头来，还敌不过杜蕾斯的文案合集，敌不过江小白的个性文案。这说明，在互联网改变世界的背景下，人们的消费力已经开始升级，他们不再只是追求产品的外在和价格，更多的是开始追求精神上的共鸣。因此，在如今的互联网营销中，内容决定企业成败。

7.1.1　Keep App 上线 109 天，获取 100 万用户

Keep 是一款专注于健身的移动健身 App，由北京卡路里信息技术有限公司研发，提供视频课程真人同步训练，用户可以根据兴趣选择课程。在第 1 章中提到过，该软件是一款典型的通过内容推广获得营销成功的软件，那么它是怎么运作的呢？

1. 冷启动，从 0 做到数十万

Keep 在 2014 年 11 月启动研发，同时启动运营。在冷启动阶段，Keep App 创始人王宁采取“埋雷”的做法，即针对目标用户（运动或减肥爱好者），王宁带着两三个运营人员深挖那些用户对健身方面的话题关注度比较高的知乎健身问答、豆瓣小组、减肥吧、健身吧、微信群和 QQ 群等渠道，写一些如何吃、如何练、如何健身、如何减肥的帖子，这些帖子丝毫不提 Keep，就是专注于运动健身的干货，当时互联网上相关的高质量内容不多，因此很快就在社会化媒体里聚集了很多粉丝关注，并获得了大家的信任。做了两三周，王

宁团队拥有了一定的话语权和影响力，这就为 Keep 获得了第一批用户。

除了“埋雷”，王宁还做了另一手准备，即组织内测活动，该活动通过微博私信提供安装包，再抽送 50 份奖品（见图 7-1）。出乎意料的是，内测包发出去之后，被邀请的四百人迅速把它推广给了好几千人，产品还未上线，Keep 就已经有四千多个注册用户了，这四千多个注册用户，像核武器一样，迅速爆发推广。

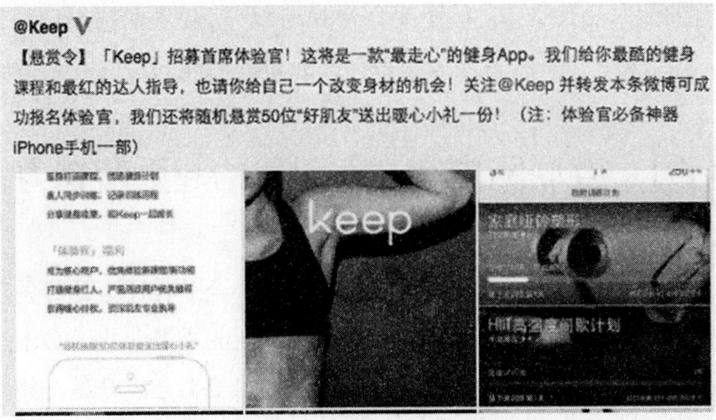

图 7-1　Keep 内测活动

2. 轻运营之道

根据健身多维度和渐进式的特点，Keep 坚持轻运营来培养用户习惯，内容矩阵+话题营销构成了 Keep 的轻运营体系。这个体系基于两个方面，第一个是 App 的打卡功能，每次完成训练后，用户才可以打卡，内容编辑窗口有便捷的话题标签插入功能（包括最新和历史话题推荐），可以一键同步社交平台。Keep 的很多活动都是联合社群和微博的话题功能展开的。第二个是丰富的内容矩阵，健身内容根据训练体系、KOL、饮食结构、生活场景等不同纬度分解出很多内容。

在这个轻运营体系中，首先是内容规划：

在微信公众号上，Keep 有“活动、答疑、分享、课程、食谱”等十多个常态轮换栏目，栏目焦点图风格统一；

在微博上，常态话题有#Keep 课堂#、#Keep Eat Healthy#、#Keep 问答#、#Keep Talking#等不同的内容体系。内容空间虽大，但专业性和体系的要求都非常高。

话题	内容	微博阅读数
#Keep Talking#	每日有奖话题讨论	1.2亿
#KeepEatHealthy#	健身食品的介绍和制作	2738.6万
#Keep问答#	每周健身问题答疑	2388万
#Keep课堂#	系统化健身教学	2418.7万
#keeptips#	健身小知识	4417.1万

在营销活动上，主要也是围绕话题形式开展，结合热点和节日，让用户通过 App Store 社区或微博参与活动话题，送出奖品。话题形式有统一的主题，在微博上还有话题主页，也有机会上话题排行榜。如 2015 年 6 月，Keep 结合综艺节目《真正男子汉》，发起#挑战男子汉#活动（见图 7-2），通过 Keep 完成训练打卡，添加话题#挑战男子汉#，根据连续打卡天数，可参与不同的抽奖，同时转发活动也抽送奖品。

图 7-2 “挑战男子汉”活动

除了常规话题外，微博活动则更具有冲击力。2015 年 10 月 27 日，Keep 模仿之前的“冰桶挑战”的活动模式，开展了大型运动话题活动#全民深蹲#，发布深蹲视频并邀请好友参与，被邀请的好友一次需要做三个深蹲，主持人伊一、田亮、于嘉等多位超级传播者参与并转发（见图 7-3）。

这些内容活动为 Keep 带来了很大的市场反馈，阅读人数超过几十万，甚至高达几百万，辐射的用户越来越多（见图 7-4），Keep 微博粉丝达到 180 万，微信粉丝超过 35 万，使 Keep 逐渐成为一款被大家所喜欢的运动 App。

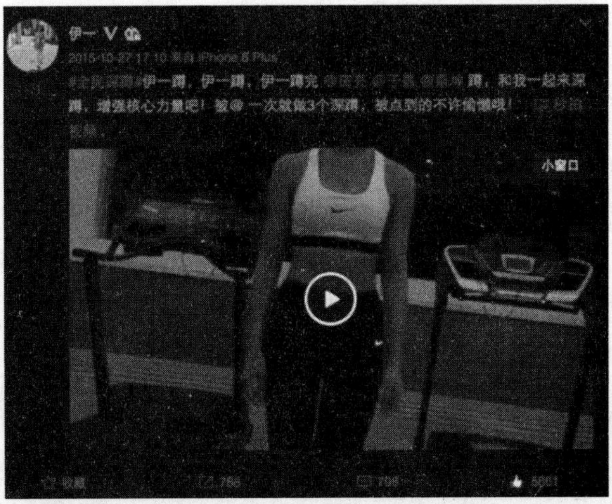

图 7-3 “全民深蹲”活动

活动话题	活动内容	微博阅读数
#挑战男子汉#	通过keep完成训练打卡，根据连续打卡天数，可参与不同的抽奖	155.5万
#带着keep去旅行#	完成keep训练打卡，晒出旅行健身照	40万
城市铁人三项#	晒出用keep参加训练的三张照片	100.2万
#keep摄影大赛#	完成训练后打卡＋好身材＋训练心得	144.3万
#keep一下#	晒出生活中带keep的照片	298.1万

图 7-4 Keep 各项内容活动的市场反馈

7.1.2 江小白

江小白可以说是最近几年通过新媒体内容运营创造出来的一个传奇白酒品牌，在笔者看来，“江小白”团队并不是传统意义上的酒企，而是一家营销公司，“江小白”卖的也不是酒，而是对生活的态度，这是一个很重要的定位，也是一个很聪明的定位。没有悠久的历史，没有醇厚的文化，没有知名的品牌，什么都没有，自然也没有负担，这决定了“江小白”品牌的营销不能走“寻常路”，而是借助新媒体进行内容社交营销。

1．产品自带社交属性

江小白创始人陶石泉有一句经典的语录：“产品出来了，剧本就出来了，剧本来了，IP就来了！”这句话道出了社会化营销的精髓，这句话打通了“产品”“内容营销”“传播”和“品牌”的闭环，也为江小白借助社会化营销这个风口插上了一双腾飞的翅膀，一夜之间全国腾飞。

在互联网时代，产品是营销的起点，产品要引起热议必须具备两项特征：

- 产品要有特点，基于消费场景、基于消费者能产生互动；
- 产品要自带社交属性，能制造话题，引发自主传播。

江小白 1.0 语录版恰好切中这两大营销痛点，精致时尚的青春卡通形象，一句“我是江小白，生活很简单”经典的语录文案，切中奋斗中的都市青年落寞、无奈的内心痛点：我奋斗了多年还碌碌无为，面对无助多么希望生活简单一点、纯粹一点；一句“亲爱的@小倩，重庆的冬天来了，你在北京会冷吗？今天喝酒了，我很想你，一起喝酒的兄弟告诉我，酒后第一个会想到的人是自己的最爱，这叫酒后吐真言，已经吐了，收不回来了”治愈了多少都市青年孤独的心……消费者认为句句都说到心坎里去了，自然就会自发地通过微博、微信等社交化平台主动传播（见图 7-5）。

图 7-5　江小白 1.0 语录版

江小白 1.0 语录版是江小白创造好的文案，是单向给消费者的，相当于我说你看你听，说对了就产生共鸣，互动是具有一定局限的，不能让消费者深度参与，没有参与感。而到了江小白 2.0 表达瓶，则让用户深度参与进来，他们既是内容的消费者，又是内容的生产者，数千万消费者在聚会、喝酒、失恋等不同的场景有不同的情绪发泄文案，成为江小白的海量文案库，江小白会从中筛选部分内容变成用户对产品的表达，让用户的体验得到荣誉般的溢价，江小白 2.0 表白瓶拥有五个功能：

- 解决消费者与产品深度互动
- 打破文案内容创意的边界
- 碾压了场景社交的框架
- 满足私人定制
- 让产品成为一个超级媒体，成为最大的流量入口

基于这种传播逻辑，江小白 2.0 表白瓶将产品变成了像微博、微信朋友圈一样成为表达自己态度和行为的载体，还可以发到朋友圈炫耀一下，每个消费者都成为江小白的代言人。

2. 微博+微信

在微博、微信已经成为 80 后网友网络生活标配的今天，通过微博、微信进行营销有着成本低、传播广、见效快的优势。微博营销的精髓在于话题营销，而话题营销的精髓在于引发网友共鸣和互动。“江小白”团队借助拟人化手法将品牌塑造成一个典型的“80 后”青年的形象，借助各种网络热点事件，并融合多种网络流行元素，在嬉笑怒骂中表达真实、简单的生活态度，时而卖萌，时而自嘲，关键时刻不忘传递一下正能量，颇能引发目标受众的共鸣，形成话题并实现多次转发。

3. 通过互动和沟通提升用户忠诚度

与消费者近距离沟通，与更广大的潜在消费群体进行互动是“江小白”另一个区别于传统酒类品牌的显著特点，而这一特点，决定了“江小白”更容易吸引用户，更容易提高用户忠诚度并最终形成具有影响力的“粉丝圈”。纵观市场上现有的品牌白酒，无论是高端还是中低端，无论是政务还是商务，抑或是普通大众消费，几乎所有的品牌都在自说自话，单方向地向消费者传递着自己的定位、文化和卖点，这些品牌总是有意无意地在拒绝与消

费者进行沟通，从而拉开了与消费者的距离，因此很难形成高忠诚度的粉丝群体。“我是江小白”品牌从消费者中来，到消费者中去的互动式营销虽然不一定适合所有品牌，但“与消费者互动提高用户忠诚”仍然是一种非常值得借鉴的经验。

7.1.3　杜蕾斯

内容营销在数字营销方法、口碑、粉丝等热词风行的今天，有着越来越重要的意义，而真正能够从预算到营销方法架构，再到考核标准都做到“内容为王”的营销却并不多见，利洁时旗下品牌杜蕾斯无疑是其中最成功的案例之一。

2012 年 7 月 21 日，微博红人东东枪发了一条微博：“……毫无征兆地收到了一份神秘快递……内有 CD 一套，安全套两盒，书信一封……来自@杜蕾斯官方微博……我上辈子是作了什么孽啊……”在微博里面的舒心照片写着：“由于您说您是一个高尚的人，一个纯粹的人，一个有道德的人，一个坚决不脱离低级趣味的人，对于您这样有着独特品位的基层创作艺术家，我们苦思冥想终于找到了适合你艺术品位的作品，这份《中国曲艺名家选段》，可以帮助您净化内心和灵魂，进一步提高艺术品位……”这个对东东枪来说“毫无征兆”的礼物，当然是杜蕾斯的“预谋”。杜蕾斯 7 月份开谋划了这次微博内容营销，将目光瞄准“领域内的意见领袖”，以给他们“送礼物”的方式制造一波社交舆论。杜蕾斯团队挑选了 20 位意见领袖，开始日夜关注他们的微博内容，以求发现可以送礼物的蛛丝马迹。比如，其中一位意见领袖发了一条微博，表示自己近期想去听场相声，杜蕾斯团队立即以最快的速度购买演出票，并由团队人员亲自送到他手中，这些用心的动作，引发了意见领袖的微博及粉丝们的评论。

利洁时中国区总经理赛艾迪曾说：“我们营销方法的预算中投入最大的一块是内容”。以内容为驱动是利洁时中国所有市场营销方法策略的核心。而凭借这一原则，杜蕾斯已经是微博以及人人网上最大的品牌账号，超越了可口可乐、麦当劳等大众知名度更高的品牌。

1．营销理念：内容是提升曝光质量的关键

“我们看待 ROI（Return On Investment）有两个方面：第一，是看人们到底会关注和消费哪些媒体——这个是非常容易衡量的，即曝光人数，比如杜蕾斯在新浪微博上每月有大约 4 亿次的曝光。第二，就是曝光的质量，我们通过和意见领袖的互动达到曝光，和我们

在网络页面角落中放一个展示广告达到曝光，这显然是不一样的。因此我们的 ROI 目标集中在两点上：提升曝光的次数和提升曝光的质量，前者容易得多，所以我们注意力的 90%是放在结构化提升曝光质量上的。”

内容，就是提升曝光质量的关键，因此也成为利洁时营销投入中最大的一块。“我们自身具备视频制作的能力，原因是我们相信：有趣的视频无论在哪个媒介接触点上，形成的曝光质量都非常高。同样，我们也非常青睐年轻的、富有创新性的机构，这是因为他们会对我们的目标消费者有着更深的洞察，而这增加了他们做出高曝光质量内容的可能性。”

这种内容至上的特点，随着数字营销对集团众多品牌越来越重要而更加凸显。2012 年，利洁时所有品牌在数字营销上的整体投入平均为 30%~35%，而个别品牌如杜蕾斯，能达到 70%以上。

2. 营销架构调整

为了更快更好地生产内容，利洁时中国在 2012 年对营销架构做了调整，由原先的按产品线划分职能转变为按照内容种类进行设置。

2011 年，利洁时在中国的布局是这样的：每个子品牌会有总负责人，然后下面按照产品线设置经理。以杜蕾斯团队为例，按照产品线设置了安全套产品品牌经理和润滑剂产品品牌经理。针对数字营销，利洁时中国有一支数字营销团队，负责所有品牌的数字传播，而每个子品牌团队中有一个人负责和数字营销团队进行内容对接。此外，还与众多第三方数字营销公司和数字营销团队合作。

但是随着数字营销投入的增加及对内容需求的增加，2012 年，利洁时又对这一架构进行了调整，在角色分配上，内容制作和传播的任务更多地回归到子品牌团队本身。“只有品牌自身才会对品牌要传播的内容把握得更加准确。”赛艾迪如是说。因此，一方面，子品牌团队中开始按照营销职责及所生产的内容种类划分，现在杜蕾斯团队中设立了创新品牌经理、活动品牌经理以及负责内容和消费者联系的品牌经理；另一方面，数字营销团队则聚焦在技术和创新能力上。

3. 内容开放，吸引内容合作伙伴

对内容的专注，甚至给杜蕾斯带来了意想不到的收获。其中一个收获就是 2012 年逐渐

成型的合作伙伴体系：“和以往由一家广告代理公司负责所有传播活动不同，我们现在有超过 20 个的合作伙伴，这些合作伙伴有些是公司，有些则是独立的个人，他们都是被杜蕾斯的独特品牌使命主动吸引过来的，有些甚至是免费制作的，这些‘用户生成内容’为杜蕾斯节省了大量的成本。”

通过内容运营，仅在新浪微博上，杜蕾斯已经吸引了众多的粉丝（截至 2017 年年底已突破 250 万），超过了可口可乐等公司，并借由内容形成了强大的粉丝认同感，很多用户开始自主为杜蕾斯生产内容。

“有很多人愿意业余给杜蕾斯制作视频，对此我们很欢迎”，赛艾迪向记者展示了几个业余爱好者为杜蕾斯制作的视频广告，其创意和制作水平比起正规团队毫不逊色，“很多人是觉得好玩，通过制作视频可以证明自己的创作实力”，对于这些积极的尝试者，赛艾迪的态度非常鲜明，“我们很开放，有人说我给你们制作，我们就答应，通过对品牌所有权的开放，我们可以以很低的成本吸引到很高质量的内容，这非常棒”。

这些合作者逐渐累积下来，就成为了杜蕾斯独一无二的合作伙伴体系。

之所以能够成功做到这种用户的凝聚和自发的内容制作，是否源于杜蕾斯作为安全套品类所具备的独特话题性？赛艾迪认为原因不在此，因为在杜蕾斯全球那么多市场中，也只有杜蕾斯中国做到了这种吸引力。“这是我们投入在内容上的结果，而且这需要时间，我们也只是长征迈出了一小步”。如何将这种合作伙伴体系系统化扩大，是赛艾迪和杜蕾斯品牌接下来的重点所在，“我们会继续开放我们的品牌所有权，鼓励人们的品牌内容制作”。

7.2　互联网内容文案引发的超强销售力

7.2.1　内容+电商

眼下以“互联网+”为代表的生产技术的革新正悄然而至，它将引起一场“消费关系”的大解放，我们的购买方式、支付工具、分享渠道都在发生改变，甚至有关业内人士预测，一旦真的进入这个崭新的时代，传统的销售理念和经验都将被颠覆，即使强大如天猫这样的电商巨头也将面临巨大的挑战，因为在“互联网+”的技术影响下，消费模式开始“升级”

变化，主要包括以下三个方面。

第一个升级领域：信任领域。买卖是基于人与人之间的信任，只有信任的鸿沟被消除，购买才会发生，这是很多传统电商生意难做的致命因素所在：消费者对卖方缺乏信任。而卖方为了消除信任，最常见办法是通过“产品描述”“消费承认”（如 30 天无理由包退）和“品牌塑造”三个手段来完成，但三个手段只是解决了购买行为的“后半部分”，购买行为还有“前半部分”，就是消费者在遇到某种需求（尤其是不熟悉领域需求）的时候，需要专业的指导。比如全国每年新生婴儿超过 1500 万，其中很多都是初生婴儿，他们的父母是刚刚为人父为人母，对于他们来说，如何照顾小孩属于一个不熟悉的领域（甚至是未知领域）。作为商家，你不能单纯提供产品给他们，也不能单纯地说产品是大品牌，质量多么好，因为这是购买行为的“后半部分”，这部分行为是建立在“应该如何照顾小孩”“小孩应该进行什么样的营养搭配”“应该买什么样类型的奶粉”等专业知识指导上的，之前解决这些问题的做法是父母长辈的教导或者自己去网站（或相关书籍）上寻找答案，而现在，随着内容的兴起，消费得到升级，最好的办法就是问身边的育婴专家，他们会写专业的育婴文章，甚至拥有专业的育婴公众号和孕育垂直社群，你的所有问题都可以迎刃而解。

第二个升级领域：流量领域。在“消费升级”的大背景下，对于消费者而言，他们更迫切地需要好的内容，于是互联网流量出现了二次分化，原来的流量分发主要集中在 BAT（百度、阿里、腾讯）这样的大平台，而现在，当消费者的购买行为分为“前半部分”和“后半部分”之后，流量也开始出现二次分发，购买行为的“前半部分”将流量流向内容的提供者和内容创业者所塑造的独立的、分散的、垂直的内容社群平台和 IP，购买行为的“后半部分”则继续流向 BAT 和京东这样的平台。当然如果内容平台也可以直接具备购买“后半部分”功能的话，那内容平台内部直接将另一部分的流量也直接消化掉，如罗辑思维、吴晓波频道等它们就时常进行产品销售。

有了粉丝，有了流量，有了信任，产品销售就不再是问题。比如专注于母婴用品测评的微信公众号“小小包麻麻”就是一个典型的“内容+电商”平台，在内容上，“小小包麻麻”具体包括两个部分：育儿知识和产品测评，前者告诉新生儿妈妈关于育儿方面的一些专业知识和注意事项，后者则主要通过短视频的形式，每周推送一篇产品测评评估报告。由于母婴人群的特殊性，其自行获取和购买决策往往呈强关系，转化率非常高，从 2014 年 4 月至今，“小小包麻麻”在过去两年半的时间内积累了 200 万微信粉丝，平均每条内容的阅读量在25万左右，而购买转化率高达15%。从2016年开始，“小小包麻麻”卖母婴育儿用品，单月销量就超过3000万元。

除了“小小包麻麻”，2014年6月，罗振宇也第一次尝试在“罗辑思维”粉丝群销售图书，结果定价499元的图书，在不到两小时的时间内将8000套图书销售一空。小试牛刀成功后，“罗辑思维”迅速增加了产品种类，2015年，“罗辑思维”仅仅通过微信小店的几十种图书，在坚持原价出售的底线下，销售收入突破了1亿元。此外，另一个自媒体内容大咖吴晓波也不甘示弱，2015年6月18日，吴晓波在微信公众号电商平台推出个人信誉、人格于一体的“吴酒”，不到两天时间就卖出5000瓶，入账百万元。这些都是“内容+电商”的经典成功案例。

7.2.2　知识变现

1. 流量变现

最常见的流量变现模式有三种：一是“内容+电商”，通过内容来吸引流量、塑造信任，进而向粉丝销售产品，这部分知识前面已经说过；二是平台流量分成，现在越来越多的互联网平台需要优秀的内容，只要你的内容足够好，能带来流量，那么互联网平台愿意跟你根据流量达成平台分成的合作，比如唐家三少等网络作家，以及高晓松的“晓松奇谈”、罗振宇的“罗辑思维”和吴晓波的“吴晓波频道”等，都是跟互联网平台采取流量分成的模式；三是广告，这是内容流量变现的另一个重要渠道，是互联网内容的媒体属性变现的具体表现，暂不说Papi酱的广告贴片2200万元天价拍卖，就说说薛之谦和咪蒙吧。薛之谦目前微博粉丝920万，从2016年3月1日到2016年4月22日，薛之谦通过他的微博平台共投放了15条广告（如表7-1所示），在报价上，薛之谦和咪蒙几乎持平，目前都是30万元/条。这个价格应该没什么折扣，两人的档期都非常满，态度也较为强势，即薛之谦在这段时间通过发送15条广告，预计收入达400万元。我不太清楚薛之谦目前的真实收入，但我相信微博广告收入已经成为薛之谦的重要收入。

表7-1　薛之谦微博广告（2016年3月1日到2016年4月22日）

日期（2016年）	标　　题	广告品牌
3月1日	因为我的素颜……	天猫 calibio 润肤乳

续表

日期（2016 年）	标　　题	广告品牌
3 月 13 日	我想……吃独食……#果粒去哪了#	异果生鲜
3 月 16 日	气氛冷冷淡淡……	洋码头 App
3 月 16 日	在雇主眼里……我一定是个弱智……	大众途安
3 月 22 日	这是我特别看重的一件小事……	iPhone 5E
3 月 24 日	转发大张伟长微博	洋码头 App
3 月 27 日	我的铺垫……	神之浩劫游戏
3 月 28 日	巧遇××男……	搜狐新闻 App
3 月 29 日	李德林视频广告	李德林
4 月 1 日	我的荷尔蒙……	吉利剃须刀
4 月 10 日	秒拍视频	吉利剃须刀
4 月 15 日	我本粗俗	马爹利名仕
4 月 18 日	这是今年最诡异的一位雇主……	荣耀手机
4 月 19 日	转发雀巢小红杯	雀巢咖啡
4 月 22 日	万万没想到	汰渍洗衣液

咪蒙类似，从 2016 年 3 月 1 日到 2016 年 4 月 22 日，发了 13 条广告（如表 7-2 所示），预计收入也接近 400 万元。还记得去年咪蒙创业一年烧掉了 400 万元融资的故事吗？嗯，她现在一个多月就赚回来了，而且还都是自己的钱。

表 7-2　咪蒙公众号广告（2016 年 3 月 1 日到 2016 年 4 月 22 日）

日期（2016 年）	标　　题	广告品牌
3 月 8 日	不能买买买的人生，不值得一过	小红书 App
3 月 10 日	你会对亲近的人说谢谢吗	费列罗
3 月 14 日	女人到底想睡哪种男人	雕牌
3 月 20 日	其实，婚姻是男人的第二次投胎	rose only 花店
3 月 25 日	说句实话，我觉得金钱可以买到快乐	公主邮轮

续表

日期（2016 年）	标　　题	广告品牌
3 月 28 日	为什么丢三落四的女孩最好命	三星洗衣机
3 月 30 日	到期怎样才能赚到很多年	搜狐新闻 App
3 月 31 日	我不讨好世界，我只讨好自己	半塘 App
4 月 8 日	谁说追星脑残？把这篇甩到他面前	小红书 App
4 月 13 日	可以在追来的房子里结婚吗？	美家 App
4 月 18 日	我凭什么要相信你	京东 3C 购物节
4 月 21 日	喜欢你就想睡你，爱你就想睡你一辈子	一兜糖 App
4 月 22 日	我能想到最性感的画面，就是你跪键盘的样子	方太油烟机

2. 内容“产品”变现

“消费升级”让消费者需要更好的内容，这自然使得消费者的行为也发生变化，开始从“空间消费”向“时间消费”转移。时间本身就是一个市场，内容本身就是这个市场上最大的产品，它可以被定价，可以被分发，因此，从本质上来说，所有的内容创业公司都是一家时间公司，它在提供不同的时间解决方案为所有的消费者提供服务。

（1）内容付费订阅

为知识付费并不是一个新命题，知识产品也早已有之，知识变现的通道也早已存在，只不过之前的知识付费是以书本印刷的方式呈现，而这里所说的知识付费是指互联网知识电商的先行者为内容付费，更多的是指线上知识产品买卖，虽然处于萌芽状态，但消费者为内容付费的意识正在逐渐打开。比如商业财经类资深媒体人李翔，从 2016 年 6 月开始转行做新媒体“李翔商业内参”，通过得到平台接受付费订阅，做“卖内容”的生意，年费为 199 元，上架两周，吸金超过 2000 万元，截至 2017 年 7 月 25 日，已有 9.8 万粉丝选择订阅李翔的商业知识产品。而马东携“奇葩说”天团（包括马薇薇、邱晨、黄执中、周玄毅、刘京京等）精心打造音频付费课程“好好说话”，从 2016 年 6 月在喜马拉雅 FM 上线，一年订阅费用 198 元，一天的销售额突破 500 万元……

（2）内容会员制

2013 年 8 月 9 日，“罗辑思维”推出了“史上最无理”的会员付费制度（如表 7-3 所示），放出 5000 个普通会员名额，年费 200 元，500 个铁杆会员名额，年费 1200 元。结果，5500 个会员名额，仅半天就被抢购一空，“罗辑思维”入账 160 万元。

表 7-3 “罗辑思维”会员付费制度

	普通会员	铁杆会员
会员权益	• 一个专属会员号码和一份神秘礼物，以后自有妙用 • 优先参与罗辑思维线下各种奇思妙想的活动 • 我们以“罗辑思维”朋友圈的名义，理直气壮地找各种商家占便宜	• 每个月送上一本亲选好书 • 第一时间分享罗振宇的成长，一篇好文、一本好书、一部电影等 • 优先参与罗辑思维的线下活动，享有专属席位 • 铁杆会员间的圈子聚会，罗振宇愿意深度参与
会员标准	200 元/年，首批会员独享两年服务	1200 元/年，首批会员独享两年服务

2013 年 12 月 27 日，“罗辑思维”招募二期会员，条件同样很苛刻，仅限微信支付。不过这丝毫阻挡不了粉丝的热情，24 小时内就有 2 万会员付费加入，入账 800 万元。

（3）内容点播模式

内容知识点播模式，是指知识消费者掌握了主动权，他们可以根据自己的喜好、诉求向知识提供者提供定向问题，以付费悬赏的模式来激励答主回答问题，如设置付费提问、回答模式的“分答”“在行”等平台就是这种内容点播模式获利的平台。

分答是一款付费提问应用，在该平台，所有的答主明码标价接受所有网友的提问，再用 1 分钟之内的语音回复。网友可以选择公开提问，那么这些问题都会显示在答主的个人页面。同时，其他网友可以偷听答主的答案，但每次需要付费 1 元。这 1 元除了给平台 10% 的抽成外，其余的由提问者与被提问者五五分账，即答主和提问者分别抽成 45%，也就是说，如果有一个提问者话 8.8 元提问影视演员佟大为，那么 20 个人偷听，提问者就收回成本，同时平台提成 2 元。

目前，王思聪是分答里报价最高的答主，回答一个问题要 4999 元。2016 年 5 月，他入驻分答，自我介绍是“网红、投资人、哲学家”，当时一个问题报价 3000 元，与其他答主几十元、几百元的价格相比，已是天价。两天后，他将报价提高到 4999 元，这一价格至今为分答最高。截至 2016 年 6 月 6 日，王思聪在分答上共回答 32 个问题，累计语音长度 20 分钟，总收入 23.8 万元。

除了名人、知名网红可以是分享知识的获益者之外，教授、专家等在某领域具有优势的人也可以通过知识分享获利，如不少初中高中教师和公务员培训讲师可以通过猿题库、K12 在线教育等平台在线为学生批改作业并答疑解惑来获得收入。如 2016 年 3 月，一篇《在线教师 1 小时挣万元收入超网红》的报道就在网上热炒，文章中提到许多老师通过猿题库的收入都月超 5 万元，尽管该新闻引起了一定的争议，教师们是否应该加入到这个平台来赚取收益还有待商榷，但将知识变现已经成为一种趋势。